China

Océano Pacífico

· Zhoukoudian
· Tiyuan
Lautian ·
Yunxian ·
· Nanjing
· Henan

no Índico

Trinil
Sangiran · · Ngandong
Indonesia

ncipales yacimientos de homínidos

Hijos de un tiempo perdido

José María Bermúdez de Castro

Belén Márquez, Ana Mateos
María Martinón-Torres y Susana Sarmiento

Hijos de un tiempo perdido

La búsqueda de nuestros orígenes

Ilustraciones de
Dionisio Álvarez

Ares y Mares

ARES y MARES
es una marca editorial dirigida por
Carmen Esteban

Fotocomposición: punt groc, s.a.
Diseño de la cubierta: punt groc, s.a.
Ilustración de la cubierta: © Dionisio Álvarez Cueto

© 2004, del texto: José María Bermúdez de Castro, Belén Márquez, Ana Mateos, María Martimón-Torres, Susana Sarmiento
© 2004, de las ilustraciones: Dionisio Álvarez Cueto
© 2004: Ares y Mares (EDITORIAL CRÍTICA, S. L., Diagonal, 662-664, 08034 Barcelona)
e-mail: editorial@ed-critica.es
http://www.ed-critica.es
ISBN: 84-8432-545-8
Depósito legal: B. 19.900-2004
Impreso en España
Impreso y encuadernado por EGEDSA (Barcelona)

A nuestros padres

Índice

Agradecimientos

Queremos expresar nuestra gratitud a todas las personas que de forma directa o indirecta han intervenido en la realización de este libro. La lista de los nombres que han contribuido en la discusión de los contenidos es muy larga y sería imposible nombrarlos a todos. Nuestra mención especial es para todos los miembros del equipo investigador de Atapuerca, por su valiosísima aportación al conocimiento de la Evolución Humana. No nos ha faltado el apoyo y la confianza de nuestras familias, sin las que no seríamos capaces de escribir nada. Hemos contado siempre con la ilusión y el generoso estímulo de personas como Lidia García, Mark Hon, Rosa Huguet, Mauricio Serrano y María Zabalza. Han sido fundamentales las pacientes reflexiones y valiosas críticas de Gina Correia, Cristina Ferrero, Juan Gómez Hernanz, Gerar de Manueles, Cayetana Martínez, Federico, Marcos y Nazareth Martinón-Torres, Ana Muela, y Fernando Ribot, que han contribuido, sin duda, a mejorar la calidad de este libro. Y por supuesto, no podemos olvidar el apoyo incondicional recibido de nuestro maestro, amigo y compañero Eudald Carbonell.

Agradecemos el apoyo de las instituciones que han hecho posible nuestras investigaciones: la Fundación Atapuerca, la Fundación Duques de Soria, la Fundación Caja Madrid, el Ministerio de Ciencia y Tecnología y la Junta de Castilla y León.

11

Regreso al pasado:
Qué es y cómo se hace una excavación arqueológica del Paleolítico

Para conocer cómo eran nuestros ancestros, su aspecto físico, su biología, sus hábitos y forma de vida, los animales que cazaban, su organización social, su tecnología y el tipo de herramientas que utilizaban, los arqueólogos y paleontólogos obtenemos información de los yacimientos a través de un método de trabajo de campo que se denomina excavación. En una excavación se usan técnicas muy diversas, desde picos y palas hasta un pincel fino, pasando por el uso de ordenadores y otras herramientas informáticas sofisticadas.

Para que podáis entender en qué consiste el método de excavación y la información que podemos obtener con el trabajo de campo, vamos a realizar un ejercicio de imaginación y retroceder por unos instantes al pasado. Relajémonos, cerremos los ojos e imaginemos que entramos en el túnel del tiempo; un arco iris de colores gira a gran velocidad y retrocedemos hasta hace 400.000 años…

Un gran valle aparece ante nuestros ojos. La vegetación es exuberante: pinos, robles, encinas, quejigos, acebuches, rosales silvestres y toda suerte de gramíneas. Comenzamos a caminar entre los robles de la dehesa que nos encontramos al inicio de nuestro paseo. Son las primeras horas de la mañana y algunos haces de luz se filtran entre las ramas. Hace un poco

de frío, pero la temperatura es agradable. Seguimos caminando, dejamos atrás la dehesa y nos adentramos en un bosque más tupido de matorrales, pinos y alcornoques. Si prestamos atención llegan a nosotros todo tipo de olores y sonidos que nos transportan a un paraje idílico. Escuchamos distintas melodías entonadas por una diversidad de pájaros y el correr del agua de algún río o tal vez de una cascada y nos envuelve un aroma de madreselva, rosa silvestre y pino.

Llegamos al pie de una pequeña elevación y ascendemos por una suave pendiente. A lo lejos divisamos la entrada de una cueva que atrae nuestra atención. Nos dirigimos hacia ella, pero antes de llegar nos distrae un murmullo de voces que proviene de nuestra izquierda. Alentados por nuestra curiosidad nos aproximamos al lugar con discreción. Vemos a tres mujeres recolectando raíces y frutos silvestres. Las mujeres van semidesnudas; una de ellas lleva una criatura colgada detrás, sobre su espalda. Varios niños corretean y no paran de dar vueltas sin separarse de ellas. Apoyada en un árbol, otra mujer observa divertida el panorama; se ha detenido y da de mamar a su pequeño, que debe andar por los dos o tres años. No lejos de las mujeres distinguimos a otros miembros del grupo.

Avanzamos de nuevo hacia la cueva procurando no hacer ruido. No queremos ser descubiertos para así poder observar a nuestro antojo. En la boca de la cueva hay varios hombres de avanzada edad, a juzgar por las arrugas de sus rostros curtidos y quemados por el sol, los semblantes cansados y sus ojos hundidos bajo unas cejas espesas y muy salientes; dos de ellos descansan, mientras que otro está reunido con varios jóvenes. Les está enseñando cómo tallar herramientas de piedra: ¡qué difícil nos parece! Los jóvenes golpean una y otra vez los bloques de pedernal que tienen amontonados en una esquina del abrigo de la cueva. El martillo que utilizan es un canto de río muy redondeado, que se ajusta bien a la mano de cada uno de ellos. De cada diez golpes, dos se lo dan en los dedos, pero continúan como si el dolor no fuera con ellos. Sus manos están enrojecidas y tienen heridas recientes. Se les ve inquietos y de cuando en cuando miran al horizonte. No consiguen concentrarse y el anciano se enfada con ellos. Pero es natural, todos esperan el regreso del grupo de cazadores que partió al alba.

Uno de los jóvenes, que debe andar por los once años, divisa a lo lejos un pequeño gamo. El chico deja su trabajo e intenta acercarse de manera silenciosa al animal; pero el gamo se percata y sale huyendo; corre detrás para darle caza, pero no lo consigue; no se ha dado cuenta y se ha alejado del grupo más de lo permitido: ha llegado hasta la orilla del río. El chico empieza a sentir miedo y su intuición le dice que algo no va bien; no lejos de él unos ojos vigilan sus movimientos desde hace rato. Un leve crujido de hojas secas y el suave sonido de una respiración contenida hacen que el chico confirme su sospecha; traga saliva, lentamente se gira y se encuentra ante un enorme felino. El tigre «dientes de sable» (*Homotherium*) se encuentra a menos de 20 metros de distancia y ya está dispuesto para el salto. El chico sabe

que no tiene tiempo de escapar y ahoga un grito en su garganta. Pero alguien más se ha percatado de la situación, el grupo de cazadores estaba ya de regreso y ha llegado hasta la escena. El jefe de la expedición, un hombre alto, robusto y musculoso no ha perdido un solo segundo y su jabalina de madera de más de dos metros de longitud vuela a gran velocidad hacia el cuerpo del animal. El disparo ha sido certero y se clava en el pecho de la bestia por detrás de las patas delanteras. El tigre, herido de muerte, se revuelve con un fuerte rugido, pero los demás miembros de la expedición le clavan sus jabalinas y acaban con la vida del animal.

El peligro ha pasado y el chico regresa al campamento con los cazadores, no sin antes llevarse una buena reprimenda por parte del jefe. Cada uno transporta el trozo de un bisonte que han conseguido cazar y la llegada se convierte en una fiesta. Las mujeres y los

niños corren a su encuentro con gran alborozo; van a tener comida para todos durante varios días y eso les dará fuerzas para seguir adelante.

Desde nuestro observatorio particular no hemos perdido detalle de todo lo sucedido y seguimos atentamente los preparativos del festín que se prepara. Las mujeres han conseguido reunir una gran cantidad de frutos silvestres y setas, que han amontonado a la entrada del abrigo y todos se disponen a preparar los manjares.

Dos de los hombres y una de las mujeres comienzan a descarnar una de las extremidades del bisonte con una destreza asombrosa; despellejan la pata y pronto aparece la carne, que se corta en grandes filetes hasta llegar al hueso. Con varias herramientas de sílex bien afiladas cortan los tendones y poco a poco separan los huesos de la pata. El festín da comienzo y todos comen con avidez la carne del animal. Los hombres ya habían devorado las vísceras y el cerebro, pero la caminata de más de veinte kilómetros ha sido larga y han llegado hambrientos.

Entretanto, dos miembros del grupo se han acercado al río para recoger al tigre dientes de sable. Su piel se puede aprovechar para confeccionar abrigos o fabricar bolsas que permitan transportar sus herramientas de piedra. Uno de los chicos más jóvenes pide a los demás que le ayuden a sacarle uno de sus colmillos; será un buen amuleto. El chico cree que el colmillo le dará parte de la fuerza del tigre, un animal que para ellos tiene un gran poder.

Cuando todo el grupo se reúne de nuevo, sólo queda la médula por repartir. Uno de los hombres golpea con fuerza y destreza la diáfisis de los huesos con una herramienta de cuarcita de gran tamaño y aparece la grasa de su interior. Es la parte más rica y nutritiva, que alimentará a las mujeres preñadas y sobre todo a las que tienen niños lactantes. Los niños también consumen la médula, necesaria para su desarrollo.

La fiesta gastronómica llega a su fin y es hora de descansar. Todos se recuestan cerca del abrigo, aunque uno de los hombres mayores permanece de guardia. Ha sido un gran día, pero pronto anochecerá. El sol comienza a ocultarse en el horizonte, que se tiñe de tonos rojos y grises; los sonidos del día se apagan y comienza un concierto de pájaros que pelean por encontrar la mejor rama para pasar la noche. En la lejanía se escucha el rugido de un león y el aullido de

los lobos. El discurrir del agua es ahora más audible, mientras la oscuridad cae como un manto sobre el bosque; nos sentimos livianos y empezamos a flotar en el vacío; el túnel del tiempo se ha vuelto a activar y nos dejamos llevar; otra vez el arco iris nos envuelve; gritamos hasta quedar exhaustos mientras giramos y giramos a gran velocidad en aquel torbellino sin fin… El viaje ha sido rápido y sentimos de nuevo la gravidez de nuestro cuerpo que nos hace caer con un suave golpe en la campiña.

Abrimos los ojos; nuestra vista está nublada y todavía sentimos el mareo del largo viaje en el tiempo; poco a poco recuperamos la nitidez de la visión. Parece que nada ha cambiado; seguimos en el mismo lugar; pero no, algo se ha modificado en aquel hermoso paisaje que hemos conocido hace apenas unos segundos; las diferentes gradaciones de verde ahora son pinceladas amarillas. Un inmenso campo de cereales, avena, trigo y cebada, se extiende hasta donde alcanza la vista. Los bosques han desaparecido casi en su totalidad. A lo lejos, en el valle, aún divisamos una parte de la dehesa de robles, pero ya no se escucha la algarabía de los pájaros mezclada con el ruido del agua y del viento. Reconocemos un ruido infernal que procede del valle; a lo lejos, una carretera bordeada por una fila de postes de madera y cables de cobre y acero nos devuelve a la realidad. Varios camiones se mueven a gran velocidad por la carretera con su sonido atronador característico.

Miramos alrededor y la colina sigue allí, con sus carrascas y quejigos. Apenas es un retazo del paisaje anterior. Algo ha cambiado. Un gran desfiladero corta la colina y descarna sus entrañas de roca blanquecina y grisácea cubierta de líquenes. Nuestra curiosidad sigue intacta y nos adentramos en el desfiladero. Algunas grajillas y aviones roqueros nos saludan con su griterío, cuyo eco resuena en el interior del estrecho pasadizo. Una pareja de cernícalos sobrevuela el lugar cerca de su nido. Seguimos adelante. Estamos ya casi recuperados del vértigo, cuando escuchamos un murmullo de voces; ¿serán de nuevo los hombres y mujeres de aquella tribu del pasado? A pesar de los cambios parece que estamos de nuevo cerca de la cueva… Ascendemos por un sendero y ¡sí!, reconocemos el lugar: estamos en el mismo observatorio donde hace unos instantes asistimos atónitos a las escenas que tanto nos impresionaron. Pero el abrigo de la cueva ya no está, ni tampoco los chicos que se entretenían tallando sus pedernales. En su lugar vemos a un numeroso grupo de personas, en su mayoría muy jóvenes, que de manera animada hablan, ríen y se afanan en un trabajo que no entendemos. Nuestra eterna curiosidad nos obliga a acercarnos al grupo.

Apenas somos capaces de reconocer lo que ha quedado de la cueva. Distinguimos retazos de sus paredes y el interior se ha llenado por completo de arcillas y limos de tonalidades marrones y rojizas. El murmullo de las voces y las risas de la gente se mezcla con el sonido de golpes acompasados de varios martillos arrancando fragmentos duros de roca. Aquel grupo parece dedicarse a vaciar de nuevo la cueva y ciertamente han avanzado en ese trabajo, porque han profundizado unos cuatro metros. Pero no parece que tengan mucha prisa por hacerlo. La mayoría están sentados o tumbados sobre unos pesados tablones de madera, que se apoyan en barras metálicas. Con sumo cuidado están retirando las arcillas, que depositan en un cubo de goma. Cada uno tiene su pequeña parcela delimitada por una cuerda

muy fina. A su lado hay muchas herramientas diferentes. Distinguimos destornilladores, cintas métricas, cepillos, brochas, paletas, picos pequeños, mazas, cortafríos, carpetas, lápices de colores, agendas electrónicas… e incluso varios martillos de aire comprimido de gran tamaño. Algunos miembros del grupo están de pie y parece que se preocupan de vigilar el trabajo de los demás y atenderles cuando se les requiere. Pero por encima de todo nos llama la atención el aspecto de uno de ellos. Es el mayor de todos y parece ser el responsable del trabajo. Su indumentaria es de lo más pintoresca. Viste pantalones cortos de color marrón, una camisa caqui y un chaleco del mismo color lleno de bolsillos. Sus calcetines rojos destacan por encima de sus botas de campo, llenas de polvo. Pero lo que más llama la atención es su sombrero de explorador, un auténtico salacot como el que lucían Stewart Granger y Deborah Kerr en *Las minas del rey Salomón*, aquella película deliciosa de 1950. Su expresión es afable y su mirada limpia y fuerte. Su rostro está curtido por el sol y un simpático y poblado bigote tapa el inicio de su boca, dándole un aire de fotografía antigua. Ese hombre se ha dado cuenta de nuestra presencia y se acerca a nosotros.

—*Hola, ¿qué hacéis aquí tan temprano? Sólo son las 9.30 de la mañana* —nos dice— .
—Hola, es que verá, pasábamos por aquí y… no hemos podido resistir la tentación de entrar y ver qué es todo esto —acabamos la frase casi tartamudeando—.
—*¡Ah! claro, os gusta la Arqueología* —nos dice sonriente— *¿no?*
—Sí, eso, la Arqueología —respondemos más relajados—.
—*Pues hoy es vuestro día de suerte, os voy a enseñar la excavación de este yacimiento y, si queréis, podéis quedaros y hacerme todas las preguntas que queráis. Seguidme.*

El hombre da media vuelta y baja a gran velocidad hacia la excavación. A pesar de su edad es mucho más ágil que nosotros. El lugar está cubierto por un tejado que deja pasar la luz y del entramado metálico que lo sostiene penden varios hilos de goma, cada uno rematado por una plomada que señala puntos concretos de la excavación. Arriba, en el entramado metálico, vemos carteles con números y letras. Finalmente comprendemos: la superficie de la excavación está cuadriculada como un auténtico tablero de ajedrez o, casi mejor, como en el juego de la guerra de barcos.

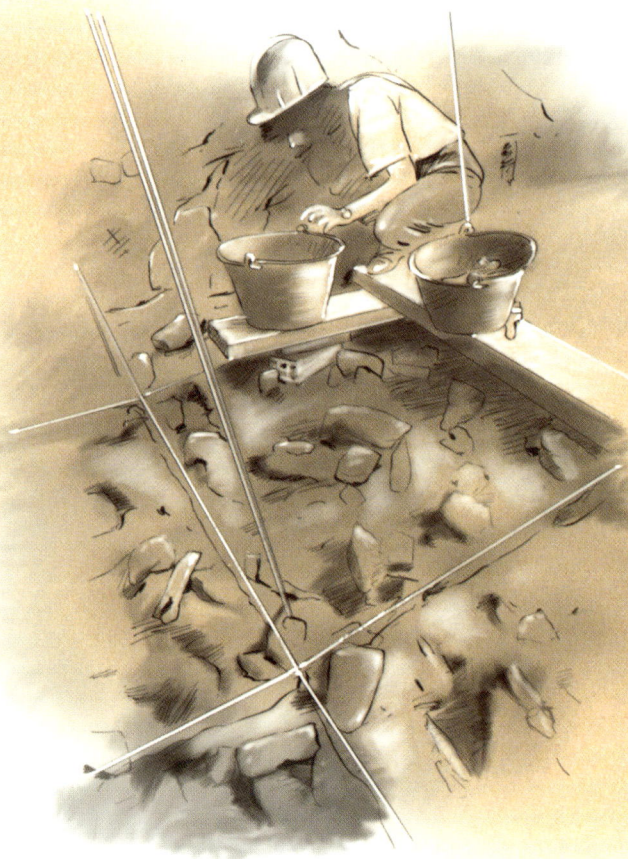

—¿Qué estáis haciendo? —preguntamos—.

—*Pues veréis, sabemos que aquí estuvieron nuestros antepasados y queremos tener pruebas de cómo eran, qué comían y cómo vivían. Por eso estamos quitando poco a poco los sedimentos de arcillas y limos que han rellenado por completo la cueva. Entre los sedimentos hay restos fósiles de animales y herramientas de piedra, que nos darán toda esa información.*

Nos miramos con una sonrisa de complicidad. Sabemos bien de lo que está hablando aquel hombre; tenemos una información que nadie podría imaginar.

—¿Para qué son las letras y los números? —preguntamos ansiosos—.

—*Paciencia... que ahora os explico* —y el hombre del salacot nos pellizca la mejilla en ademán cariñoso—.

—*Al llegar, lo primero que hacemos es cuadricular la superficie de excavación con parcelas de un metro cuadrado. ¿Os habéis fijado ya en los números y letras?*

—Sí —respondemos—.

—*La superficie cuadriculada tiene que orientarse con respecto al norte; esto es muy importante para conocer las coordenadas de cada una de las piezas que encontremos. Si cogemos una brújula para no perdernos en un bosque ¿sabéis qué tiene que marcar?*

—¡El norte! —respondemos con energía—.

—*Exacto, muy bien* —dice el hombre—; *poneos mirando hacia aquella pared de la cueva que está situada hacia el norte de la excavación. La línea paralela a la pared será el eje de la equis (X) y la línea perpendicular a la pared será el eje de la y griega (Y). También tenemos que conocer la profundidad a la que está situada la pieza; ése será el eje de la zeta (Z). Cuando encontramos una pieza, marcamos su localización con tres números correspondientes a la* X, *la* Y *y la* Z, *además de su inclinación.*

—Vamos a ver, X, Y, Z, norte e inclinación. ¡Uff!, qué montón de cosas… ¿No es muy difícil? —decimos angustiados—.

—*No os preocupéis, vamos poco a poco, veréis que todo es muy sencillo* —nos tranquiliza el hombre del salacot—. *Cada excavador debe saber en qué parte del yacimiento trabaja; es su referencia y cada uno es responsable de su parcela. Cada uno tiene asignado un cuadro:* K13, *por ejemplo.*

Nos acercamos a la cuadrícula K13, en la que trabaja un hombre joven de aspecto simpático.

—*Alberto, por favor, enseña a estos chicos lo que has encontrado esta mañana.*

El excavador nos sonríe y saca un hueso fosilizado de una bolsa de plástico; en el interior de la bolsa está pegada una etiqueta que tiene el código de su cuadrícula, K13, y otros muchos datos, pero el hombre del salacot nos explica que los números de X, Y y Z son muy importantes.

—*¿Veis?, cada pieza irá acompañada de tres números, que son las coordenadas tomadas en su cuadrícula. Pensad que hemos de hacer una reconstrucción lo más fidedigna posible de lo que aquí ocurrió hace 400.000 años, y no es sencillo. Se ha perdido mucha información en ese largo periodo de tiempo y es imprescindible no perder ni una sola pista. Es muy importante que Alberto esté coordinado con los compañeros y compañeras que tiene a su alrededor en los cuadros próximos* —nos explica el hombre del salacot—. *Tened en cuenta que ellos deben ayudar a tomar la profundidad de los objetos. Esa opera-*

ción se hace con un nivel láser situado en el punto de referencia de la pared de la cueva o con una «estación total», como la que usan los topógrafos. Aquí todo el trabajo se debe hacer en equipo; esto es muy importante. Cuando encuentras un fósil o una herramienta también debes tomar sus medidas aproximadas, que luego se pondrán en la etiqueta de campo. Aunque todos los datos se introducirán más tarde en el ordenador, es muy importante dibujar cada uno de tus hallazgos en un papel milimetrado. Así tendrás un plano de tu cuadrícula como referencia para los estudios que hacemos en el laboratorio.

El hombre nos enseña uno de los planos milimetrados y continúa su explicación.

—Fijaos, en el plano aparecen los objetos situados según sus coordenadas X e Y. Están dibujados con su tamaño aproximado y cada uno tiene un color diferente; el amarillo se utiliza para los huesos, el verde y azul para las herramientas y el rojo para las piedras más grandes y bloques de roca caliza.

—¡También se miden y dibujan las piedras? —preguntamos asombrados—.

—Sí, tened en cuenta que aquellos homínidos podían haber ordenado las piedras de algún modo particular o alguna de ellas pudo servir como asiento para realizar una labor particular. Es posible que la mayoría sólo sean trozos de roca desprendidos del techo de la cueva y estén dispersos por el yacimiento de manera aleatoria, pero eso no lo sabremos hasta que no lo veamos todo dibujado sobre un plano y en el ordenador.

Es increíble —pensamos— todo lo que se puede llegar a saber si trabajas con un método tan cuidadoso.

—*Seguidme, vamos a ver fósiles* —nos indica el hombre con decisión y nos acercamos hasta un grupo de personas que se entretienen en quitar con gran cuidado la arcilla que rodea a varios huesos fosilizados de buen tamaño, pero muy rotos; reconocemos varias epífisis, que son los extremos de huesos de las extremidades y fragmentos de diáfisis partidos—. *Isabel, por favor, ¿puedes enseñarles a nuestros amigos alguno de los fósiles?*

La excavadora levanta de su cuadrícula un fósil bastante grande, que ya había sido liberado de la arcilla y nos explica:

—*Mirad, es la epífisis del fémur de un bisonte. Fijaos en el golpe que la separó de la diáfisis* —nos acercamos y miramos el fósil con atención—. *Si observáis con cuidado veréis varias marcas paralelas en la superficie del hueso.*

—Sí, las vemos, ¿qué significan? —preguntamos casi sin dejar que Isabel termine su explicación—.

—*Es muy sencillo, los homínidos estuvieron aquí descarnando la pata trasera de un bisonte y al cortar los tendones que unían el fémur y la tibia dejaron varias marcas en el hueso con sus herramientas de piedra* —asentimos con credulidad, cada vez entendemos mejor lo que hace allí aquel grupo de personas—. *Más tarde rompieron la diáfisis para extraer la médula; aquí tenemos varios fragmentos de la diáfisis y algunos encajan bien, seguro que podemos reconstruir todo el hueso en el laboratorio* —termina de explicar nuestra interlocutora—.

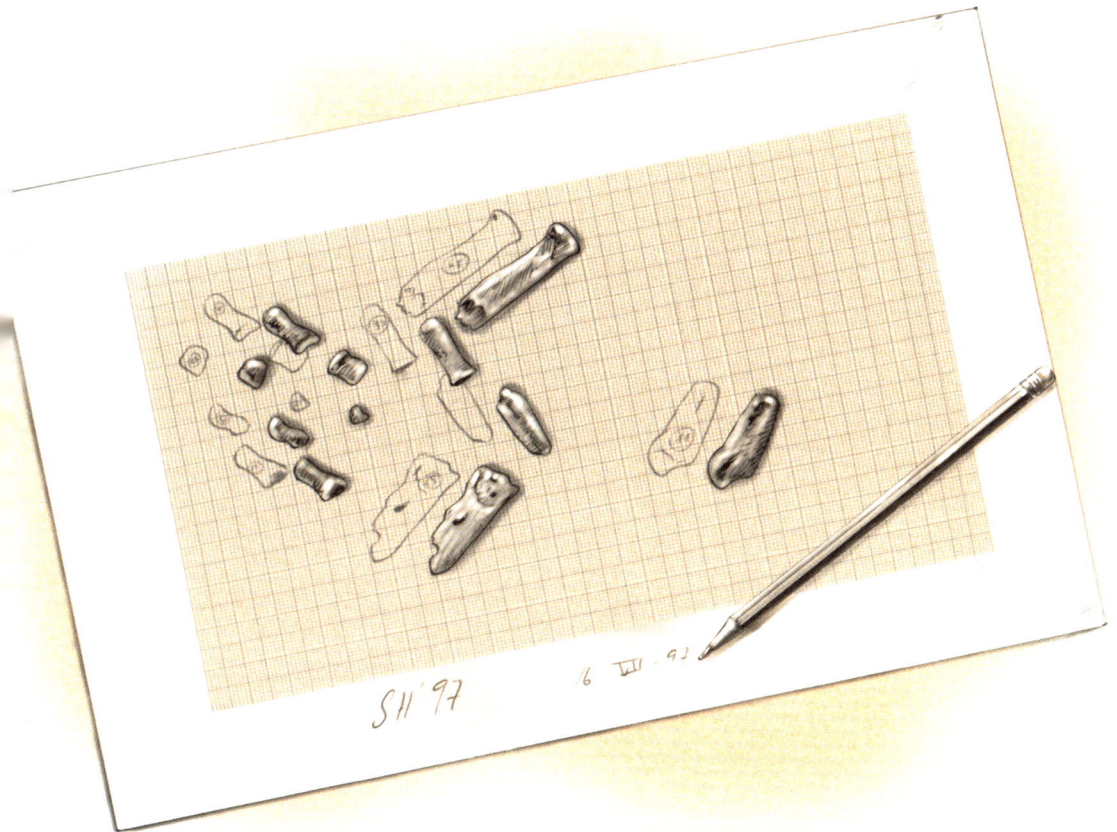

Casi sin darnos tiempo a dar las gracias a Isabel por su amable explicación, el hombre del salacot nos lleva hasta otro lugar del yacimiento donde otros excavadores han sacado a la superficie varios fósiles y algunos objetos de color verde oscuro y amarillo pálido.

—Marina, por favor, ¿nos dejas ver alguna de las herramientas?

La excavadora levanta una de las piezas y se la entrega al hombre; éste la observa durante unos segundos y luego explica:

—*Mirad lo que tengo en mis manos, es un denticulado de sílex. Fijaos en este borde de aspecto serrado; con golpes certeros los homínidos fabricaron un auténtico cuchillo para cortar mejor la carne.*

El hombre del salacot nos enseña otra herramienta, esta vez de color marrón con puntos brillantes.

—*Fijaos, es una lasca de cuarcita fabricada con un canto de río. Con esta herramienta se podía curtir la piel de los animales.*

Asombroso —pensamos—.

Nos paramos un momento y vemos que alguien está haciendo fotografías de algunas cuadrículas. Con una cámara digital réflex y un buen sistema de iluminación el fotógrafo va tomando imágenes de detalle de las cuadrículas. En la superficie hay carteles con los datos de la cuadrícula y una escala métrica. Todo parece muy profesional.

En otra cuadrícula una excavadora se entretiene poniendo una gasa sobre la superficie de un fósil; luego con una jeringuilla le inyecta un líquido transparente; en el bote metálico del líquido leemos la palabra «Paraloid».

—¿Qué significa esa operación tan cuidadosa? ¿Le ocurre algo a ese resto? —preguntamos intrigados—.

—*Sí, el fósil ha aparecido en malas condiciones y hay que realizar una labor de restauración de urgencia en el campo. El líquido hará que se endurezca lo suficiente como para poder extraerlo de la cuadrícula sin riesgos. Luego, en el laboratorio se completará su restauración para que nos pueda ser útil en el trabajo de investigación.*

Un excavador se entretiene introduciendo varios datos en una agenda electrónica.

—¿Todo parece muy sofisticado, no? —preguntamos—.

—*Efectivamente, en la agenda hay un programa específico que funciona como una ficha de campo. Cada excavador envía los datos mediante un sistema de infrarrojos hasta el ordenador central.*

El hombre del salacot señala hacia una zona protegida de la excavación, donde vemos un ordenador portátil con una especie de antena, que debe recoger la señal que se envía desde la agendas electrónicas.

—*Toda esa información se utilizará después en un ordenador muy potente. Pensad que el trabajo de excavación va destruyendo poco a poco el yacimiento y tenemos que realizar su reconstrucción virtual. Cada dato que se pueda tomar es muy importante. En la pantalla veremos cómo estaban situados cada uno de los restos que hemos encontrado: fósiles, piedras de caliza, herramientas... Casi siempre veremos cómo esos restos estaban situados a profundidades muy similares, formando un mismo plano horizontal o más o menos inclinado. En realidad estamos reconstruyendo el antiguo suelo de la cueva donde los homínidos vivieron y realizaron sus actividades. Lo que queda son los restos o, si preferís, los desperdicios que dejaron tras su paso por esta cueva.*

No salimos de nuestro asombro, aquellos excavadores parecen verdaderos «detectives» del pasado. Ya nos gustaría quedarnos y trabajar con ellos.

Nos fijamos en uno de los excavadores que tiene en la mano una impresora portátil, apenas un poco mayor que su mano. De la impresora sale una etiqueta llena de información, que pega en el interior de una bolsa de plástico. Luego introduce en la bolsa un fósil recién levantado del yacimiento; estábamos absortos en la operación, cuando escuchamos los gritos de dos excavadores:

—¡¡*Venid, venid, mirad lo que está apareciendo…*!!

El hombre del salacot da un brinco, salta de tablón en tablón y en menos de lo que tardamos en contarlo ya está en la cuadrícula de los excavadores que gritaban; coge la pieza que le muestran sus compañeros, la mira con ojos de asombro durante unos instantes y dice con voz ronca, pero bien fuerte, para que todos le presten atención:

—¡¡*Es un canino de tigre dientes de sable*!!

Un «¡oh!» de sorpresa sale de la boca de todos los presentes, menos de la nuestra que no acertamos a articular palabra. Es el primer fósil de aquel animal que aparece en el yacimiento y es lógico que el equipo estalle de alegría. Pero nosotros seguimos mudos durante unos instantes recordando la escena tan reciente que aún se refleja en nuestra retina y a los valientes cazadores que tanto nos han impresionado.

Con tantas emociones no habíamos reparado en que los sedimentos que rellenaron la cueva forman niveles diferentes, que incluso nosotros somos capaces de distinguir. El color y la textura son distintos en cada uno de ellos. Nos recuerdan a las capas de un enorme pastel cortado por un gigante. Alguien nos confirma que cada capa representa una cierta cantidad de tiempo y que ahora están trabajando en un periodo de hace unos 400.000 años de antigüedad. Nos fijamos también en unos pequeños huecos que se alinean de manera vertical a lo largo de la pared del relleno de sedimentos de la cueva; preguntamos a uno de los excavadores de aspecto muy tranquilo que trabaja en la misma cuadrícula que Marina:

—¿Qué significado tienen esos huecos?

—*De ellos se han sacado sedimentos para aplicar uno de los métodos que utilizamos en la investigación del clima del pasado. Hay científicos que recuperan el polen antiguo enterrado entre las arcillas y así conocemos la vegetación que crecía en esta zona hace tanto tiempo.*

—¿El polen? ¿Cómo es posible que encontréis también algo tan diminuto?

—*No es nada sencillo, hay que utilizar técnicas químicas muy complejas y las condiciones del yacimiento no siempre permiten la conservación de pólenes, pero cuando aparecen tenemos una buena idea del clima en el que vivieron nuestros antepasados. Hace 400.000 años, aquí hubo un campamento y la vegetación y el clima eran muy parecidos a los actuales.*

Muy cerca de los huecos de la pared de sedimento vemos unos agujeros perfectamente circulares y algo profundos. Nos llama la atención que al lado de cada uno de ello hay una mancha blanca con el signo «+». No queremos ser muy pesados, pero volvemos a preguntar por el significado de aquellas perforaciones.

—*Hemos realizado un análisis de paleomagnetismo del yacimiento* —nos dice otro de los excavadores—.

—¿De paleo... qué? Perdonad, pero todavía estamos aprendiendo.

—*No os preocupéis, es normal* —nos disculpa el excavador—. Se toman muestras de las arcillas y los limos para analizar las propiedades magnéticas de los minerales de hierro que componen esos sedimentos. El magnetismo que tenía la Tierra cuando se depositaron y se enterraron los sedimentos ha quedado grabado en esos minerales y ahora leemos esa grabación. Su lectura nos dará una aproximación a la época en la que se formó esta parte del yacimiento que excavamos, porque el polo norte y el polo sur invierten cada cierto tiempo su polaridad y la Tierra cambia sus propiedades magnéticas.

Parece increíble todo lo que se puede averiguar y no hay nada mágico, sólo es ciencia, bien que lo sabemos.

La mañana se nos ha pasado volando. Un mocetón de semblante serio, voz grave y firme da la orden y todos empiezan a barrer sus cuadrículas con esmero. Con una brocha se barren los sedimentos y se depositan en los cubos de goma. Luego, vemos que cada uno recoge su «kit» de herramientas y las distribuye en sus respectivas cajas de plástico. Todo se hace en perfecto orden. Los sedimentos se introducen en sacos, cada uno con una etiqueta, para saber su procedencia. Alguien nos explica que los sedimentos se tienen que lavar en el río, porque ellos no son capaces de distinguir los restos fósiles de los mamíferos más pequeños, como los ratones de campo, topillos y musarañas, que son muy importantes para conocer la antigüedad del yacimiento. En el río se lavan y tamizan los sedimentos, para recoger estos fósiles, que apenas tienen unos pocos milímetros de tamaño.

El hombre del salacot se acerca de nuevo a nosotros, nos da una palmada en la espalda y nos pregunta:
—*¿Qué, habéis aprendido mucho? ¿Os apetece comer con nosotros?*
—¡Claro, vaya pregunta!, estamos encantados y aprendiendo mucho, el trabajo que hacéis es precioso y muy interesante.
Ayudamos a recoger y a transportar algunas cajas llenas de bolsas de plástico con fósiles y herramientas; es emocionante. En un todoterreno nuestro anfitrión nos lleva por caminos de tierra y más tarde por una carretera hacia la ciudad donde tienen su residencia de verano. Durante todo el camino escuchamos música clásica y cerramos los ojos para recordar. Las imágenes del pasado y del presente se mezclan en nuestra imaginación: «¿serán capaces de llegar a averiguar todo lo que sabemos?». Miramos el rostro sere-

no y sonriente de nuestro amigo, que conduce sin prisa, mientras reflexiona sobre el trabajo del día. No nos cabe duda de que él sabe también muchas cosas, aunque no haya viajado con nosotros en el tiempo.

Después del almuerzo tomamos un café con el responsable de la excavación y algunos miembros del equipo; charlamos con ellos para seguir aprendiendo. Averiguamos que muchos son arqueólogos, pero también hay biólogos, geólogos, topógrafos y hasta algún médico. Nos sorprende la cantidad de investigaciones diferentes que se hacen al mismo tiempo: vegetación, fauna, clima, sedimentos, modo de vida de nuestros antepasados, tecnología primitiva… y todos necesitan de todos para su trabajo; es fascinante.

Hacia las cinco de la tarde nos acercamos hasta un improvisado laboratorio de campaña. El mocetón de cara seria está repartiendo tareas y nuestro amigo le pide que nos acompañe en la visita:
—*Jesús, por favor, me gustaría que enseñaras a nuestros visitantes el laboratorio.*
El mocetón asiente con una leve sonrisa:
—*Claro, será un placer, ¡acompañadme!*
En el laboratorio están las mismas personas que hemos ido conociendo en el yacimiento. Un grupo se dedica a repasar todos los datos tomados durante la mañana. No será fácil encontrar errores, porque todo se apunta dos veces y una profundidad mal tomada, por ejemplo, se notaría enseguida. Aunque la mayoría de los excavadores son profesionales, ni ellos ni los novatos están exentos de cometer un error. No

importa, para eso se realiza este control y los datos ya podrán formar parte de los archivos informáticos del equipo.

Con gran cuidado, cada fósil y cada herramienta se lavan con agua para limpiar todo el sedimento; luego se pondrán a secar durante unas horas. Jesús nos dice que éste es el primer paso del proceso que deben seguir los restos encontrados. En una mesa vemos a dos personas que miran uno a uno todos los fósiles con una lupa binocular.

—¡Vaya trabajo! —decimos—.

—*Sí, éste es un trabajo que requiere paciencia y mucha especialización* —afirma Jesús—.

Rosa, una de las personas que está en la mesa nos explica que hay que fijarse con mucho cuidado si la superficie de los huesos tiene o no marcas de algún

tipo, que nos ayudarán a saber qué ocurrió con los huesos antes de quedar enterrados; también podremos averiguar qué procesos químicos o físicos han sufrido los restos durante los miles de años que han estado enterrados y cómo han terminado por transformarse en fósiles. Las explicaciones de Rosa nos han dejado perplejos, pero Jesús nos dice que todo es cuestión de aprender, como en todas las profesiones. Nos acercamos a otra mesa, donde cuatro personas están escribiendo con tinta china un montón de datos en cada uno de los huesos y de las herramientas. Reconocemos que para realizar ese trabajo hay que tener buena mano y, sobre todo, muy buena vista. Jesús nos explica que la «sigla» que ponen en cada resto es como la matrícula que identifica su procedencia precisa.

En otra parte del laboratorio hay varias personas, la mayoría mujeres, con batas blancas, rodeadas de botes, herramientas de precisión, tornos de dentista y un sinfín de objetos. No queremos molestar, porque el trabajo que realizan parece tenerles absortos.
—*Estamos en la zona de restauración* —dice Jesús—. *Aquí se reparan docenas de fósiles y herramientas, que se han obtenido en mal estado.*

Cuando vemos el trabajo que lleva restaurar cualquier pieza y los resultados, creemos en los milagros. Parece imposible que a partir de un montón de fragmentos se pueda reconstruir una herramienta.
Estos chicos están verdaderamente obsesionados por no perder información —pensamos—.

Muy cerca de aquel improvisado laboratorio de restauración, dos chicas se entretienen dibujando los útiles de piedra. Carolina, una de ellas, nos enseña los dibujos realizados con una maestría asombrosa. Realmente el dibujo nos dice mucho más que la propia herramienta. Nos parece que estamos con dos verdaderas artistas.

—*Los dibujos se utilizan para la memoria de excavación, que debemos entregar antes de que finalice el año y para varios trabajos de investigación* —comenta Jesús—. *La memoria es muy importante para reunir toda la información obtenida en el campo. Luego cada equipo de trabajo realizará sus propios trabajos de investigación a lo largo del año, en coordinación con los demás equipos.*

En la mesa contigua, otras dos personas están frente a un ordenador comentando las incidencias del día. Anotan cada una de esas incidencias en una especie de diario de la excavación. Una de ellas nos mira con una sonrisa de complicidad y comenta:

—*Aurora, no olvides poner que esta mañana hemos tenido una visita muy interesante…*

También sonreímos, estamos felices del buen recibimiento que nos han dispensado. Desde la mesa que está detrás de Aurora se oyen las voces de dos excavadores siguiendo la broma del comentario. Jesús nos dice que el más rubio y risueño es Jordi, que está identificando los animales y que el más fuerte y moreno es Xosé, que está estudiando las herramientas de piedra.

Ya son las seis de la tarde. El laboratorio está repleto de gente y nos parece que podemos estorbar. Nos despedimos de Jesús y salimos. Pero en la puerta nos detiene el hombre del salacot y con una sonrisa nos pregunta:

—*¿Qué os ha parecido todo el proceso?*

—Estamos muy contentos y agradecidos por todo lo que hemos visto y aprendido —respondemos—.

—*¿Queréis quedaros a excavar con nosotros durante el resto de la campaña?*

—¡Claro, sería fantástico! Pero, ¿cómo podemos ayudar nosotros? Apenas sabemos nada de vuestro trabajo? —preguntamos con ansiedad—.

—*Claro que sabéis, y mucho; yo también estuve allí, con vosotros.*

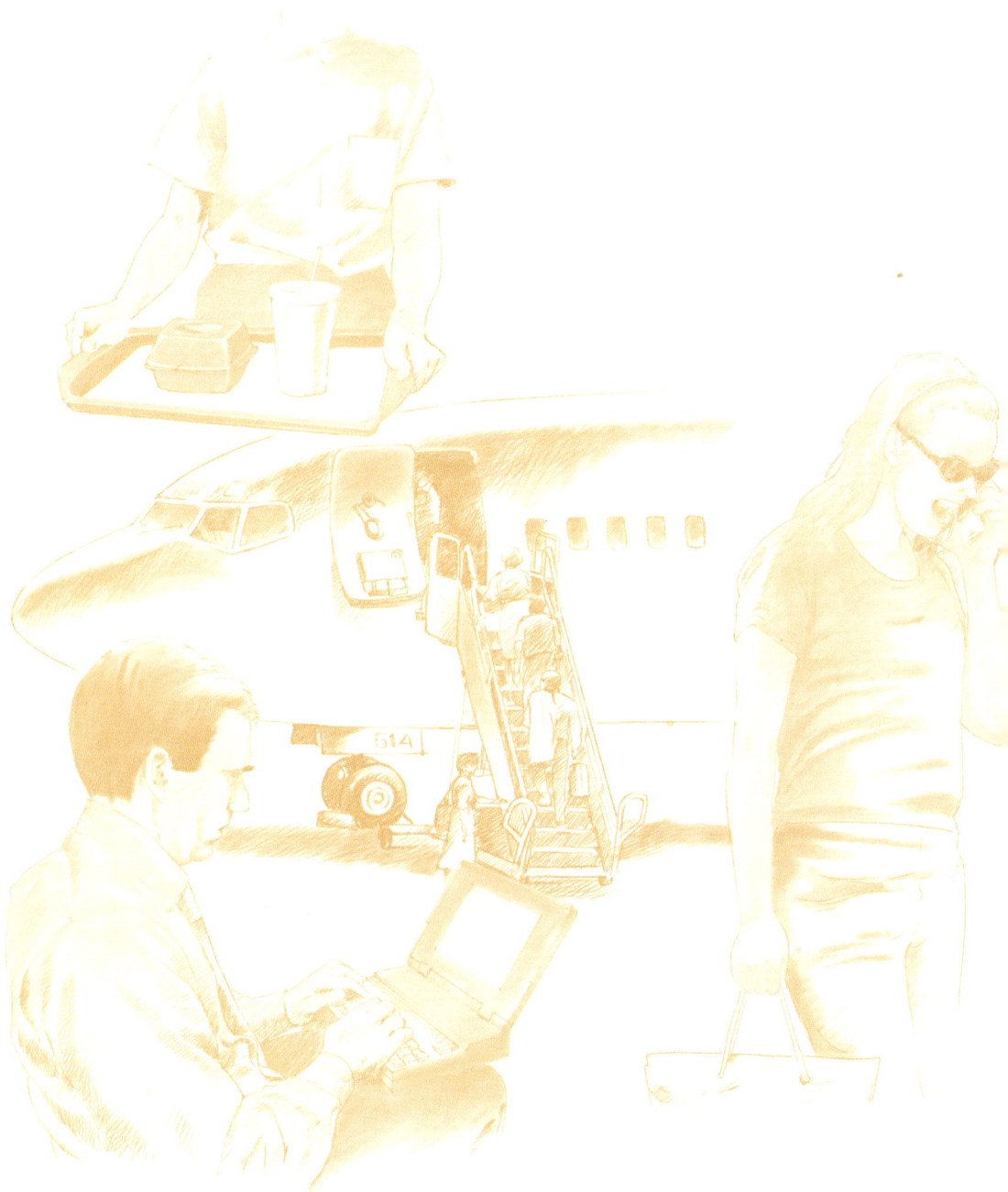

Capítulo 1
Homo sapiens:
la especie humana actual

En la actualidad la Tierra está poblada por millones de seres humanos. Somos la especie dominante del planeta. Vivimos de manera permanente en todas las latitudes y construimos nuestros pueblos y ciudades incluso a 4.000 metros de altitud. Apenas queda algún lugar en la Tierra donde los seres humanos no hayamos dejado nuestra huella. Empleamos barcos, aviones y automóviles para desplazarnos de un lugar a otro a gran velocidad. Nos comunicamos con medios cada vez más sofisticados y nuestra tecnología nos permite ya explorar otros planetas. Nadie puede negar que como especie hemos tenido un éxito sin precedentes desde la aparición de la vida en la Tierra. Somos una especie animal que ha conseguido una adaptación muy particular, distinta a la de cualquier otra especie animal o vegetal. Esa adaptación, a la que hemos llamado «tecnología», no es biológica, aunque tiene su origen en la creatividad de un órgano como es la mente de *Homo sapiens*. Además, los seres humanos hemos adquirido una cultura muy rica y diversa, que transmitimos a nuestros descendientes de generación en generación.

Cuando describimos un ecosistema hablamos de las especies animales y vegetales que forman parte de él, de la interacción de esas especies entre sí y el medio ambiente, y del papel que representa cada una de ellas en el ecosistema. Nos interesa conocer la dieta de cada especie, su manera de conseguir la comida o su modo de reproducirse. Averiguamos los límites de humedad, temperatura, salinidad, luminosidad, etc. en los que puede vivir cada especie. En definitiva, investigamos cuál es el estilo de vida o «nicho ecológico» de cada una de las especies que forman parte del ecosistema. Pues bien, los miembros de nuestra especie, *Homo sapiens*, formamos parte de diferentes ecosistemas y nuestro nicho ecológico se define muy especialmente por la posesión de una cultura compleja y muy diversa, que incluye diferentes modos de vida, costumbres, manifestaciones artísticas, estilos en la forma de vestir, gustos culinarios, deportes, conocimientos científicos y tecnología.

En 1758 se publicó la décima edición del libro *Systema Naturae* firmado por el gran naturalista sueco Carl von Linné (en castellano, Carlos Linneo). En este libro aparecía por primera vez el que habría de ser desde entonces y de manera formal el nombre de nuestra especie: *Homo sapiens* («Hombre sabio»). Linneo quiso así hacer honor a la notable inteligencia que poseemos los humanos con respecto a otras especies animales.

Carl von Linné
1707-1778

Como tal especie, *Homo sapiens* pertenece al orden primates. Este orden surgió, como otros grupos de mamíferos, hace unos 65 millones de años, cuando

CLASIFICACIÓN DE HOMO SAPIENS,
C. LINNEO, 1758

▸ Dominio:	Eucarya (eucariotas)
▸ Reino:	Animalia (animales)
▸ Clado:	Metazoa (metazoos)
▸ Filo:	Chordata (cordados)
▸ Subfilo:	Vertebrata (vertebrados)
▸ Clase:	Mammalia (mamíferos)
▸ Orden:	Primates
▸ Superfamilia:	Hominoidea (hominoideos)
▸ Familia:	Hominidae (homínidos)
▸ Subfamilia:	Homininae
▸ Tribu:	Hominini (homininos)
▸ Género:	Homo
▸ Especie:	Sapiens

se estaban extinguiendo los últimos dinosaurios a finales del Mesozoico e inicios del Cenozoico (periodo Terciario). Los primates se diversificaron mucho durante el Terciario y se extendieron por África, Eurasia y las Américas. A comienzos del periodo que los geólogos denominan Mioceno, hace más de 20 millones de años, apareció en África el grupo de los hominoideos (superfamilia Hominoidea). En esta superfamilia se incluyen tres familias: *Proconsulidae*, *Hylobatidae* y *Hominidae*. Esta última es la que más nos interesa, porque es a la que pertenecemos los seres humanos.

En la familia de los *Hominidae* (en castellano, «homínidos») se incluyen numerosas especies ya extin-

guidas y varias especies actuales de gorilas, orangutanes y chimpancés, además de los seres humanos.
Cada uno de estos animales tiene su propio linaje
evolutivo que se remonta a varios millones de años.
Los chimpancés, *Pan paniscus* (chimpancé enano) y
Pan troglodytes (chimpancé común), son los primates
más próximos a los seres humanos. De hecho, compartimos un antecesor común con los chimpancés,
que vivió en África hace unos 6 millones de años.
Cuando se analiza el material hereditario de los cro-

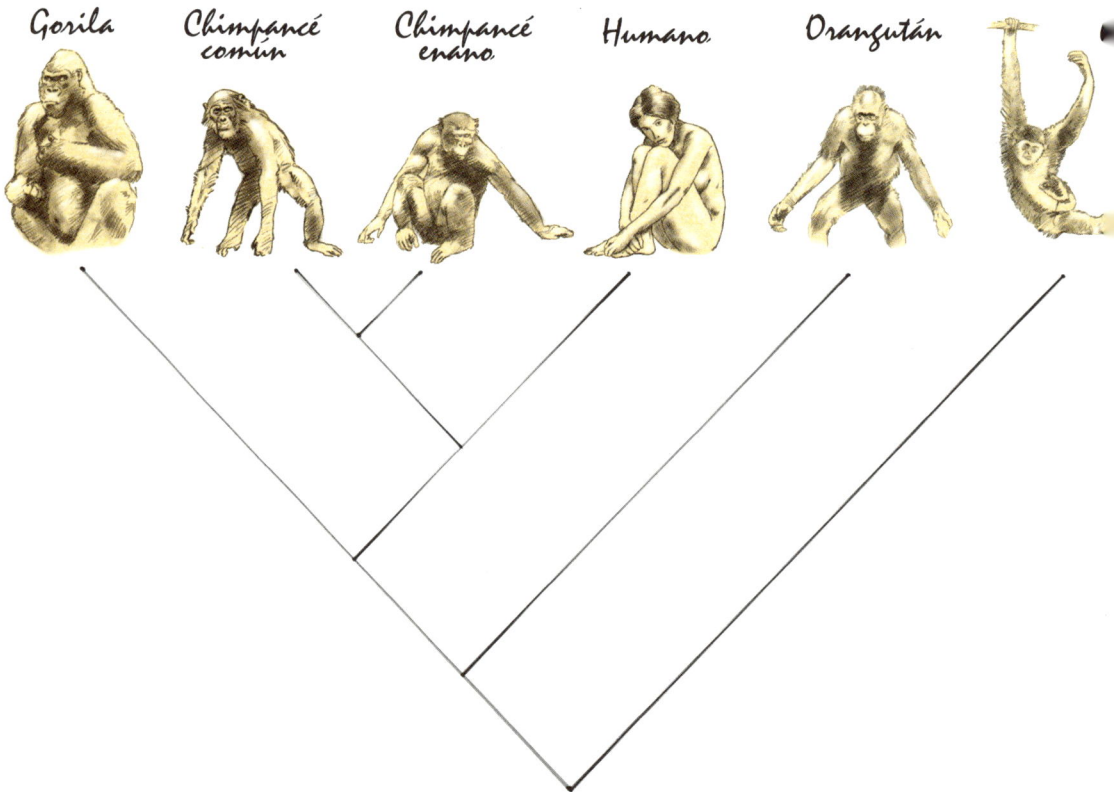

Gorila   Chimpancé común   Chimpancé enano   Humano   Orangután

mosomas (el ADN) de los humanos y de los chimpancés, los genetistas llegan a la conclusión de que compartimos nada menos que el 99,4 por ciento de los genes. A lo largo de las páginas de este libro, cuando hablemos de las especies y poblaciones que forman el linaje de los humanos utilizaremos la palabra «homínidos». Aunque entre los homínidos también se encuentran los chimpancés, gorilas y orangutanes, así como los antecesores de estos primates, se trata de un término de uso generalizado en la lengua castellana.

Si comparamos a los humanos con los chimpancés y los gorilas, enseguida notaremos diferencias muy llamativas. Nosotros somos bípedos y caminamos erguidos, empleando los miembros posteriores (las piernas), mientras que los miembros anteriores (los brazos) son más cortos y no participan de manera directa en la marcha o locomoción. Por el contrario, los gorilas y los chimpancés son cuadrúpedos y utilizan las cuatro extremidades en su locomoción habitual. Es bien cierto que los chimpancés se mantienen erguidos y aun pueden caminar durante un cierto tiempo sobre sus miembros posteriores. Pero ese tipo de marcha no es la natural en estos animales y consume además mucha energía. Si examinamos el esqueleto de los miembros y la cadera (aparato locomotor) de gorilas y chimpancés notaremos que tiene muchas similitudes con el de otros mamíferos cuadrúpedos. Los miembros anteriores de gorilas y chimpancés son muy largos y estos animales se desplazan apoyando en el suelo las plantas de los pies y las falanges de los dedos de las manos.

Chimpancé   Gorila   Humano

También habremos visto alguna vez en un zoológico que las manos y pies de los chimpancés no son muy diferentes entre sí. El dedo gordo es largo y oponible a los demás dedos. Lo mismo sucede en los gorilas. Estos animales viven en el suelo y los adultos son tan pesados que no pueden trepar a los árboles. Los chimpancés, en cambio, trepan con facilidad utilizando de manera indistinta los pies y las manos. Nuestros pies tienen el dedo gordo alineado con los demás dedos y no es oponible, como sucede en las manos. Los pies de los humanos son esenciales para la locomoción, mientras que las manos se emplean para coger y manipular objetos. Las funciones son muy distintas y la morfología también es diferente.

Es interesante notar que los primates hemos mantenido el modelo primitivo o generalizado de los mamíferos en los pies y en las manos. Los primates hemos conservado los cinco dedos, que utilizamos en funciones muy diversas. Otros mamíferos se han especializado en distintos modos de locomoción y han modificado en consecuencia sus pies y manos. Sólo tenemos que pensar en los caballos o en los ciervos, que han perdido algunos dedos y han transformado de manera muy profunda las falanges de los que han conservado para adaptarse a la carrera. Veremos en su momento que en el linaje de los humanos se pro-

Mano de chimpancé

Mano de gorila

dujo una especialización muy particular en las manos, que ha hecho posible que lleguemos a ser lo que somos en la actualidad.

Resulta también sencillo darse cuenta de que nuestro neurocráneo (la parte del cráneo donde se aloja toda la masa encefálica) es esférico y más grande que

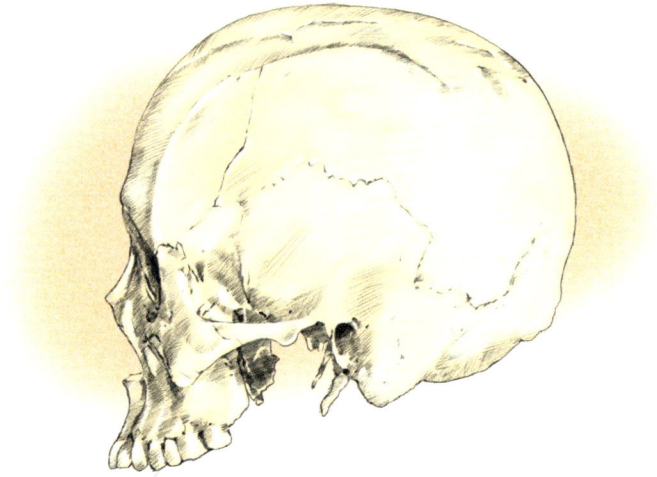

Cráneo humano; vista lateral sin la mandíbula

el de gorilas y chimpancés. Además, nuestro neurocráneo no sólo es más grande en términos absolutos, sino que también lo es con respecto al tamaño del cuerpo. Por el contrario, nuestro cráneo facial o esplacnocráneo tiene un tamaño claramente menor que el de gorilas y chimpancés. El maxilar y la mandíbula de estos animales son muy grandes y se extienden hacia delante a modo de «hocico», del que carecemos los seres humanos. Nuestra cara está muy

*Cráneo de gorila; vista lateral
sin la mandíbula*

reducida, pero los huesos nasales forman un saliente
importante en el cráneo facial. Por ese motivo tenemos narices prominentes, algo que no sucede en gorilas y chimpancés.

Gorila   Chimpancé   Humano

Los dientes de los humanos son pequeños en comparación con los de nuestros parientes más próximos,
especialmente los incisivos y sobre todo los caninos.

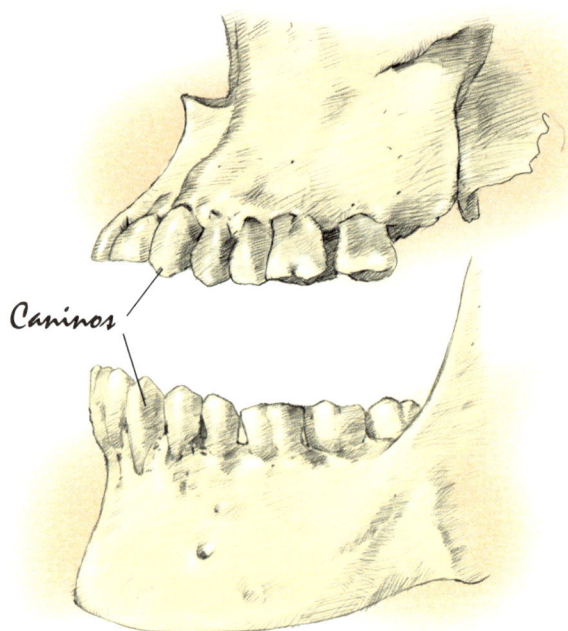

Caninos

Mandíbula humana

Estos dientes son enormes en los gorilas, porque
cumplen una función en el proceso de reproducción.
Los gorilas machos compiten con otros machos por
la posesión de todas las hembras del harén. El macho
más poderoso y mejor armado de fuertes caninos será
quién se aparee con todas las hembras y transmita
sus genes a la siguiente generación. Por este motivo
los gorilas han desarrollado unas diferencias muy llamativas entre el tamaño y peso de las hembras y el
de los machos. Es lo que los biólogos denominan

«dimorfismo sexual». En los chimpancés no existe esa competencia por las hembras y el dimorfismo sexual es mucho menor, aunque estos primates han conservado unos caninos de buen tamaño. Los humanos tampoco tenemos el modelo de reproducción de los gorilas y nuestro dimorfismo sexual se ha reducido mucho. En promedio, los hombres tienen un peso y una estatura entre un 10 y un 15 por ciento mayor que las mujeres. Nuestros caninos se han reducido mucho y se han alineado con los incisivos. De este modo podemos mover la mandíbula en todas direcciones para triturar mejor los alimentos, sin que lo impidan unos caninos grandes como sucede en gorilas y chimpancés. Nuestra dieta, basada en alimentos cocinados de origen animal y vegetal, parece tener relación con el pequeño tamaño de los dientes y

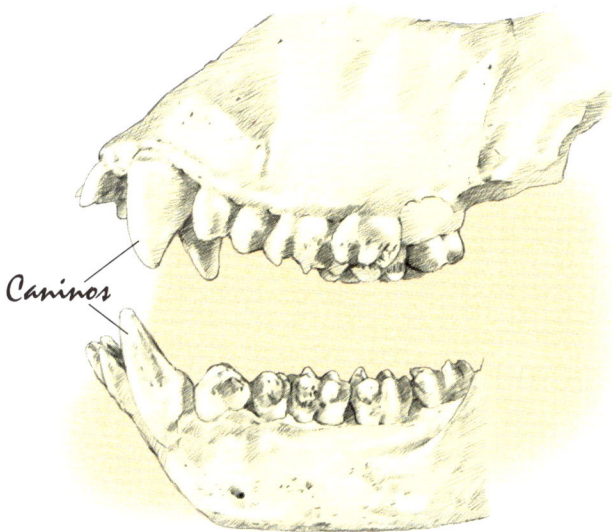

Caninos

Mandíbula de gorila

de los huesos y músculos que forman nuestro aparato masticador.

Parece obvio afirmar que somos más inteligentes que gorilas y chimpancés. Somos capaces de planificar a largo plazo, nos anticipamos a los acontecimientos, tomamos decisiones complejas, proponemos teorías o leemos este libro. Además, nos comunicamos mediante un sistema complejo de sonidos articulados: hablamos utilizando lenguajes más o menos sofisticados. Los chimpancés tienen culturas muy sencillas que transmiten de generación en generación, pero nada comparable a nuestra rica y variada cultura, que encontramos bien desarrollada en todas las sociedades por primitivas que sean.

Los avances tecnológicos de nuestra especie no dejan de maravillarnos cada día. En los últimos 50 años hemos progresado más que en millares de años de evolución. En poco tiempo hemos dado un gran salto tecnológico que nos conducirá inevitablemente a viajar a gran velocidad por otras galaxias o a conocer y controlar nuestro material genético con enorme precisión.

Nuestra gestación dura nueve meses, como en gorilas y chimpancés, pero nuestros niños nacen totalmente desvalidos y permanecen así durante muchos meses. Nuestro desarrollo es largo y complicado. Dependemos totalmente de nuestros padres durante los

seis o siete primeros años de la vida y permanecemos con ellos durante mucho tiempo. A los once años los chimpancés ya son adultos y experimentan de manera normal sus relaciones sexuales. Las hembras serán madres hacia los trece o catorce años y tendrán crías de manera continuada cada cinco años. Al fin y al cabo, tanto las hembras como los machos de chimpancés y gorilas no tienen ese largo periodo de adolescencia que «sufrimos» los humanos hasta que somos adultos, hacia los 18 años.

En definitiva, somos unos primates atípicos y muy especiales, que hemos sido capaces de describirnos y de reflexionar sobre nosotros mismos y de plantearnos preguntas trascendentales: ¿de dónde venimos?, ¿cuál es nuestro origen?, ¿tenemos algún destino?, ¿cómo y por qué hemos evolucionado?, ¿cuál es el futuro de nuestra especie?, ¿podemos saber cómo seremos en el futuro? No podemos olvidar que, como todos los seres vivos, los homínidos estamos sujetos a las leyes de la evolución biológica. Nuestra variabilidad genética producida por mutación y recombinación genética, que en la actualidad es muy rica, ha estado sometida al filtro de la selección natural, que permite los cambios adaptativos y, en definitiva, es responsable de la evolución.

En este libro no podemos responder a todas las preguntas que se hace el ser humano. Algunas de esas preguntas todavía no tienen respuesta. Sin embargo, la ciencia nos permite conocer un esquema aproximado de nuestra genealogía como especie. Sabemos cómo y en qué orden han sucedido los cambios físicos experimentados por los humanos para alcanzar nuestro aspecto actual. También intentaremos explicar el porqué de esos cambios. Muchas respuestas son especulativas, porque no se pueden demostrar con los métodos empleados por la ciencia. Pero no por ello dejaremos de exponer las opiniones a veces controvertidas de los investigadores. Nos basaremos en los datos que nos ofrece el «registro fósil» y el «registro arqueológico», o conjunto de restos fósiles y arqueológicos que ya han sido recuperados en todos los yacimientos arqueológicos y paleontológicos y que están a nuestra disposición para su estudio.

Trataremos de dar una visión sencilla y clara de los cambios evolutivos ocurridos a lo largo de los aproximadamente seis millones de años que han transcurrido desde que nos separamos del linaje de los chimpancés. Confiamos en que nuestros lectores aprendan la lección más importante que nos enseña la lectura de nuestro pasado. Miles y miles de especies han aparecido sobre la Tierra y más tarde o más temprano su destino ha sido la extinción. Muchas especies se han modificado para hacer frente a las nuevas condiciones del planeta. Nuestra especie también apareció sobre la Tierra hace unos 150.000 años, después de un largo proceso evolutivo de muchos millones de años. Nosotros también nos extinguiremos y tal vez cambiemos lo suficiente como para dejar una especie descendiente. Debemos sentir la necesidad y la obligación de respetar al máximo el medio que nos rodea, para dejar un legado digno a los futuros habitantes del planeta.

Capítulo 2
Los primeros homínidos

El origen de nuestra propia especie es un tema de interés candente, ya no sólo para los estudiosos del campo, paleoantropólogos y arqueólogos, sino para un sector cada vez más amplio de nuestra sociedad. Los paleoantropólogos tratarán de leer nuestra historia a través de los fósiles, eslabones de una cadena cada vez más robusta, pero incompleta. Con frecuencia hemos escuchado la expresión de que «venimos del mono». Sabemos que no es exactamente así e incluso en esta línea, lo acertado sería afirmar, no que *venimos*, sino que también nosotros *somos* monos, aunque es más apropiado decir primates. Si rastreásemos el registro fósil hacia atrás, siguiendo la línea de nuestros antepasados e hiciéramos lo mismo con el linaje de los chimpancés, acabaríamos encontrando un antepasado común para las dos líneas. Actualmente, existe un consenso generalizado sobre nuestra proximidad con los chimpancés, nuestros parientes vivos más cercanos.

El estudio de la evidencia fósil combinado con el análisis del ADN nos ha permitido incluso ajustar el intervalo temporal en que ellos, los chimpancés, y nosotros, los humanos, tomamos caminos diferentes. Los *relojes moleculares* se basan en las *tasas de mutación* de determinados genes denominados «neutros» (sobre los que no opera la selección natural y, por lo tanto, no son ni eliminados ni favorecidos por ésta) en los que las mutaciones espontáneas se irán acumulando a un ritmo constante. Si conocemos la distancia genética entre dos especies (humanos y chimpancés, por ejemplo) y el ritmo al que esos genes neutros mutan, podremos calcular el tiempo transcurrido desde que esas dos líneas se separaron. Los biólogos moleculares nos proponen un intervalo entre 5 y 7 millones de años en los que hipotéticamente habitaba en el planeta el último antecesor común de los chimpancés y los humanos. Con frecuencia tendemos a buscar parecidos entre los seres humanos. Cuando nace un niño en la familia, una de las primeras preguntas que se oye es la de «¿a quién se parece?» A veces llegamos a establecer parentescos entre personas, sólo por lo mucho que nos recuerdan unos a otros. Nos sorprendemos de cómo, hojeando un álbum fotográfico, podemos encontrar parecidos asombrosos con gente a la que no hemos llegado ni a conocer. A veces los parecidos no son sólo en aspectos externos, sino en gestos o incluso hasta en el carácter. El paleontólogo, de alguna forma, es un maniático de los parecidos, pero va mucho mas allá tratando de encontrar los parentescos. Lo hará de una forma exhaustiva, meticulosa, sin dejar escapar ni un solo detalle, de los más visibles a los menos aparentes (y no por ello menos significativos), ni del físico (la morfología) ni del «carácter» (el comportamiento y la cultura). Cuanto más tiempo pase desde su separación, mayores serán las diferencias entre las dos ramas que se han bifurcado y sus diferentes miembros se irán pareciendo menos. Sabemos qué nos revela el *reloj molecular*, pero ¿qué dicen los fósiles?

Entre las evidencias más antiguas que tenemos sobre nuestros parientes más remotos está un fragmento de mandíbula con un molar que se encontró en Lothagam (Kenia) y que tiene una antigüedad aproximada de 5,6 millones de años. También en Kenia se encontraron una mandíbula (en Tabarin) y el fragmento superior de un húmero (en Chemeron) datados en unos 4,5 millones de años, que podrían haber pertenecido a un homínido, pero el retrato sigue siendo incompleto por basarse en evidencias muy aisladas y escasas.

En 1992, Tim White, paleoantropólogo de la Universidad de California (Berkeley) y su equipo, bautizaron con el nombre de *Ardipithecus ramidus* al conjunto de fósiles hallados en un yacimiento de Etiopía llamado Aramis, con una cronología de 4,4 millones de años. «Ardi» y «rami» significan «tierra» y «raíz», respectivamente, en la lengua afar de África, y «pithecus» significa «simio» en griego. Este nuevo género y especie (que significaría algo así como «simio terrestre que está en la raíz de nuestro árbol») ha sido largamente considerado como nuestro antepasado más antiguo conocido y, aunque todavía se desconoce su tipo de locomoción, algunos científicos apuntan a

Restos fósiles de la mandíbula del Ardipithecus ramidus

posibles adaptaciones bípedas por la aparente posición anterior de su agujero magno. La morfología de una falange del pie aparecida en campañas posteriores, datada en 5,2 millones de años, es diferente de la de los chimpancés y se considera también «compatible con una forma primitiva de locomoción bípeda en tierra». El esmalte de las muelas de *Ardipithecus* es fino como el de los chimpancés actuales, por lo que se supone que consumiría frutos y brotes tiernos, típicos de ambientes forestales y lluviosos. La reducción de tamaño de sus caninos, que podría implicar un cambio en la biología social de este primate (reducción de competencia entre machos) ha sido el principal argumento para incluir a la especie *Ardipithecus ramidus* en el grupo de los homínidos. El retrato de esta especie sigue siendo incompleto y, por lo tanto, también las conclusiones que se derivan de su estudio.

Con todo, la evidencia paleontológica parecía concordar con el reloj molecular y aproximarse sobre todo al nivel superior del intervalo (más cerca de los 4,5 que de los 7 millones de años) y la cuna de la humanidad se perfilaba indudablemente en el Este de África. Pero la paleoantropología, a pesar de ser una disciplina que versa sobre el pasado, está continuamente actualizándose de forma fascinante, sujeta a las nuevas piezas del puzzle que renuevan y en ocasiones revolucionan los mapas hasta entonces conocidos. En 2002 se encontró en Chad (África Central) un cráneo fósil cuya edad oscilaría entre los 6 y 7 millones de años de antigüedad y que fue asignado a una nueva especie y género, *Sahelanthropus tchadensis*. Para sus descubridores, se trata del miembro

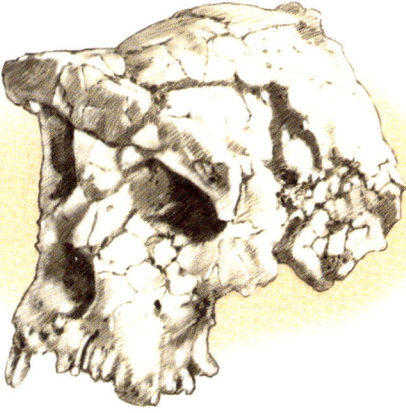

Cráneo del Sahelanthropus tchadensis

conocido más antiguo del grupo de los homínidos y, de ser así, la historia de nuestra saga se remontaría incluso 2 millones de años atrás. Ya en 2001 se había publicado el hallazgo de un conjunto de fósiles atribuidos a un homínido que se bautizó como *Orrorin tugenensis*, datados en nada más y nada menos que 6 millones de años. Este nuevo género y especie presenta unos molares muy pequeños con esmalte grueso y unos caninos primitivos, y la morfología de su esqueleto poscraneal sugiere que, a pesar de retener características arborícolas en miembros superiores, el fémur demuestra una marcha bípeda. Según sus autores, éste sería el verdadero antepasado directo de los homínidos y *Ardipithecus ramidus* se quedaría como una rama colateral que se desprendió del gran tronco del que nació nuestra familia. Aunque todavía es pronto para sacar conclusiones definitivas, lo que sí parece claro es que en torno a los 5-7 millones de años, el mismo intervalo perfilado por la evidencia molecular, se empezaba a fraguar la evolución de

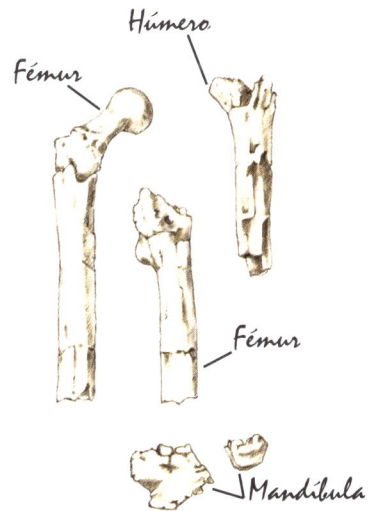

Restos fósiles del Orrorin tugenensis

los homínidos. Pero si de este periodo los hallazgos son escasos y, por ende, las conclusiones más discutibles, el registro fósil sí que fue generoso para el periodo entre los 4 y los 2 millones de años y de esta forma empezamos a revelar la foto de nuestros antepasados más antiguos mejor conocidos: los australopitecos.

El término *Australopithecus* significa «mono del sur». Se conocen hoy en día diferentes especies de australopitecos, pero se pueden definir en común por ser unos homínidos de capacidades craneales propias de un chimpancé, a pesar de poseer ya un rasgo que se ha considerado muy «humano»: la locomoción bípeda. Carecían de capacidad tecnológica (con una posible excepción que ya comentaremos), lenguaje y simbolismo. Esta apariencia les ha valido durante mucho tiempo el sobrenombre de *chimpancés bípedos* (a pesar de que, curiosamente, son antepasados nuestros, y no de los chimpancés). Eran esencialmente vegetarianos, y entre otras cosas, además de la bipedestación, se parecían a nosotros en algunos aspectos dentales y características de las manos y los pies.

Los primeros pasos

La especie de australopiteco más antigua conocida es *Australopithecus anamensis* (australopiteco del lago). En 1965, Bryan Patterson, de la Universidad de Harvard, encontró la parte inferior de un húmero (el hueso del brazo) en el yacimiento de Kanapoi (Kenia). La edad geológica todavía incierta de aquel depósito hizo que no se le prestase la atención debida a aquel

Reconstrucción del rostro de un
Australopithecus anamensis

hueso, que algunos investigadores interpretaban sin embargo como perteneciente al género *Homo*. A través de la técnica del potasio/argón (K/Ar) y la correlación de la fauna con otros yacimientos se pudo asignar finalmente una edad en torno a los 4-4,5 millones de años. Las expediciones llevadas a cabo durante los años noventa por el equipo de Meave Leakey en el yacimiento de Kanapoi tuvieron como fruto importantes descubrimientos, entre ellos el holotipo de la especie que se denominó *Australopithecus anamensis* (el holotipo es el ejemplar que se designa como tipo normal —representativo— de esa especie). Aunque los restos fósiles de esta especie recuperados hasta la fecha son relativamente escasos, las campañas actuales siguen suministrando datos fundamentales en la reconstrucción de este homínido.

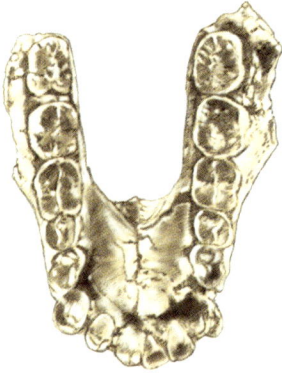

Mandíbula de
Australopithecus anamensis

Una mandíbula incompleta, un fragmento de la cara con algunos dientes y diversos huesos del esqueleto son las únicas piezas con las que podemos reconstruir el retrato de *Australopithecus anamensis*. Su mandíbula presenta características simiescas, con la zona del mentón muy retrasada y dientes primitivos, aunque la raíz vertical de los colmillos está más próxima a la morfología humana que a la raíz ladeada de los chimpancés. Este homínido presenta unos molares anchos, más anchos que los de *Ardipithecus ramidus* y además, presenta un esmalte más grueso que refleja adaptación a alimentos más duros como frutos secos, granos y tubérculos y por lo tanto hábitats no sólo de selva, sino de bosques más abiertos. Esta mayor diversidad de hábitat habría aumentado también sus posibilidades de refugio en comparación con sus predecesores. Los caninos de *Australopithecus anamensis* son más pequeños que los de los chimpancés, no sobresalen tanto del nivel de los demás dientes y esto nos orienta sobre su comportamiento social y sexual. Los colmillos, que entre animales son con frecuencia utilizados como arma intimidatoria, no sólo frente al enemigo, sino frente a otros machos con los que compiten por la misma hembra, están reducidos en esta especie, lo que nos permite inferir que su dimorfismo sexual y, por ende, su competencia eran menores.

A pesar de que los humanos tendemos a creernos especiales respecto a nuestra posición sobre las demás especies en el planeta, en aquellos tiempos éramos simplemente un animal más del ecosistema, apenas indefensos ante los grandes cazadores. Todos los homínidos encontrados en Kanapoi (y posiblemente también los hallados en el yacimiento de Allia Bay, al norte de Kenia) muestran señales de haber sido atacados por carnívoros. Esto plantea la posibilidad de que los carnívoros que se comieron a estos australopitecos hayan transportado los despojos de sus presas a distancias considerables y, por tanto, el hecho de haber hallado los fósiles en depósitos fluviales no significa necesariamente que hubiesen vivido en un ecosistema con río (aunque esto fuera posible). Estudiando los micromamíferos asociados a estos restos se ha ratificado la conclusión de que los miembros de *Australopithecus anamensis* vivían también en ambientes forestales abiertos, en un tipo de sabana más o menos arbolada, probablemente asociada a un río cercano, un ambiente diferente del bosque cerrado con que se asocia a la especie *Ardipithecus ramidus*.

AUSTRALOPITHECUS ANAMENSIS
«AUSTRALOPITECO DEL LAGO»

▶ Especie propuesta por:	Meave Leakey y colaboradores, 1978
▶ Área de distribución:	Este de África
▶ Hábitat:	Selvas y zonas de bosque más abierto
▶ Período:	4,2-3,9 millones de años
▶ Dieta:	Vegetariana
▶ Capacidad craneal:	Aproximadamente 500 cm³
▶ Estatura:	Cerca de 140 cm
▶ Peso:	30 kg
▶ Tecnología:	–
▶ Principales yacimientos:	Kanapoi y Allia Bay, cerca de las orillas del lago Turkana

Pero, sin duda, el aspecto más llamativo de los australopitecos es su tipo de locomoción. Aunque los restos fósiles de *Australopithecus anamensis* son escasos, afortunadamente no siempre la clave está en la cantidad de restos. No todos los huesos nos cuentan la misma cantidad de información. Quiso la fortuna que entre los pocos fósiles hallados se encontrase la porción superior de una tibia (el hueso inferior e interno de la pierna), muy significativa en cuanto a la postura y a través de la cual se podía afirmar que el ser al que había pertenecido caminaba erguido. Así, el retrato de un *Australopithecus anamensis* sería el de un pequeño homínido con un tamaño cerebral más propio de un chimpancé, que hace entre 4,2 y 3,9 millones de años, ya se paseaba sobre dos pies por las selvas y bosques más abiertos del este de África.

El «chimpancé» bípedo

Otra de las especies de este género es *Australopithecus africanus*, descubierto por el joven anatomista Raymond Dart, unos cuarenta años antes, en 1924. Él fue, en realidad, quien creó el término *Australopithecus*, para poder bautizar los restos fósiles que llegaron a su laboratorio procedentes de las canteras de Taung, un pequeño pueblo cerca del desierto de Kalahari. Se trataba de la mitad izquierda de un cráneo, en el que asomaba la cara menuda de un niño, de mejillas delgadas, con una abertura nasal muy pequeña, una frente muy vertical, una región supraorbital (la zona que está encima de los ojos) muy poco pronunciada, un maxilar curvado y no muy promi-

nente, unas cuencas de los ojos muy altas y de forma
ovoide y unos caninos muy reducidos. Además de los
restos óseos había también el molde natural del contenido craneal (el endocráneo) y, adheridas a su
base, las piezas que conforman el *foramen magnum*
(el agujero en la base del cráneo por el que sale la
médula espinal), que en el caso del niño de Taung
ocupaba una posición muy adelantada, como sucede
en los seres que adoptamos una postura erguida.

El hecho de que estos restos, y otros posteriormente
asignados a la misma especie, hubiesen sido hallados
en el interior de cuevas junto con restos fósiles de
animales, inclinó a Dart a pensar que estos homínidos habían sido cazadores e incluso caníbales. Finalmente, Dart resolvió que estos *monos asesinos*, que ya
caminaban sobre dos piernas, nos revelaban las verdaderas razones para descender de los árboles: el ins-
tinto asesino y el gusto por la carne. En el suelo, con

Cráneo y reconstrucción de la cabeza
del niño de Taung (Australopithecus africanus)

LA EDAD DEL NIÑO DE TAUNG

Al examinar la dentadura del niño de Taung, Dart observó que este espécimen todavía mostraba todos los dientes de leche, y que los primeros molares permanentes se encontraban en las fases finales de erupción. En los niños de nuestra propia especie, los primeros molares salen a los seis años, por lo que Dart supuso que ésta sería la edad del pequeño australopiteco. Hoy en día, con la obligada asistencia de técnicas microscópicas y de imagen, se sabe que los dientes son verdaderos «relojes biológicos» en los que podemos leer el tiempo (*time*) que ha necesitado un diente para formarse y además conocemos al detalle el ritmo de formación de unos dientes respecto a otros (*timing*). Por los trabajos de histología dental de Tim Bromage y Chris Dean primero, y por trabajos posteriores de otros científicos sobre los ritmos de formación dental, supimos que el niño de Taung, y otros australopitecos juveniles, probablemente crecieron a un ritmo mucho más parecido al de los chimpancés que al de los humanos actuales. Consecuentemente, este pequeño *Australopithecus africanus* estaría más cerca de los dos o los tres años que de los seis.

las manos libres para poder fabricar herramientas (¡y armas!) y con una inteligencia más desarrollada —y de alguna forma más maquiavélica— tendríamos más fácil la tarea no sólo de defendernos, sino de atacar y matar. Llegó incluso a describir una industria «osteo-donto-querática», en la que, a falta de piedra tallada, se utilizarían huesos, dientes y cuernos de animales para crear las armas. Con otros matices, pero básicamente acorde con el pensamiento de Dart, a científicos como Le Gros Clark les parecía lógico pensar que seres tan pequeños y de caninos tan reducidos necesitasen armas para defenderse en un medio hostil. Si la investigación hubiese acabado ahí, la propia víctima habría pasado a la posteridad como asesina. Estudios posteriores sobre las marcas encontradas en el cráneo del niño de Taung, revelaron que la criatura había sido probablemente presa de un águila, como las águilas coronadas que se conocen hoy en día. Estas aves, capaces de atreverse con animales de hasta casi 20 kilogramos de peso, llevan las presas a sus nidos, localizados en ramas de árboles que con frecuencia se sitúan sobre huecos abiertos al interior de las cuevas donde se acumulan los restos de comida. Los miembros de *Australopithecus africanus* fueron seguramente víctimas —y no verdugos— de los depredadores del momento, como el leopardo, las águilas o las hienas.

Cuando Dart presentó a la comunidad científica un nuevo «humanoide», encontró fieros detractores. Puede que no estuviese muy acertado con su teoría del mono asesino, pero el tiempo habría de darle la razón cuando hablaba de un antepasado humano de características primitivas que ya andaba sobre dos pies. En años siguientes, los hallazgos en los yacimientos de Sterkfontein y Makapansgat, suministraron más fósiles correspondientes a especímenes adultos de la especie *Australopithecus africanus*, entre ellos un cráneo muy completo cuyo nombre familiar es Sra. Ples (Mrs. Ples), de la abreviatura de *Plesianthropus*, el género que se le atribuyó en un principio. Destacaba de este fósil su gracilidad general, mientras que el reborde óseo sobre los ojos estaba moderadamente marcado, pero era continuo con la frente. En chimpancés y gorilas, este reborde, denominado *torus* supraorbitario, se separa de la frente por un surco profundo. Este detalle, junto con otras características, entre ellas los caninos tan reducidos, permitió incluir a este individuo dentro de la familia de los homínidos y dar la razón más de 20 años después al

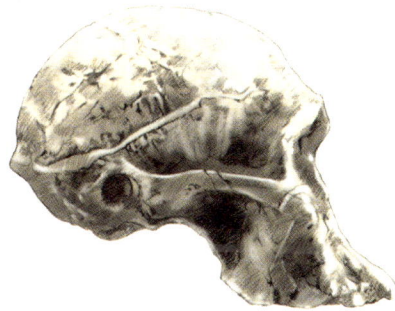

«Mrs. Ples»
Australopithecus africanus

73

joven Dart cuando clamaba que aquel niño estaba más cerca de los humanos que de los chimpancés.

Australopithecus africanus tenia una cara ancha, expandida en la región inferior del maxilar superior, a modo de hocico, en el que no sobresalía la nariz. Su capacidad craneal oscilaba entre los 420 y los 500 cm³ (aproximadamente un tercio del volumen cerebral actual de nuestra especie). Sus caninos eran pequeños pero más puntiagudos que los del género *Homo* y sus molares eran muy grandes. El esmalte de sus dientes era grueso, ideal para resistir el desgaste de una dieta vegetariana que incluía alimentos duros como frutos secos, cereales y tubérculos, probablemente asociados a residuos y tierra. Reciente-

Cráneo y reconstrucción de la cabeza de un Australopithecus africanus

AUSTRALOPITHECUS AFRICANUS
«MONO DEL SUR AFRICANO»

▶ ESPECIE PROPUESTA POR:	Raymond Dart, 1925
▶ ÁREA DE DISTRIBUCIÓN:	Sudáfrica
▶ HÁBITAT:	Bosque subtropical
▶ PERIODO:	3-2,5 millones de años
▶ DIETA:	Vegetariana
▶ CAPACIDAD CRANEAL:	Alrededor de 500 cm^3
▶ ESTATURA:	–
▶ PESO:	40-45 kilogramos
▶ TECNOLOGÍA:	–
▶ PRINCIPALES YACIMIENTOS:	Sterkfontein, Makapansgat y Taung, en Sudáfrica

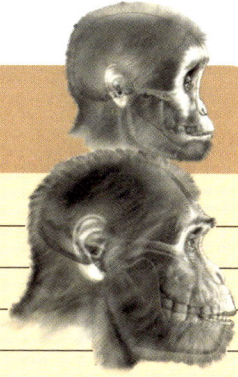

mente, los análisis de isótopos estables de carbono del esmalte de *Australopithecus africanus* sugieren que estos homínidos habrían ingerido alimentos ricos en Carbono 13, como hierba y juncos o incluso animales que comieran esas plantas. Esta afirmación revolucionaría la idea que se ha mantenido hasta ahora de que la dieta carnívora es exclusiva del género *Homo*.

Australopithecus africanus era perfectamente bípedo, como se pudo deducir de la colección asombrosa de fósiles hallados posteriormente, que incluían fragmentos de los extremos inferiores de los fémures (el hueso del muslo) así como una pelvis casi completa, incluyendo el sacro. Este conjunto, colectivamente denominado Sts 14, reunía muchos de los detalles morfológicos que para los anatomistas son distinciones clave entre los bípedos y los cuadrúpedos, como veremos mas adelante. A esta lista se sumaron otros cráneos: Sts 71, también en 1947, y Stw 505, en 1989, además de un esqueleto (Stw 431). Sin embargo, también sabemos que pasaban mucho tiempo en los árboles, como revelan sus piernas cortas y arqueadas y sus brazos largos. Sus restos aparecen en un marco temporal entre 3 y 2,5 millones de años y su registro desaparece cuando el clima se va haciendo más frío y más seco, afectando, inexorablemente, al bosque subtropical que habitaba.

Australopithecus afarensis. Lucy

En 1975 se encontró en la localidad de Laetoli (Tanzania), sobre las cenizas volcánicas del Sadimán, el rastro de unas pisadas singulares. Tras la lluvia, que también dejó su marca, el suelo se reblandeció y en él quedaron marcadas las huellas de tres individuos. Con la salida del sol las pisadas se secaron como el cemento. Las huellas de Laetoli, tenían nada más y nada menos que 3,7 millones de años de antigüedad, y lo más asombroso de ellas es que revelaban un caminar sorprendentemente bípedo. El examen detallado de estas pisadas delataba el paso de al menos tres individuos. El primero habría sido un sujeto menudo, posiblemente femenino. El segundo rastro, en paralelo, pero demasiado cerca como para haber caminado a un tiempo, pertenecería a un sujeto de mayor tamaño. El tercer individuo habría pasado más tarde, pisando sobre las mismas huellas que el primer individuo.

Un año antes, en 1974, los científicos Donald Johanson y Tom Gray encontraban en Hadar (Etiopía) el 40 por ciento de un esqueleto, perteneciente a un homínido que no mediría mucho más de un metro de estatura y apenas pesaría 30 kilogramos. El fémur, la tibia y la pelvis indicaban que este novedoso personaje ya caminaba como nosotros. Una articulación de la rodilla, hallada con anterioridad por Johanson y su equipo en el mismo yacimiento, ratificaba las conclusiones sobre su forma de locomoción. Los restos del esqueleto encontrado en Hadar, siglados como AL 288-1 (AL de Afar Locality, el lugar del descubrimiento, y 288-1 el numero que le corresponde en el inventario) fueron bautizados con un nombre mucho mas familiar, *Lucy*, en honor a una de las canciones de los Beatles, que fue más que coreada durante la celebración del brillante hallazgo.

Unos años más tarde, Mary Leaky encontraba en Tanzania, cerca de las famosas pisadas de Laetoli, un conjunto de fósiles que para Johanson y sus colegas pertenecían a la misma especie que Lucy y que, por lo tanto, representaban una única especie a la que denominó *Australopithecus afarensis*. A esta especie —no sin controversia— se le atribuyeron las pisadas de Laetoli no sólo por el contexto geográfico, sino porque, entre otros, los detalles de la bipedestación la hacían la mejor candidata.

Las huellas de Laetoli, tanto en su forma como en la longitud de la zancada, son notablemente humanas. Para empezar, el dedo gordo está en línea con los de-

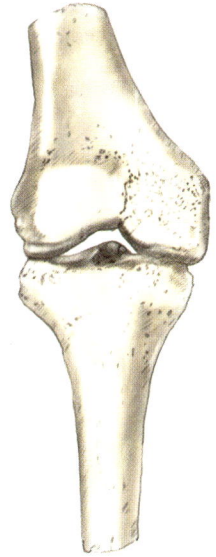

Articulación de la rodilla de Australopithecus afarensis

más dedos de los pies y no diverge tanto como en los chimpancés, donde todavía retiene la capacidad de oposición con el resto de las falanges y por tanto la actividad prensil. Examinando todavía con más detalle se puede comprobar que el arco de la planta del pie está bien desarrollado, y que la región del talón y la del dedo gordo son relativamente más profundas, como cabe esperar al ser los puntos de mayor apoyo en la primera y en la última fase de nuestros pasos, respectivamente, al apoyar y al despegar el pie del suelo.

Cuando creíamos que gran parte del caso estaba resuelto, la gran odisea africana no hacía más que empezar. Bajo esa misma denominación, *Australopithecus afarensis*, se estaban agrupando fósiles hallados en lugares muy distantes, y que presentaban además diferencias muy notables. Por una parte había los que defendían que, en vez de una, allí estaban representadas al menos dos especies. Johanson y otros, como ya hemos comentado, insistían, sin embargo, en que aquélla era una sola especie, con un gran dimorfismo sexual, esto es, notables diferencias de tamaño entre machos y hembras. La respuesta a la controvertida cuestión vino de la mano del espectacular hallazgo de Johanson y su equipo, que encontraron restos de la que se conoció como «la primera familia», al menos 13 individuos, todos con morfologías similares a pesar de diferencias dispares en tamaño.

Australopithecus afarensis era una especie fundamentalmente vegetariana, aunque en ocasiones pudiese comer pequeños animales como termitas o lagartos.

Si bien sus proporciones craneales son claramente simiescas, sus dientes posteriores, aunque grandes y en mandíbulas claramente primitivas, tienen características comunes con los homínidos posteriores, entre ellas el grueso esmalte, y el tamaño disminuido de los caninos. El esmalte dental grueso es ideal para consumir frutos, tubérculos y semillas. Las estrías y el desgaste observado en sus incisivos bajo el microscopio, permiten sugerir que utilizaban estos dientes para arrancar comida de algún tipo de vegetación áspera. Su cerebro era pequeño como el de los chimpancés, unos 400 o 500 cm³, tenían una cara muy proyectada y su locomoción era bípeda, si bien sus brazos eran relativamente largos en comparación con sus piernas. Los machos medirían en torno a un metro y medio y las hembras alrededor de un metro y no pesarían más de 45 y 30 kilogramos, respectivamente. *Australopithecus afarensis* sobrevivió en hábitats muy variados, desde praderas a bosques de coníferas perennes y olivos silvestres, lo que sin duda contribuyó a la resistencia de esta especie.

Este homínido del este de África revela un mosaico único de características bípedas y arborícolas. Sus brazos son relativamente largos, aunque menos que los de *Australopithecus africanus* y durante mucho tiempo se discutió si esto significaba que, además de su adaptación a la locomoción bípeda, estos seres conservaban su comportamiento arborícola. En el próximo capítulo profundizaremos sobre el origen de la locomoción bípeda, pero es importante mencionar aquí algunos de los datos anatómicos que dieron origen a un debate de controversia todavía candente.

El tórax simiesco con forma de embudo, la particular orientación de la fosa glenoidea (el punto donde se articula el brazo con la escápula) y una escápula más estrecha facilitarían a los individuos de la especie *Australopithecus afarensis* la posibilidad de trepar a los árboles. La aproximación de la articulación del hombro al centro de gravedad del cuerpo a la hora de colgarse de las ramas, reduciría la fatiga y el esfuerzo muscular durante la braquiación (desplazamiento mediante los brazos). Por otra parte, la movilidad de su muñeca y la morfología de la mano, con unas falanges largas y curvadas, favorecerían la acción de colgarse de las ramas con menos esfuerzo. Sin embargo, la parte inferior del cuerpo nos habla de un ser indudablemente bípedo. La curvatura de la columna vertebral a la altura lumbar y la expansión de las alas del sacro (el hueso que se encuentra en el extremo inferior de nuestra columna) son caracteres más similares a los humanos. El fémur tiene una gran fosa patelar para alojar la rodilla, el calcáneo es muy moderno, los dedos de los pies robustos y el pie ha desarrollado arcos longitudinales y transversos. Su dedo gordo ya está más alineado con los demás dedos del pie, a pesar de retener todavía cierta capacidad rudimentaria de abducción (para separarse del resto de los dedos). Además, la morfología del pie de *Australopithecus afarensis* es perfectamente compatible con las huellas de Laetoli, indudablemente modernas.

Mientras algunos científicos como McHenry, Schmid, y Tuttle, interpretaban la anatomía de los australopitecos como bípedos terrestres, con ciertas limitaciones, pero con sustanciales adaptaciones a la vida arborícola, otros científicos, entre los que está Lovejoy, creen que estos homínidos tenían una locomoción bípeda idéntica a la nuestra. A algunos científicos les resulta difícil aceptar que si una especie está comprometida con la bipedestación se puedan conservar caracteres que significan adaptación al desplazamiento por los árboles. Para Hunt, una morfología que está adaptada exclusivamente a la locomoción terrestre no necesitaría ningún tipo de morfología ligada a la braquiación y, de la misma forma, una locomoción basada en la braquiación no necesitaría de ninguna adaptación locomotora para la bipedestación. Hoy en día se tiende a pensar que los brazos largos son simplemente un rasgo primitivo, un «resto» que fue progresivamente desapareciendo. No podemos caer en el error de pensar que todo en nuestro cuerpo tiene una función en activo. A veces nuestro organismo retiene algunos caracteres que no significan necesariamente una aplicación funcional, sino que simplemente no han interferido en la acción de la selección natural. Esta anatomía «mixta» puede ser simplemente consecuencia de diferentes tasas de adaptación entre los miembros superiores e inferiores. También puede ser que *Australopithecus afarensis* fuese una especie habitualmente bípeda, aunque retuviese parcialmente la capacidad arborícola dentro de su repertorio locomotor, una habilidad especialmente útil en determinadas circunstancias, como la esporádica subida a los árboles en busca de comida o refugio.

En 1995, Brunet y sus colaboradores encontraron un fragmento de mandíbula y un premolar en la región del Chad, en el este de África, datados entre 3 y 3,5 millones de años y que en un primer momento fueron asignados a la especie *Australopithecus afarensis*. En un estudio posterior consideraron que se trataba de una especie diferente, a la que bautizaron como *Australopithecus bahrelghazali* (Bahr el ghazal, «río de las gacelas»). Todavía no se sabe lo suficiente como para conocer su verdadera posición filogenética en relación con los demás australopitecos, pero este descubrimiento significaría que los homínidos se habrían expandido hacia el poniente de su cuna esteafricana de forma bastante temprana.

El arbusto africano

Algo más de setenta y cinco años después de que el tímido niño de Taung asomase la cabeza, los australopitecos se presentan ante nosotros como un grupo numeroso y diverso del que cada vez se conocen más miembros, aunque también se pongan de relieve un mayor número de incógnitas. Los australopitecos, tradicionalmente divididos en gráciles (que incluye las especies que hemos comentado hasta ahora) y robustos (hoy atribuidos al género *Paranthropus* y a quienes dedicaremos un capítulo), son los protagonistas de un periodo que duró millones de años y que trajo un concepto anatómico revolucionario, la locomoción bípeda. Cuanto más indaga el paleoantropólogo en la búsqueda de sus raíces, mayores son las sorpresas que encuentra durante su investigación. Y es precisamente «sorpresa» en lengua afar (*garhi*), el nombre que se le dio a los fósiles homínidos encon-

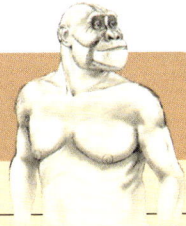

AUSTRALOPITHECUS AFARENSIS
«AUSTRALOPITECO DE LA REGIÓN DEL AFAR»

▶ Especie propuesta por:	Donald Johanson y Tim White, 1978
▶ Área de distribución:	Este de África
▶ Hábitat:	Tanto bosques cerrados y húmedos como bosques más abiertos
▶ Periodo:	3,9- 2,9 millones de años
▶ Dieta:	Vegetariana
▶ Capacidad craneal:	Aproximadamente 500 cm^3
▶ Estatura:	Las hembras 100 cm. y los machos sobre 150 cm
▶ Peso:	Las hembras sobre 30 kg y los machos 45 kg
▶ Tecnología:	–
▶ Principales yacimientos:	Hadar (Etiopía) y Laetoli (Tanzania)

trados en la Formación Bouri en el Awash Medio, Etiopía. Este nuevo australopiteco, datado en 2,5 millones de años, presenta una dentición posterior más grande que la de los *Australopithecus afarensis*, pero se distingue de los parántropos (que se caracterizan por un aparato masticador masivo, como veremos más adelante) por carecer de sus características faciales y craneales típicas. Sus antebrazos son relativamente largos en comparación con *Homo* y sus piernas no son tan cortas como las de los demás australopitecinos. Pero el «culebrón» africano todavía guarda un golpe de efecto más. Asociados a los restos de *Australopithecus garhi* se encuentran huesos de animales con evidencias claras de marcas de corte y de haber sido aprovechados con fines alimenticios. Por otra parte, en una localidad próxima (Gona), se encontraron herramientas datadas en 2,6 millones de años, siendo *Australopithecus garhi* el único homínido contemporáneo de estos depósitos. Es viable suponer, por tanto, que este homínido fue el que fabricó esas herramientas y que, además, también era carnívoro.

Todas estas circunstancias, tan inesperadas como revolucionarias, han hecho plantearse el destierro de *Homo habilis* y *Homo rudolfensis* del género *Homo*. Wood y Collard plantean que la morfología de estas dos especies tempranas de *Homo*, su desarrollo y su estilo de vida quizá estén más próximos a los de los australopitecos que a los de miembros posteriores del género *Homo*. ¿*Australopithecus habilis* y *Australopithecus rudolfensis* quizá? ¿El *Homo habilis* destronado? ¿Qué nos hace ser *Homo* en realidad? Y el arbusto se enmaraña todavía más. Los restos encontrados en 2001 en las orillas del lago Turkana por el equipo de Meave Leaky condujeron a la creación de otra nueva especie y género: *Kenyanthropus platyops*, muy parecido a los australopitecos aunque con una cara más plana y dientes posteriores más pequeños y datados en 3,5 millones de años. La propuesta filogenética de este equipo es que *Homo rudolfensis* sería en realidad una rama lateral sin consecuencias evolutivas de *Kenyanthropus platyops* y, por lo tanto, debería llamarse *Kenyanthropus rudolfensis*. En este punto el lector puede estar desesperado tratando de imaginarse cuál es el verdadero aspecto de ese árbol filogenético que se parece más a un arbusto y al que le salen hijos y hermanos por todas partes. Pero lo importante, en realidad, es no perder la perspectiva del paisaje. Lo que es fundamental es comprender que con

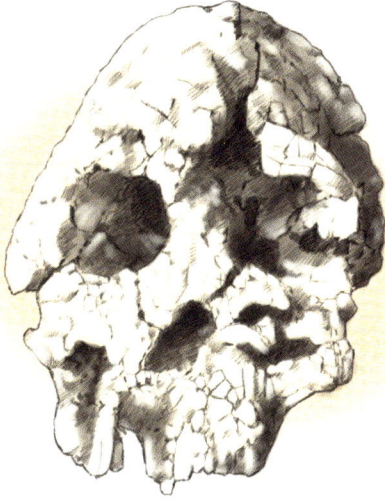

Restos del cráneo del
Kenyanthropus platyops

cada homínido descubierto, la ramificación de nuestra filogenia se hace más y más densa. Actualmente se describen al menos cinco especies de australopitecos si incluimos también *Australopithecus bahrelghazali*, del Chad, de la que por el momento no se sabe lo suficiente para establecer cuál es su relación con el resto de los australopitecos. Es evidente que hemos nacido en el seno de una familia numerosa, pero los parentescos entre los diversos miembros de nuestro hogar africano siguen sin estar todavía demasiado claros.

Por una parte el estudio de los restos de *Australopithecus anamensis*, el más antiguo de todos los australopitecos conocidos, nos revela una posición intermedia entre *Ardipithecus ramidus* (cuya verdadera posición filogenética sigue siendo ampliamente discutida) y *Australopithecus afarensis* y *africanus*. Los rasgos morfológicos del *Australopithecus anamensis* le sitúan como el mejor candidato para ocupar el lugar del patriarca de la saga homínida. Para científicos como Johanson y White, *Australopithecus afarensis* es, por un lado, ancestro común de los australopitecos y de *Homo*, por el otro. Para otros, como Phillipe Tobias, *Australopithecus afarensis* es sólo una variante de *Australopithecus africanus* en África oriental. Esta especie sería entonces el ancestro común de *Homo* y los australopitecos robustos. Para otros autores, sin embargo, *Australopithecus africanus* está descartado como ancestro directo de los parántropos (lugar que ocuparía la especie *Australopithecus afarensis*). El origen de *Homo* habría que buscarlo en alguna forma más afín a *Australopithecus africanus*.

Como podemos ver, la filogenia de los australopitecos es un problema sin respuestas definitivas. Es posible que muchas de las especies que conforman este género tan diverso no sean más que ramas nuevas que le nacen al arbusto, resultantes de un nuevo experimento evolutivo de la madre naturaleza mediante la activación y desactivación al azar de algunos de los genes que regulan nuestro desarrollo. Es evidente que la evolución humana se aleja de aquel esquema primitivo y simple en que unas especies daban lugar a otras siguiendo una trayectoria casi lineal. Durante el periodo comprendido entre los 4 y los 2 millones de años se produjo en la naturaleza una explosión de diversidad y variabilidad de formas homínidas, los australopitecos. Comenzaba una saga, particularmente distinta de los demás primates, especialmente en su modo de caminar, una saga muy numerosa además, que habría sin embargo de culminar con un único heredero, el *Homo sapiens*.

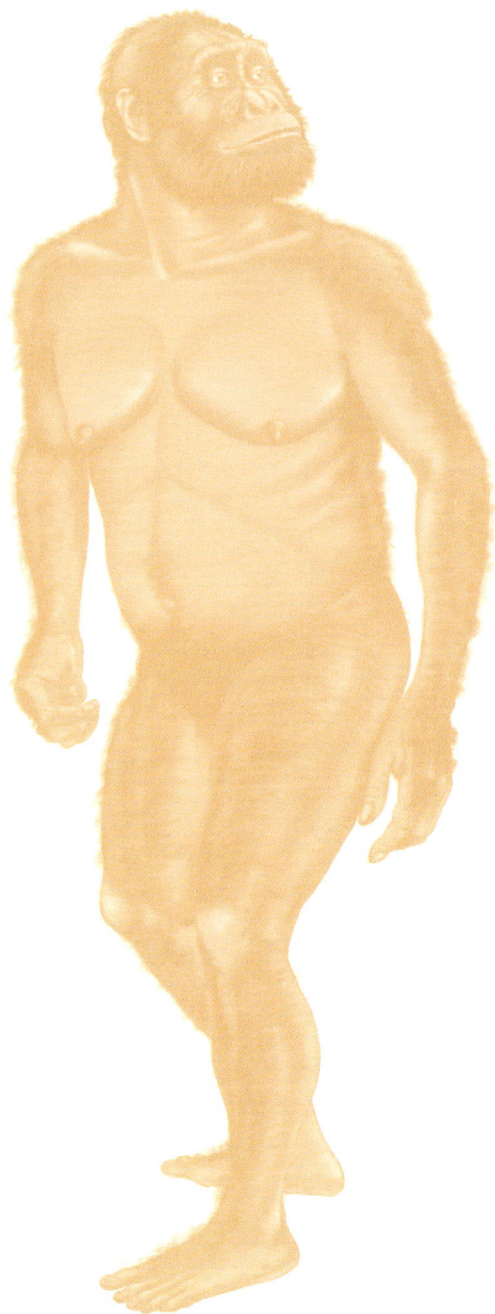

Capítulo 3
El origen de la locomoción bípeda

Tras haber sido presentados a nuestros antepasados conocidos más antiguos, los australopitecos, es necesario hacer un alto en el camino. De forma clásica se considera que la llave de nuestra identidad como humanos radica en tres rasgos: la expansión cerebral, la capacidad tecnológica y la locomoción bípeda. Durante mucho tiempo se creyó que ése, además, había sido su orden de aparición. Parecía lógico, y en cierto modo más evocador, imaginar que el aumento de volumen cerebral lideraba nuestro proceso evolutivo. Sin embargo, a raíz de nuestro encuentro con los australopitecos, y las investigaciones que de ellos se derivan, hoy sabemos que nuestro particular modo de desplazarnos, y no una inteligencia superior, fue el primero de nuestros atributos más típicos. Antes de continuar el recorrido por el árbol de nuestros antepasados, analicemos al detalle esta característica tan importante y con tantas repercusiones en el proceso de hominización.

Las teorías que tratan de explicar el origen de esta práctica tan nuestra son muy variadas. Bajo la primitiva idea de que lo primero en aparecer había sido el gran tamaño cerebral, se creyó que el motor de nuestra locomoción bípeda había sido la necesidad de liberar nuestras manos para poder crear herramientas. Los homínidos, que de forma pareja al aumento cerebral empezaban a mostrar una incipiente capacidad creativa, se habrían visto favorecidos por la selección natural a la hora de crear y transportar herramientas, armas, e incluso su propia descendencia, al necesitar sólo dos de sus cuatro miembros para desplazarse. Sin embargo, con el hallazgo de los australopitecos, hemos comprobado que, a pesar de caminar sobre dos pies, este género todavía tenía un tamaño cerebral más propio de un chimpancé que de un humano. Además, de ser así, lo lógico habría sido encontrar evidencias de industria lítica asociada con los fósiles de australopitecos, ya que todos comparten con los humanos modernos la habilidad de caminar sobre dos piernas. Sin embargo, por ahora, fuera del caso aislado e indirecto de *Australopithecus garhi*, asociado a huesos con marcas de corte y contemporáneo de un yacimiento donde se han encontrado herramientas, el registro paleontológico y arqueológico no parece ratificar la capacidad tecnológica del género australopitecos.

También es cierto que nuestra postura erecta amplió nuestra visión del horizonte y nos permitió mirar por encima de las altas hierbas de la sabana. Hace unos cinco millones de años el cambio climático provocó la reducción de bosques y el aumento de vegetacio-

nes más herbáceas, lo que probablemente forzó a sus
habitantes a transitar alternativamente por espacios
más abiertos. Desplazándonos de forma vertical, ob-
tendríamos una mejor panorámica y podríamos ad-
vertir la llegada de depredadores con mayor facilidad
(¡aunque también seríamos más fácilmente adverti-
dos!). Así y todo, ¿no existen en la sabana especies
cuadrúpedas que se desenvuelven perfectamente? ¿Por
qué sólo nosotros cambiamos de este modo nuestro
tipo de locomoción? En contra de esta teoría están
las reconstrucciones de los hábitats en los que se han
hallado los fósiles homínidos más antiguos. La variedad de los ecosistemas en los que se han encontrado
australopitecos comprende desde bosques húmedos y
cerrados a vegetaciones más abiertas. Aunque sabemos que nuestros ancestros abandonaron las profundidades del bosque, todavía no estaban comprometi-
dos con la gran sabana, que pierde fuerza en su
candidatura como principal motor de la aparición de
la postura erecta. Eso no quiere decir que este nuevo
modo de desplazarse no fuera ventajoso en vegetaciones más abiertas, pero quizá su ventaja radicase
no sólo en la posibilidad de otear el horizonte por
encima de las grandes hierbas, sino en el control de
la temperatura corporal. La teoría de la termorregulación de Wheeler añadió una perspectiva muy
atractiva al gran enigma. El cerebro constituye nuestro órgano vital más preciado y al mismo tiempo uno
de los más delicados, especialmente sensible a la
temperatura. Al adoptar una postura erecta se disminuye la superficie corporal expuesta a los rayos del
sol y así se protege el cuerpo —y el cerebro— del so-
brecalentamiento. Además, la exposición de una

mayor superficie corporal a las brisas y corrientes de aire, así como el alejamiento del suelo, que es también una fuente de calor, ayudaría a disminuir la temperatura generada por la exposición al sol, así como la resultante de nuestro propio metabolismo. Este mecanismo funciona especialmente bien en el caso de nuestra especie, que, salvo en la cabeza, ha perdido la mayor parte de su recubrimiento piloso y ha desarrollado además un sistema de glándulas sudoríparas que contribuyen definitivamente a la disipación de calor a través de la evaporación. De este modo, y aunque la bipedestación hubiese limitado nuestra capacidad para correr, todas estas circunstancias contribuirían a una mayor resistencia de nuestra especie bajo el sol durante periodos más largos. Esta teoría sobre termorregulación estaría además en sintonía con todas las hipótesis que abogan por la ventaja energética de este tipo de locomoción. En la marcha bípeda se produce una reducción progresiva en el desplazamiento del centro de gravedad de nuestro cuerpo. Seríamos capaces de desplazarnos durante más tiempo y mayores distancias, con un menor gasto energético y, por lo tanto, cansándonos menos.

Para Hunt, el origen de la postura bípeda estaría relacionado con la alimentación. En la casi totalidad de las veces, los chimpancés adoptan la postura erecta cuando están en los árboles, recolectando los pequeños frutos. Esta postura requeriría estabilización a través de la sujeción a alguna rama superior con la mano que no recoge el alimento. Está hipótesis conciliaría la aparente contradicción entre la anatomía superior e inferior de *Australopithecus afarensis*, en que los miembros superiores seguirían estando adaptados al desplazamiento por las ramas, pero los inferiores posibilitarían una postura erguida. Según Hunt, sólo posteriormente este hábito postural se convertiría en el modo habitual de locomoción.

No faltan tampoco las explicaciones relacionadas con el comportamiento, como la de Lovejoy, quien vincula nuestra locomoción bípeda nada más y nada menos que con la monogamia. El modelo propuesto por él se centra en los mecanismos sociales y de comportamiento que influyen directamente sobre la supervivencia de una población y la tasa de nacimientos. Para Lovejoy, estos primeros homínidos tendrían un tipo de estructura social monógama, en la que los machos serían los encargados de proporcionar las provisiones necesarias a la población. Esto supondría un ahorro de energía por parte de las hembras, situación que podría ser invertida al aumentar la tasa reproductora. A su vez, sería necesario que los machos adoptasen una locomoción bípeda para poder transportar la comida necesaria. Son muchos los inconvenientes que presenta este modelo. Implicaría de algún modo que los machos desarrollaron la bipedestación de forma independiente de las hembras. El dimorfismo sexual de *Australopithecus* tampoco parece estar en concordancia con una estructura poblacional monógama, aunque la reducción relativa del tamaño de sus colmillos pueda asociarse a una disminución de la competencia sexual entre machos.

Australopithecus afarensis

La curiosidad humana es inagotable. Quizá ese *por qué* sea nuestra pregunta más típica, pero quizá también, en este caso, estemos empleando demasiada energía en la pregunta equivocada. Probablemente tratar de dilucidar cuál es la ventaja concreta o el motor específico de nuestro cambio locomotor no tenga mucho sentido. Una vez que los seres humanos adoptamos la postura erguida, todas sus ventajas se hicieron nuestras, aunque no las hayamos explotado todas a un tiempo, como nos sugiere la anatomía combinada de los australopitecos. Evidentemente, esta nueva estrategia fue exitosa y favorecida por la selección natural. No cabe duda de que los australopitecos expandieron su nicho ecológico. Favoreciéndose aparentemente de cierta capacidad arborícola intermitente —que les permitiría entre otras cosas protegerse de algunos depredadores— fueron capaces de explotar hábitats más abiertos mediante un modo de transporte lleno de ventajas (y algún inconveniente). ¿Qué fue primero, el huevo o la gallina? ¿Causa o consecuencia? En cualquier caso nuestra bipedestación es una opción evolutiva muy válida para nuestra especie en todos los diferentes hábitats. Llevamos ya cerca de cuatro millones de años siendo bípedos, y parece que no se avecinan grandes cambios en ese sentido.

La revolución anatómica

No todos los huesos son igual de elocuentes a la hora de proporcionarnos información. En el capítulo anterior revisábamos algunos de los aspectos de la

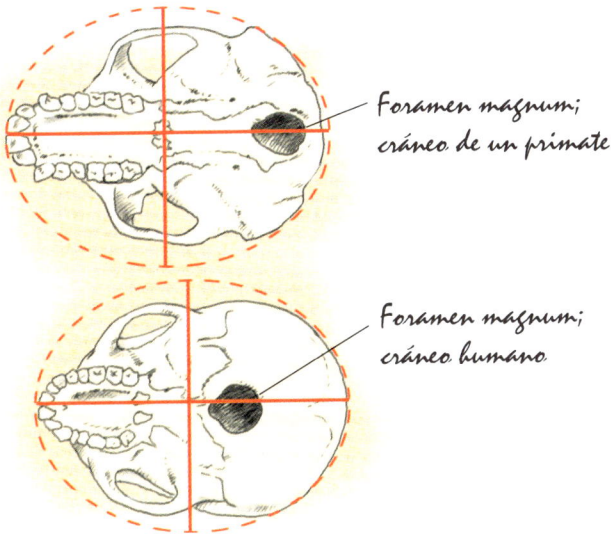

Foramen magnum; cráneo de un primate

Foramen magnum; cráneo humano

anatomía de los australopitecos que nos sugerían una locomoción bípeda. La posición relativamente avanzada del *foramen magnum*, que Dart advirtió en el niño de Taung y después se comprobó para todos los australopitecos, indica que la médula espinal estaba en línea vertical con el cerebro y que, por lo tanto, la trayectoria de la columna vertebral era también vertical respecto al cráneo. Mientras en los cuadrúpedos la columna se sitúa por detrás de la cabeza, los seres humanos tenemos la cabeza encima de los hombros, en la parte superior de nuestra columna.

Los huesos de la pierna también han sufrido modificaciones respecto al resto de primates. Entre los restos fósiles de *Australopithecus anamensis*, por

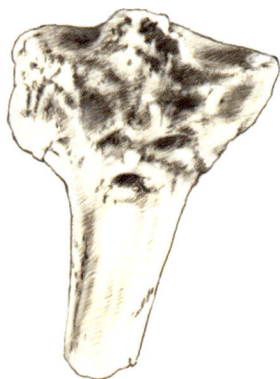

Tibia de
Australopithecus anamensis

ejemplo, contábamos con la porción proximal (superior) de una tibia (el hueso interno de la pierna), muy significativa en cuanto a la postura, a través de la cual se podía afirmar que el ser al que había pertenecido caminaba erguido. Ambos cóndilos de la rodilla (en el extremo superior de la tibia) son cóncavos, mientras que en los simios uno de ellos es convexo, y además el más externo ha aumentado su superficie para poder transmitir mejor el peso del cuerpo erguido. El hueso por debajo de los cóndilos es más ancho que en los chimpancés, lo que supone mayor capacidad amortiguadora de los impactos a la hora de caminar. Lo mismo sucede en el extremo inferior de la tibia, en la región del tobillo, donde el hueso está más engrosado y mejor preparado para soportar la concentración de peso vertical. La tibia está orientada perpendicularmente a la superficie articular de la rodilla, como se ve en la posición bípeda, y en contraste con el ángulo de inclinación hacia adentro de los monos. Aspectos como la solidez de este hueso y el ángulo en el que se une a la rodilla y al tobillo, revelaban que, un millón de años antes que Lucy, ya había un homínido dando sus primeros pasos.

La morfología de las manos y los pies también delata muchos hábitos. Los monos antropomorfos carecen de habilidad en la manipulación de objetos porque las falanges de sus manos y sus pies, largas y curvadas, están adaptadas a la braquiación. La yema de su dedo gordo está muy alejada de las del resto de los dedos. En los humanos, nuestras manos han perdido esa capacidad prensil en favor de la pinza de precisión, y nuestros pies han modificado también su morfología especializándose en la marcha. Las huellas de Laetoli, de las que ya hablamos en el capítulo anterior, son hoy en día el testigo más espectacular de ese periodo de transición. El dedo gordo del pie comienza a alinearse con los demás dedos, pierde esa capacidad prensil, y se desarrollan los arcos plantares que contribuyen a la eficiencia de nuestra marcha bípeda. También la proporción entre los miembros superiores e inferiores ha variado entre los grandes antropomorfos y los humanos. Los australopitecos siguen presentando unos miembros superiores muy largos en comparación con los inferiores, pero esa diferencia empieza a reducirse hasta invertirse a lo largo del proceso de hominización.

Dentro del amplio abanico de cambios morfológicos que implicó la reorganización de nuestra anatomía, la pelvis es el hueso de elección para el estudio del hábito locomotor de una especie. La pelvis humana está compuesta de un hueso coxal a cada lado (que se articula con su fémur correspondiente) y el hueso sacro por detrás (formado por la fusión de las últimas vértebras, llamadas sacras). A su vez, el coxal se compone originariamente de tres huesos que en el adulto están fusionados. Uno de ellos es el ilion, en la parte superior de la pelvis, con forma de hoja plana y cuyo borde superior podemos percibir cuando apoyamos las manos en la cintura. El segundo es el isquion, en la parte inferior y posterior de la pelvis, sobre cuyas protuberancias (denominadas isquiáticas) nos sentamos. Por último está el pubis, en la parte anterior y superior, y que cierra por delante el

Huellas de Laetoli

97

Ilion

Cresta ilíaca   Sacro   Articulación
Sacroilíaca   Ilion

Espina
ilíaca
anterior

Sacro

Acetábulo

Coxis

Espina
ciática

Pubis

Tuberosidad
isquiática   Isquion

Tuberosidad
isquiática   Isquion   Sínfisis
púbica

Pubis

Pelvis humana
(vista lateral)

Pelvis humana
(vista frontal)

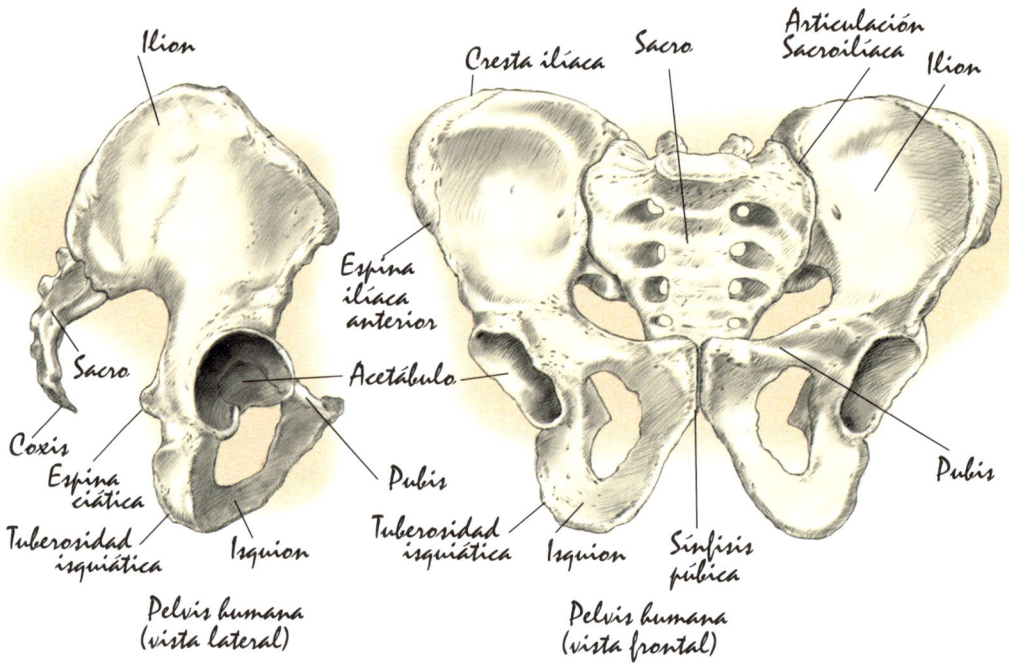

llamado cinturón pélvico. Estos tres huesos se unen en el acetábulo, la cavidad articular en la que encaja la cabeza del fémur.

En nuestra habitual posición bípeda, el peso del cuerpo se transmite de las vértebras inferiores (las lumbares) al sacro y las articulaciones sacroilíacas, y a través del ilion al acetábulo y de ahí a la cabeza y cuello del fémur. Cuando estamos sentados, ese peso se dirige a las tuberosidades isquiáticas. A diferencia de lo que sucede con los demás animales antropomorfos, en el caso de los humanos el peso corporal se reparte entre dos extremidades en vez de cuatro, e incluso en el momento en el que alzamos un pie para dar un nuevo paso, todo nuestro peso se transmite a través de un único coxal. Es necesario que desde el punto de vista biomecánico la arquitectura corporal proporcione una estructura apropiada y eficaz para soportar todo ese peso.

Vamos ahora a analizar la pelvis al detalle. La zona ósea que va desde la articulación del sacro con el coxal y la de éste con el fémur funciona como un barrote al que estamos aplicando mucha tensión. Si cogemos por ejemplo una regla de plástico por sus extremos, cuanto más larga y delgada sea más fácil nos resultará quebrarla y viceversa, cuanto más corta y ancha, más difícil será romperla si es que lo conseguimos. En el caso de los humanos, el cuerpo *ha hecho* «una trampa» parecida. Ha aproximado estas articulaciones de manera que esta «palanca» es más corta y más resistente a la hora de soportar todo el peso cor-

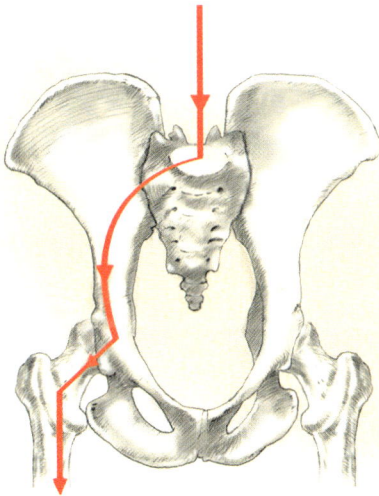

Pelvis de chimpancé

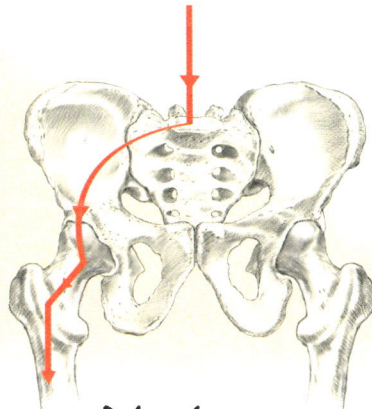

Pelvis humana

poral. Al haberse acortado nuestras alas ilíacas, se han hecho más anchas y más bajas, y las articulaciones de la pelvis con la columna vertebral y el fémur están mucho más cerca que en chimpancés, por ejemplo.

Además, no sólo se ha producido un cambio en las dimensiones del hueso ilíaco, sino también en la orientación. Mientras la lámina ósea del ilion en chimpancés es una hoja plana que *mira* hacia atrás, en el caso de los humanos se ha producido un giro lateral, de manera que la superficie de las alas del ilion ahora *miran* hacia los lados. Este cambio de alineación afecta a la acción de los músculos insertados en él. Veamos cuáles son.

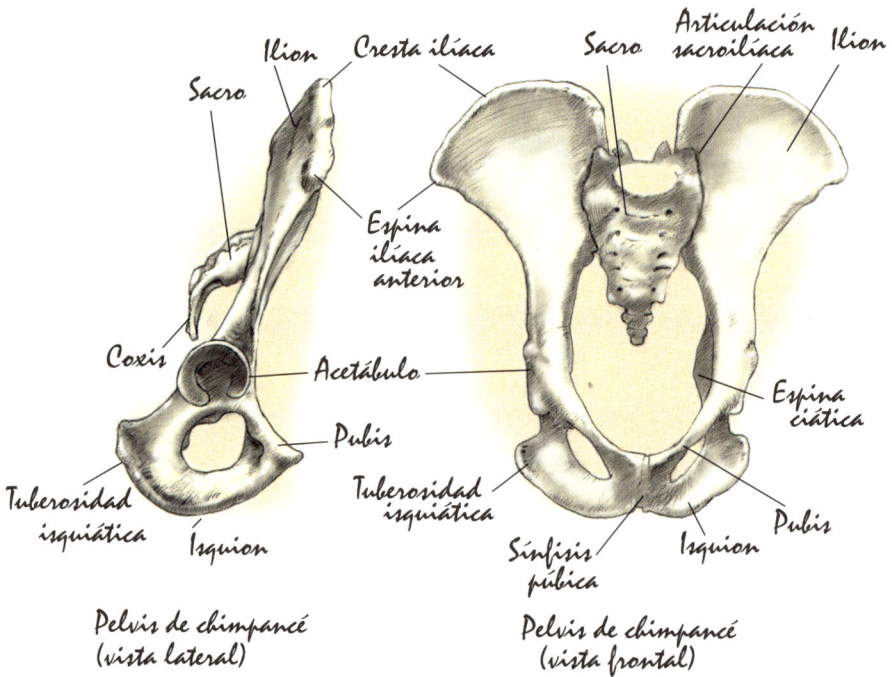

Pelvis de chimpancé (vista lateral)

Pelvis de chimpancé (vista frontal)

Los antropomorfos tenemos tres músculos glúteos a cada lado: el mayor, el menor y el medio. El glúteo mayor tanto en chimpancés como humanos funciona como extensor de la cadera, con una línea de acción posterior. En los humanos es útil a la hora de alinear nuestras piernas con el tronco y participa activamente cuando corremos o saltamos, pero no du-

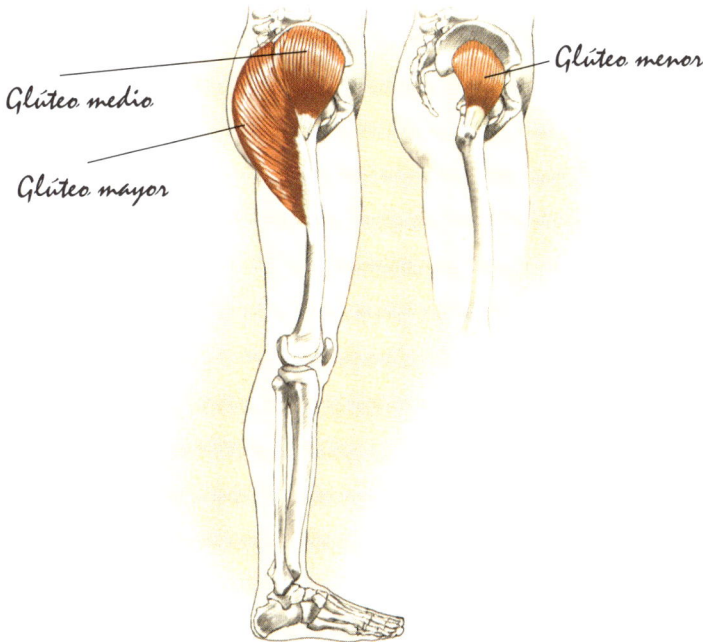

Glúteo medio

Glúteo mayor

Glúteo menor

rante la marcha. En cambio, debido a este cambio de orientación ilíaca, los glúteos medio y menor, que se insertaban en ese hueso, se han girado hacia fuera, adquiriendo una función abductora en los seres humanos. En vez de «tirar» hacia atrás al contraerse, ahora «tiran» de lado. Eso hace que cuando damos

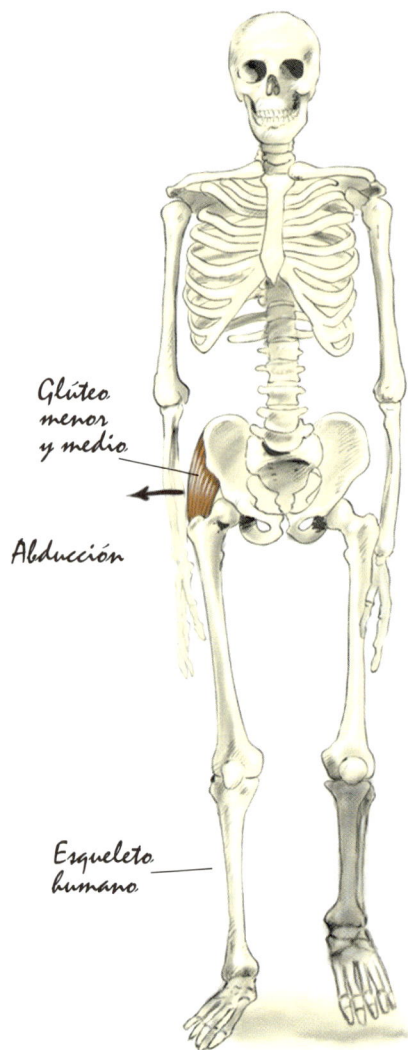

un paso, para evitar que el cuerpo se caiga hacia el lado que está en el aire, los músculos abductores tirarán hacia el lado que está apoyado en el suelo; es lo que se llama estabilizar lateralmente la cadera. En los chimpancés, todos los glúteos tienen una potente función extensora y son muy útiles a la hora de ir extendiendo los miembros posteriores cuando avanzan sobre cuatro patas. Sin embargo, al carecer de abductores, y aunque en determinados momentos puedan desplazarse sobre dos miembros y de forma erecta, su tipo de locomoción es inestable. Los chimpancés, cuando quieren caminar sobre dos pies, tienen que hacer grandes oscilaciones del tronco hacia el miembro que se apoya, grandes tambaleos, para no caerse del lado que está en el aire. Y es que, como vemos, no es suficiente con ponerse de pie para poder andar.

Una de las características esenciales de la eficiencia de nuestra locomoción bípeda radica sobre todo en la conservación de energía. Cuando caminamos, nuestro centro de gravedad (situado delante de la segunda vértebra sacra) apenas oscila. Se mueve ligeramente hacia el lado que apoyamos (se puede comprobar mirando de frente a una persona que camina), y sube y baja levemente en el plano sagital (lo comprobamos mirándola de lado). Cuando un animal cuadrúpedo trata de caminar sobre dos miembros, su centro de gravedad describe trayectorias muy sinuosas con oscilaciones muy marcadas, como con movimientos muy exagerados. En los humanos, sin embargo, apenas se desplaza, por lo que se produce un gran ahorro de energía, y ésta nos permite mayor resisten-

Glúteo menor y medio

Abducción

Esqueleto humano

cia en largas distancias. Eso sí, a la hora de correr, hemos perdido rapidez, pues nuestra masa muscular extensora ha disminuido. Los músculos isquiotibiales (que se insertan en el isquion y los músculos de la pierna) funcionan como extensores tanto en humanos como en gorilas y chimpancés. Sin embargo, los nuestros son menos potentes, como podemos leer indirectamente en el acortamiento de nuestro isquion (su lugar de inserción). Leyendo las pistas en la pelvis australopitecina, por ejemplo, vemos que estos especímenes presentan un ilion más corto y ancho que el de los chimpancés, por lo que se favorece la abducción de la cadera (su estabilización lateral) y un isquion más corto, por lo que la extensión de la cadera está más limitada. Eran menos rápidos que los chimpancés, pero aguantaban más.

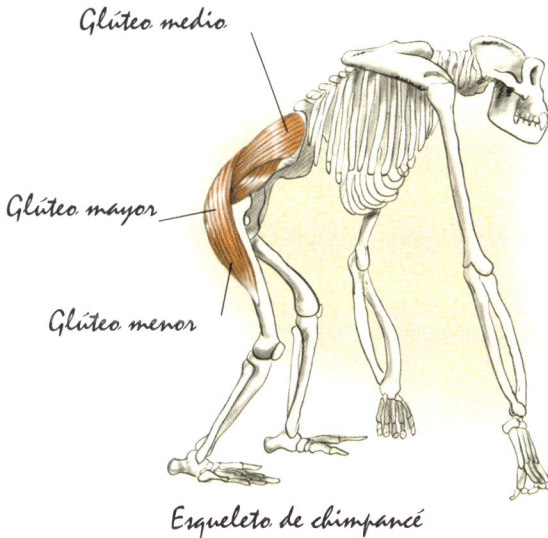

Glúteo medio

Glúteo mayor

Glúteo menor

Esqueleto de chimpancé

Para poder caminar sobre dos piernas, es necesario además que el sistema nervioso también madure en paralelo con el crecimiento músculo-esqueletal. Cuando nos falla el equilibrio tendemos a abrir el plano de sustentación, esto es, abrimos las piernas para que nuestro centro de gravedad pueda moverse en un plano más amplio. También ocurre en los niños, que al principio caminan con las piernas más separadas y tambaleándose para los lados. Según su propio sistema nervioso va madurando, y ajustan la inervación y coordinación de sus elementos corporales, la ondulación de la bipedestación es mucho menor y más suave. La base de sustentación disminuye, los brazos se acompasan de forma más natural, y tanto la anchura de nuestra zancada como nuestra velocidad al caminar aumentan.

Y seguimos. Para poder adoptar correctamente la postura erguida, es necesaria una conformación anatómica que permita la extensión de la rodilla y la cadera. En los chimpancés, cuando avanzan sobre dos piernas, sus caderas y rodillas están mucho más flexionadas que en humanos, lo que provoca mucha más tensión en las articulaciones con cada paso que dan.

Cuando estamos de pie, la línea de la gravedad pasa a través del proceso odontoideo del axis (un apéndice de nuestra segunda vértebra cervical), por detrás del centro de articulación de la cadera y por delante de la articulación de la rodilla y los tobillos. En los humanos, la diáfisis del fémur (la caña del hueso) está «torcida» hacia adentro, mientras en chimpan-

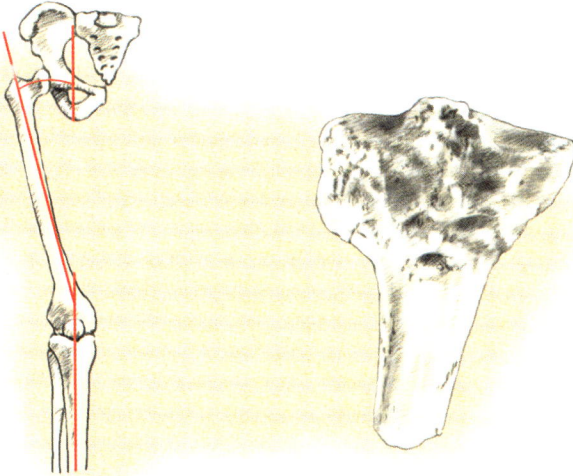

Esqueleto humano

Tibia de
Australopithecus anamensis

cés es completamente recta. Esta angulación del fémur, que en los seres humanos se aproxima a la línea
media (adducción), mientras que en chimpancés lo
hace hacia fuera (abducción), permite que nuestros
pies se sitúen por debajo del vector de nuestro peso,
y, por tanto, evita los grandes bamboleos que provo-
caría un centro de gravedad que se desplazara mucho
en cada paso. Los australopitecos presentan también
una inclinación de la diáfisis femoral mayor que
la de los chimpancés, pero menor que la de los humanos.

El parto inhumano

Hemos visto hasta ahora algunas de las posibles
«ventajas» con las que se trata de explicar la adopción de la postura erguida, pero eso no quiere decir

LOCOMOCIÓN BÍPEDA: EL CÓMO

¿Cómo se produce un cambio tan drástico en el esqueleto? Hemos realizado un repaso sobre las principales modificaciones anatómicas que requiere la locomoción bípeda y comprobamos que los cambios son múltiples. ¿Cómo sucede? ¿Poco a poco? ¿De pronto? En este apartado, el conocimiento cada vez más preciso de los intríngulis del ADN nos acerca un poco más a la posible respuesta. Hoy en día se sabe que nuestros genes no se traducen directamente en estructuras, que la relación entre nuestro genotipo (conjunto de información genética que define a un ser vivo) y nuestro fenotipo (la expresión resultante de la información genética) no es 1 a 1; no hay un gen responsable de crear cada uno de nuestros caracteres externos, sino que es algo más parecido a un trabajo por *módulos* o zonas. Así, un cambio pequeño en la información genética que recibe una de esas zonas (por ejemplo la zona en la que se va a desarrollar la pelvis) puede tener repercusiones muy amplias, pues afecta a todo un conjunto. Por otra parte, sólo con que se produzca una leve modificación, por ejemplo, en la orientación del ala ilíaca, se consiguen cambios críticos para que la marcha bípeda sea efectiva (capacidad de abducción de los glúteos mediano y menor). Eso aseguraría una locomoción estable, y la selección natural favorecería los cambios en pro de esta estrategia. Con este modelo sería posible convertir a un ser cuadrúpedo en un ser bípedo, sin un gran número de alteraciones en el plan genético y además en un tiempo relativamente corto.

que no existan inconvenientes. Hemos pagado el precio que supone caminar sobre dos piernas. Tenemos en nuestro haber un amplio repertorio de patologías: hernias discales, caderas dislocadas, luxaciones de rodilla, esguinces de tobillo y un largo etcétera de dolencias traumatológicas relacionadas con nuestra manera de andar. Pero, sobre todo, el precio lo hemos pagado a la hora de nacer y dar a luz. Las demandas obstétricas colisionan directamente con las demandas anatómicas de una locomoción bípeda. Y ahora veremos por qué.

Como ya hemos comentado, las modificaciones anatómicas necesarias para poder adoptar una postura

erguida aproximaron las articulaciones del hueso coxal con la columna vertebral y con el fémur, acor-
tando el diámetro sagital del canal del parto y dismi-
nuyendo drásticamente sus dimensiones.

Durante el embarazo, el feto se va acomodando a la
parte superior de la pelvis, denominada *mayor* o *pelvis falsa*, y en el momento del parto ha de atravesar
lo que se denomina *pelvis menor* o *verdadera*. Para
ello pasará por un conducto denominado canal del
parto. En general, el canal del parto de los mamíferos es un cilindro corto con apertura posterior, detrás
de las grandes tuberosidades isquiáticas. El parto en
estos animales, entre los que se incluyen los grandes
hominoideos, es menos dificultoso que en humanos,
la trayectoria que sigue el feto es más sencilla, y el recién nacido cuenta con mucha mayor amplitud para
poder salir. En chimpancés, orangutanes y gorilas

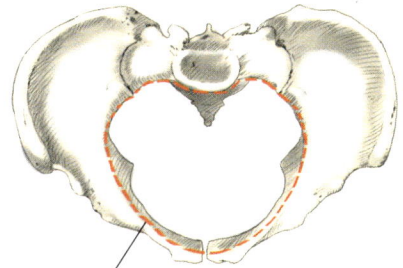

*Pelvis mayor femenina
(vista desde arriba)*

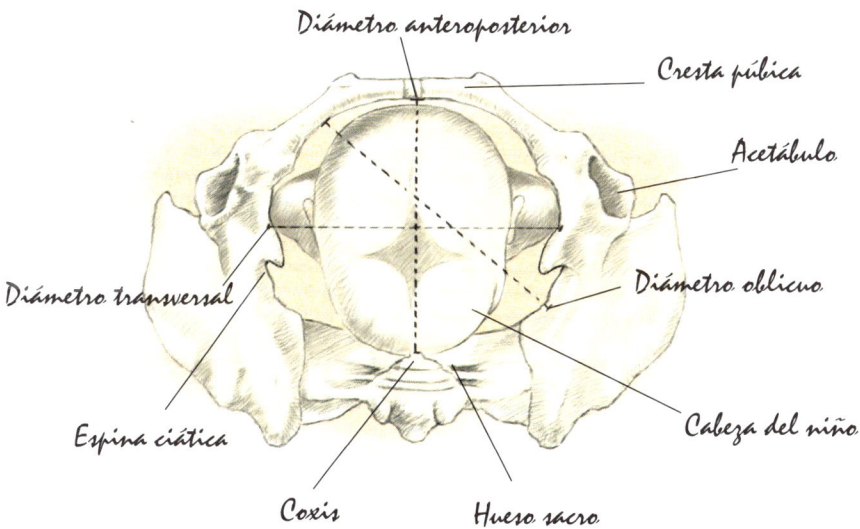

Diámetro anteroposterior

Cresta púbica

Acetábulo

Diámetro oblicuo

Diámetro transversal

Cabeza del niño

Espina ciática

Coxis

Hueso sacro

(menos en los gibones, en los que es un proceso mecánicamente más complicado) el parto se desarrolla con mucha más facilidad relativa. En las mujeres, este canal del parto es más retorcido, angulado y estrecho en relación con el tamaño encefálico del recién nacido. Para poder salir al exterior, el feto ha de rotar la cabeza y los hombros de forma sucesiva, acomodar sus dimensiones máximas (en la cabeza el diámetro anteroposterior, y a la altura de los hombros el transversal) a los diámetros máximos del canal del parto (el de entrada suele ser uno de los oblicuos, y el de salida el sagital). Como colofón de esta laboriosa maniobra, y ya que en las mujeres ese canal del parto se abre hacia delante (en contraposición con los grandes antropomorfos en los que se abre hacia atrás), la vagina forma un ángulo recto con el útero, por lo que el feto a término ha de flexionar mucho la cabeza hacia atrás para poder salir. Además, el feto sale con la cara hacia abajo (lo primero que la madre ve es la coronilla del recién nacido), mientras que en los antropomorfos, el útero y la vagina están en línea y además el neonato sale mirando hacia delante. Eso significa que en nuestra especie la madre suele necesitar asistencia durante el parto, pues ella sola no puede guiar ni ayudar al recién nacido. Dada la hiperflexión de la columna del niño al salir del canal del parto, cualquier intento de la madre de tirar de él podría provocar daños en la médula espinal. Tampoco puede verle la cara al bebé, si hiciese falta limpiar o desobstruir las fosas nasales o la boca, ni desenredar el conducto umbilical. Así que, mientras en los demás primates, el parto suele ser un acto solitario, en el caso de los humanos la ayuda es más que

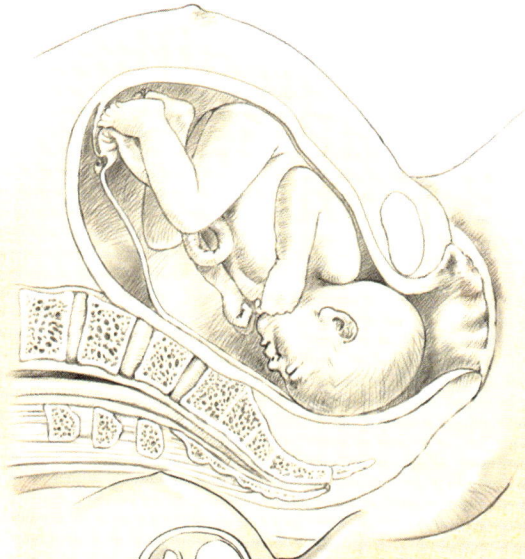

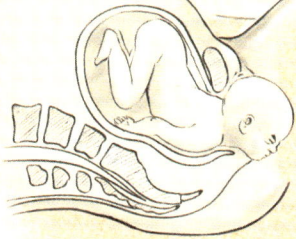

La cabeza se acomoda
al diámetro anteroposterior

as extraer la cabeza se gira
ara acomodar los hombros

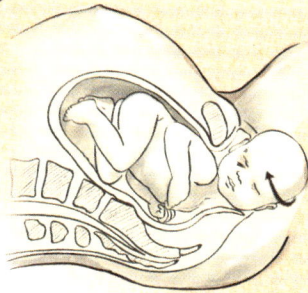

Hombros girados para aprovechar
el diámetro transversal

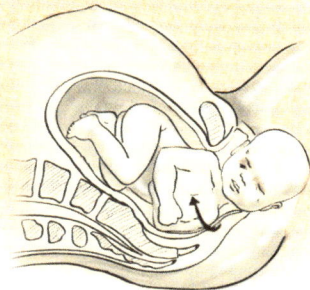

necesaria. Esto, indudablemente, ha condicionado la estructura social y los vínculos entre los diferentes homínidos. La necesidad de ayuda durante el parto, y probablemente el apoyo en un momento tan crítico tanto para la madre como para el futuro bebé, habría influido en los procesos de socialización de los homínidos.

Las pelvis más completas del registro fósil nos permiten deducir algunas características sobre los partos de los homínidos a los que pertenecían. Desde finales del Plioceno y durante el Pleistoceno se produjo el aumento de volumen cerebral que caracteriza al género *Homo*. El aumento de la encefalización supuso otro factor de dificultad añadido a los problemas de espacio. Si el canal del parto ya era más estrecho y retorcido que el de los demás primates con la adquisición de la locomoción bípeda, ahora sumábamos un feto con un encéfalo voluminoso. La pelvis ha tenido que evolucionar para poder compatibilizar la locomoción bípeda y las necesidades obstétricas de una especie tan encefalizada. Estudiando por ejemplo la pelvis de Lucy (AL-288-1) se observa que los australopitecos poseían ya un pubis relativamente largo, como sucede en las pelvis humanas femeninas. El pubis conformaba la pared anterior del canal de parto, así que esto influiría definitivamente en un aumento de la amplitud de dicho conducto. Esto significaría que su especie estaba ya preparada para lidiar con los inconvenientes de una locomoción bípeda a la hora de dar a luz. Algunos autores están de acuerdo en afirmar que en las hembras australopitecinas, la vagina se abría también hacia delante, como en la especie humana, y que el parto en estas especies era también rotacional y curvo. En general, las pelvis de los australopitecos son más anchas que las actuales, y aunque posiblemente el parto de estos parientes nuestros no fuese tan complicado como el nuestro, lo era probablemente más que el de chimpancés, gorilas y orangutanes.

A partir de la pelvis AL-288-1 de *Australopithecus afarensis* y la Sts-14 de *Australopithecus africanus*, el registro fósil da un gran salto en el tiempo y no nos proporciona una pelvis lo suficientemente completa para deducir características obstétricas hasta el hallazgo de la pelvis Kebara 2 (asignada a la especie neandertal y de unos 60.000 años de antigüedad) y especialmente la Pelvis 1 de la Sima de los Huesos de Atapuerca (asignada a la especie *Homo heidelbergensis* y aproximadamente 400.000 años de antigüedad), la pelvis más completa del registro mundial. Tras una primera aproximación al estudio de la pelvis de Kebara se afirmó que los neandertales poseían un canal del parto extremadamente estrecho y que ésta podría ser, incluso, una de las razones de la extinción de esta especie. En estudios posteriores se comprobó que el sacro estaba aplanado y deformado, y que eso había dado la falsa apariencia de un canal de parto reducido. La Pelvis 1 (familiarmente conocida como «Elvis») pertenecía a un individuo masculino de la especie *Homo heidelbergensis*, antecesora directa de los neandertales. El dimorfismo sexual de los coxales (el hueso más dimórfico de todo nuestro cuerpo) se debe a una serie de adaptaciones que hacen que en general la pelvis femenina esté mucho mejor prepa-

¿QUÉ SE ENTIENDE POR ESPECIE CUANDO ESTUDIAMOS EL REGISTRO FÓSIL?

Los zoólogos y los botánicos tienen ciertas dificultades para reconocer especies en la naturaleza. Esta tarea no siempre es fácil y lo primero de todo es tener muy claro el concepto de especie. El biólogo Ernst Mayr, por ejemplo, nos dice que una especie es un conjunto de organismos que se cruzan sexualmente para producir descendencia plenamente viable. En esta definición convencional, tener descendencia viable implica que los hijos deben poseer plena capacidad para vivir y reproducirse. Cuando se cruzan una yegua y un asno, los descendientes tienen capacidad para vivir e, incluso, son animales muy fuertes que desarrollan trabajos muy pesados, sin embargo, los mulos y las mulas no pueden tener descendencia. Los caballos y los asnos son, efectivamente, especies distintas.

En Paleontología este concepto de especie también es válido, pero no se puede aplicar porque sólo disponemos de restos fósiles. No tenemos individuos vivos para saber si su reproducción era posible y daba lugar a descendientes fértiles. Además, en Paleontología debemos tener en cuenta un nuevo factor: el tiempo. Por ejemplo, el paleontólogo George Gaylord Simpson nos dice que una especie es un conjunto de poblaciones que tienen continuidad genética, que siguen una trayectoria evolutiva propia, independiente de las demás y que se prolonga en el tiempo. En la práctica no es posible saber si las poblaciones del pasado, que conocemos a través de los restos fósiles, cumplen o no esta definición de Simpson.

Por todo ello, los paleontólogos han propuestos distintos métodos prácticos para reconocer especies en el registro fósil. Los métodos aplicados no siempre son los mismos, pero todos ellos se basan en el estudio de la morfología comparada de los fósiles. Si la morfología entre dos conjuntos de fósiles es suficientemente distinta, a juicio del investigador, cada conjunto representa una especie diferente.

rada que la masculina para el embarazo y, posteriormente, la salida del feto, aumentando los diámetros del canal del parto en relación con el tamaño general de la pelvis. En la Sima de los Huesos se han encontrado también diversos fragmentos de coxales pertenecientes al sexo femenino, así que es posible saber que su grado de dimorfismo sexual era similar al de nuestra especie. Por otra parte, el grado de en-

cefalización de los neandertales es prácticamente similar al de *Homo sapiens*, sólo ligeramente inferior
dada la gran corpulencia y robustez del *Homo neanderthalensis*. Teniendo en cuenta todos estos datos, es
posible saber que el canal de parto de una pelvis
como «Elvis» era lo suficientemente grande como
para que pasase la cabeza del feto sin mayor dificultad. Si esto sucede teóricamente en «Elvis», que era
un hombre, es de suponer que el parto en las mujeres
neandertales, a pesar de no diferir sustancialmente
del de nuestra especie, fue más holgado.

La adopción de la postura erguida ha condicionado
también otros aspectos en el ámbito del comportamiento. Entre primates, los machos advierten que las
hembras están en periodo de ovulación (y por lo
tanto son susceptibles de quedarse embarazadas) debido a la tumefacción del área perigenital que, además, está claramente expuesta durante la locomoción cuadrúpeda. Al adoptar la postura erecta, esta
área está prácticamente escondida en humanos, y no
existen además signos externos que anuncien la ovulación. Para algunos autores esto habría provocado
que los machos estuvieran atentos a las hembras de
forma continua y que existiera receptividad sexual,
independientemente de que hubiera ovulación o no.
Con la postura erguida, además, está visiblemente
expuesto el pecho femenino, unas mamas claramente aumentadas en nuestra especie y que funcionan
sin duda como reclamo sexual continuo, independientemente del cíclico periodo de fertilidad femenina (sólo *externamente* advertido con el periodo
menstrual). Nuestros hábitos sexuales se verían tam-

LA DATACIÓN DE LOS FÓSILES

Una de las primeras tareas que se deben llevar a cabo en el estudio de los yacimientos arqueológicos y paleontológicos es determinar su antigüedad. Es imprescindible conocer el marco temporal en el que han tenido lugar los acontecimientos que deseamos investigar. Si no sabemos la edad geológica de los fósiles o de los útiles de piedra o hueso encontrados en esos yacimientos, todo nuestro esfuerzo será inútil. Los yacimientos deben ser ubicados con la máxima precisión posible en un marco temporal para que su información sea valorada por todos los científicos. Por ese motivo se han desarrollado técnicas cada vez más precisas para averiguar la antigüedad de los fósiles y de los utensilios.

En teoría, todas estas técnicas deberían dar resultados exactos. Sin embargo, en la práctica siempre existen problemas de contaminación, pureza de las muestras examinadas, fallos cometidos durante el experimento, etc. que producen un error más o menos grande en los resultados. Cada técnica utilizada debe por ello repetirse varias veces hasta obtener errores aceptables. Además, si ello es posible, deben combinarse varias técnicas y cruzar los resultados para obtener la mejor aproximación a la verdadera antigüedad de los yacimientos. Sólo cuando se hayan ensayado varias técnicas en un yacimiento tendremos una seguridad razonable sobre la antigüedad de ese lugar.

Existen técnicas de datación que permiten obtener una fecha concreta y métodos que permiten conocer la posición relativa en el tiempo de los yacimientos con respecto a otros yacimientos.
El método de datación relativa más empleado es la Bioestratigrafía. La presencia de determinadas especies (o asociaciones de especies) en un yacimiento nos puede indicar si ese yacimiento es más o menos antiguo que otro en el que se han encontrado especies diferentes. Naturalmente, partiremos del conocimiento previo de la antigüedad de todas esas especies en yacimientos donde ha sido posible obtener fechas concretas mediante técnicas de datación. El estudio de los microvertebrados es el método más empleado en la datación de los yacimientos arqueológicos y paleontológicos del Cuaternario. Los microvertebrados incluyen animales de menos de cinco kilogramos de peso, como los peces, aves, anfibios, reptiles, murciélagos, conejos, liebres, marmotas, ardillas, musarañas o ratones de campo. De todos modos, los animales que suelen emplearse con más frecuencia en bioestratigrafía son los roedores y en particular sus dientes, que permiten identificar muy bien las especies. Estos animales se reproducen con rapidez y las generaciones son muy seguidas en el tiempo. Esto produce una gran variabilidad genética sobre la que actúa la selección natural y la velocidad evolutiva es alta. Estos cambios evolutivos se pueden detectar y se utilizan para conocer en qué periodo del

LA DATACIÓN DE LOS FÓSILES

Cuaternario nos encontramos.

Las técnicas de datación permiten fechar las capas o estratos geológicos que contienen fósiles y utensilios o que, siendo estériles, se encuentran por encima o por debajo de las capas fosilíferas. También se pueden datar los propios fósiles. Esto último es lo más seguro, porque los fósiles y utensilios pueden ser desenterrados por erosión y vueltos a enterrar formando una nueva capa o estrato geológico a veces mucho más reciente que los fósiles y utensilios que contiene.

La técnica más popular y conocida es la del Carbono-14. Con esta técnica se pueden fechar capas y objetos de una antigüedad máxima de unos 50.000 o 60.000 años. Para capas más antiguas se utilizan otras técnicas, como la de los isótopos del uranio, que alcanzan una antigüedad máxima de 350.000 años, o la de los isótopos del argón, que pueden dar fechas de varios millones de años. Pero no siempre es posible utilizar una técnica concreta. Los yacimientos deben estar constituidos por sedimentos adecuados. Por ejemplo, la técnica de los isótopos de potasio y argón se utiliza en yacimientos con capas de cenizas volcánicas y basalto, que contienen estos isótopos. Estos yacimientos se encuentran sobre todo en África y en algunas zonas de Asia y Europa. La base científica de esta técnica es la siguiente: los isótopos radioactivos del potasio y el argón se transforman en un isótopo estable. La transformación de la mitad de los isótopos radiactivos en su forma estable sucede en un tiempo determinado. Por ejemplo, la mitad de los átomos de Potasio-40 de una muestra se transforman en su isótopo estable, el Argón-40, en 1.300 millones de años. La mitad de los átomos restantes tardan otros 1.300 millones de años en transformarse en Argón-40. La mitad de esa mitad tarda otros 1.300 millones de años, y así sucesivamente hasta que se produce la transformación completa.

Las muestras analizadas proceden de erupciones volcánicas. Los materiales que se expulsan durante estas erupciones se enfrían muy rápidamente. Al entrar en contacto con el aire se solidifican. De este modo, el potasio queda atrapado entre las redes cristalinas de la roca. Inmediatamente comienza la transformación del isótopo radiactivo en Argón-40. Es como si un reloj se hubiera puesto a 0 durante la expulsión de los materiales y el tiempo empezase a contar desde ese momento. Si las muestras no están contaminadas o erosionadas los resultados son muy fiables. Para determinar la antigüedad de una muestra averiguaremos en primer lugar la cantidad de Potasio-40 que contiene la muestra. A continuación se calienta dicha muestra con un rayo láser, hasta que se desprende todo el Argón-40. Como las cantidades de este isótopo son muy pequeñas, la lectura de los resultados debe amplificarse con un espectrómetro de masas. Si conocemos la proporción Potasio-40/Argón-40 de la muestra y la velocidad de transformación del isótopo radiactivo,

LA DATACIÓN DE LOS FÓSILES

podremos saber el tiempo que ha transcurrido desde que se formó el yacimiento.

La técnica de las series de uranio se utiliza en los yacimientos formados en cuevas de roca caliza, muy frecuentes en Asia y Europa. En estas cuevas se forman estalactitas, estalagmitas y capas de cristales de calcita, que reciben el nombre genérico de «espeleotemas». Durante su formación, los espeleotemas atrapan átomos de uranio contenidos en el agua que circula por la red de cavidades de la montaña caliza. La transformación de los isótopos del uranio sucede con mayor rapidez que en el caso del potasio/argón y el método es útil para yacimientos cuya antigüedad no supere los 350.000 años.

Finalmente, es conveniente saber que existen otros métodos, como la termo-luminiscencia o el ESR (electro spin resonancia), que no explicaremos, pero que permiten una calibración del tiempo en el que vivieron nuestros ancestros cada vez más precisa.

bién condicionados en la postura. Mientras la cópula en chimpancés y gibones se realiza por detrás dada la apertura posterior de su vagina, en nuestra especie, y quizá por primera vez en los australopitecos, se posibilitaría la cópula cara a cara.

Pero sin duda, el verdadero cambio del género *Homo* viene de la mano de nuestro particular ritmo de crecimiento. Teniendo en cuenta el elevado grado de encefalización de nuestra especie y el problema de espacio que implica (e implicaba) el parto en los seres bípedos, los bebés humanos han de nacer inmaduros para poder atravesar el estrecho canal del parto, y completar así el crecimiento cerebral y la maduración fuera del útero materno. El cerebro del recién nacido ya no podía aumentar más dentro del vientre materno sin generar conflictos de espacio inviables. Los diámetros de la pelvis tampoco podían aumentar más sin implicar grandes inconvenientes para la locomoción. Así, en nuestra especie los niños nacen con un elevado grado de inmadurez neuromotriz y completan su crecimiento cerebral a un ritmo mucho mayor (y durante un tiempo más prolongado) que el de los demás primates, pero lo hacen fuera del útero. El grado de altricialidad e indefensión en que llegan a este mundo hace indispensable un cuidado parental prolongado, que influyó sin duda en la estructura social de nuestra especie, en sus vínculos, sus afectos y su aprendizaje. Este patrón de crecimiento y todas sus complejas repercusiones no estaban presentes todavía en los grupos australopitecos, a quienes nos parecíamos básicamente sólo en el modo de andar y en algún que otro carácter dental. Tampoco lo estaban en los parántropos, la otra rama africana de nuestra genealogía. Veamos ahora quiénes eran.

Capítulo 4
Cambios climáticos.
El origen de *Homo*

El periodo comprendido entre 2,5 y 2,0 millones de años fue crucial para la evolución humana. En ese tiempo se produjo un cambio climático a nivel global, que fue la causa de modificaciones importantes en los ecosistemas africanos. El progresivo aumento de las temperaturas y la sequedad del clima hizo que poco a poco un alto porcentaje de los bosques de África dejaran paso a extensas regiones de sabana y zonas desérticas. Las especies animales o bien se extinguieron o se adaptaron a las nuevas condiciones. Esto último sucedió con los homínidos.

Podemos imaginar a los australopitecos, grandes consumidores de productos vegetales, enfrentados a la nueva situación. Sin embargo, los recursos que tiene la
Vida ante cualquier circunstancia desfavorable son

extraordinarios. No sólo no se produjo la extinción de los australopitecos, sino que las poblaciones en contacto con los nuevos ecosistemas buscaron varias soluciones adaptativas. Evidentemente esto no sucedió de la noche a la mañana. Fueron necesarios miles y miles de años para que apareciera en África una diversidad de formas de homínidos como nunca antes había existido. Los australopitecos continuaron viviendo en zonas boscosas (*Australopithecus africanus*), pero aparecieron dos nuevos tipos de homínidos: los parántropos y los primeros representantes del género *Homo*.

Mandíbula de Peninj;
Paranthropus boisei

El mundo de los parántropos

Los parántropos fueron homínidos adaptados a consumir vegetales propios de las sabanas y regiones poco boscosas. Allí abundan semillas de varias especies de gramíneas, frutos secos, rizomas carnosos y raíces suculentas, que deben ser fuertemente trituradas antes de su ingestión. La solución para poder alimentarse de estos vegetales duros consiste en desarrollar un potente aparato masticador. Su mandíbula se hizo muy grande y robusta. El cuerpo mandibular, donde se alojan los dientes, era alto y muy ancho. La rama ascendente también creció en altura y anchura, lo que favoreció el desarrollo de una gran potencia en los músculos maseteros, más gruesos y largos que en los australopitecos.

El maxilar y los cigomáticos también crecieron para adaptarse a la masticación de vegetales duros. La zona de estos dos huesos situada debajo de las órbitas

Fosa
temporal

Arcos
cigomáticos

Quilla
sagital

Maxilar

Mandíbula

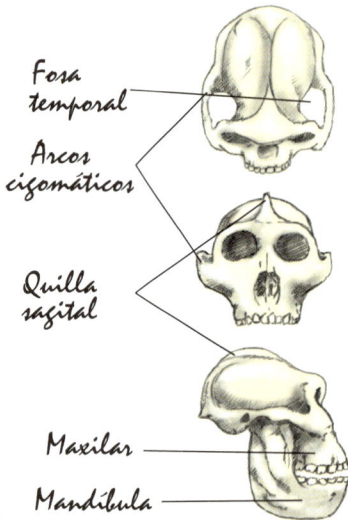

(la región de los pómulos) también creció en altura y anchura de manera desmesurada. Esa gran anchura de los pómulos permitía que entre los arcos cigomáticos y el neurocráneo pudiesen pasar unos músculos temporales de grandes dimensiones, que se originaban en una quilla sagital situada en la parte alta y media del cráneo.

Los incisivos y los caninos disminuyeron mucho de tamaño, pero los premolares y molares aumentaron la superficie de masticación de manera considerable hasta formar una verdadera máquina trituradora. Además, el esmalte de los dientes se hizo más grueso para ralentizar su fuerte desgaste, que provocaban unos alimentos muy duros y abrasivos.

Cuando se observa una reconstrucción del rostro de un parántropo, algo que llama la atención es la diferencia de tamaño tan marcada entre el neurocráneo y el esplacnocráneo. La capacidad craneal de los parántropos llegó hasta los 500 cm^3, pero su cara era extraordinariamente ancha y alta. Además, el hueso de los pómulos se adelantó, al tiempo que retrocedía la región del maxilar donde se alojaban los pequeños incisivos y caninos. Así que la cara, vista de perfil, resultaba ser muy plana. Un rostro diferente para un ecosistema nuevo. Los parántropos aprovecharon su oportunidad y se apropiaron de uno de los nichos ecológicos o estilos de vida que ofrecían las sabanas africanas.

La estatura, proporciones y peso corporal de los parántropos no eran muy distintos de las de *Austra-*

PARANTHROPUS AETHIOPICUS
«PARÁNTROPO DE ETIOPÍA»

▶ Especie propuesta por:	C. Arambourg e Y. Coppens, 1967
▶ Área de distribución:	Este de África
▶ Periodo:	2.600.000 - 2.300.000 años Plioceno
▶ Dieta:	Vegetariana
▶ Capacidad craneal:	Alrededor de 400 cm^3
▶ Estatura:	–
▶ Peso:	–
▶ Tecnología:	–
▶ Principales yacimientos:	Valle del río Omo (Etiopía), Turkana (Kenia)

lopithecus afarensis. Esta especie posiblemente dio lugar, hace unos 2,6 millones de años, a los primeros parántropos, que se encontraron por primera vez en Etiopía, cerca de la desembocadura del río Omo en el lago Turkana. En 1967 se halló en esta región una mandíbula muy robusta, que fue incluida en una nueva especie: *Paranthropus aethiopicus* (este nuevo género significa «al lado del Hombre»). Pero el ejemplar más representativo de esta especie se encontró en la ribera occidental del lago Turkana, en Kenia. Este cráneo fue catalogado en el Museo de Nairobi como WT 17000 y su antigüedad es de 2,5 millones de años. La especie *Paranthropus aethiopicus* dio lugar a otras dos especies: *Paranthropus robustus* y *Paranthropus boisei*, en las que se desarrollaron totalmente todos los caracteres craneales que definen al grupo. Los primeros restos de la especie *Paranthropus robus-*

Cráneo WT 17000; *Paranthropus aethiopicus*

PARANTHROPUS ROBUSTUS
«PARÁNTROPO ROBUSTO»

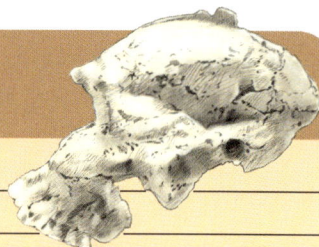

▶ ESPECIE PROPUESTA POR:	Broom, 1938
▶ ÁREA DE DISTRIBUCIÓN:	Sudáfrica
▶ PERIODO:	2.000.000 - 1.000.000 años
	Plioceno
▶ DIETA:	Vegetariana
▶ CAPACIDAD CRANEAL:	Alrededor de 500 cm³
▶ ESTATURA:	110 - 135 cm
▶ PESO:	30 - 40 Kg
▶ TECNOLOGÍA:	–
▶ PRINCIPALES YACIMIENTOS:	Drimolen, Kromdraii, Swartkrans (Sudáfrica)

tus se encontraron en Sudáfrica en 1938 en el yacimiento de Kromdraii. Estos homínidos también se han encontrado en una cueva próxima, denominada Swartkrans. *Paranthropus robustus* tiene una antigüedad de entre 1,8 y 1,0 millones de años y pudo proceder de una migración hacia el sur de la especie etíope.

La otra especie, *Paranthropus boisei*, se quedó en el este de África y sus restos han sido hallados en Tanzania (Garganta de Olduvai) y Etiopía (valle del río Omo). La antigüedad de esta especie se remonta a los 2,3 millones de años y parece que su extinción coincidió con la de su especie hermana de Sudáfrica, hace aproximadamente un millón de años. El ejemplar mejor conocido de *Paranthropus boisei* fue encontrado por Mary y Louis Leakey en 1959 en la Garganta de Olduvai. Se trata de un cráneo catalo-

gado con las siglas OH5, pero conocido popularmen-
te como el «cascanueces», por el enorme tamaño de
sus premolares y molares.

Cambiando de dieta

Algunas poblaciones de homínidos eligieron otro estilo de vida para poder subsistir en los nuevos ecosistemas sin entrar en competencia con los parántropos. Ese estilo de vida comportaba la necesidad de
cambiar la dieta vegetariana tradicional de los australopitecos y no consumir los productos vegetales
que alimentaban a los parántropos. La solución con-
sistió en la introducción de mayores cantidades de
carne en la dieta. Es más que probable que los australopitecos cazaran algunos animales pequeños, como
hoy día hacen los chimpancés. Estos primates cazan
monos y no desprecian un buen surtido de gusanos o
de hormigas y termitas. Los chimpancés obtienen
hasta un 7 por ciento de la energía que necesitan
para vivir de alimentos de origen animal. Por ese
motivo, la adaptación de un homínido a un mayor
consumo de carne y grasa de animales no supuso
ningún obstáculo importante para la evolución. Los
homínidos estaban ya preparados (preadaptados)
para el consumo de carne.

El problema más importante con el que se enfrenta
un primate que tiene que conseguir carne con cierta
abundancia consiste precisamente en el modo de
conseguirla. Los vegetales comestibles se pueden
conseguir con relativa facilidad, sobre todo si son

PARANTHROPUS BOISEI

▸ ESPECIE PROPUESTA POR:	L.S.B. Leakey, 1959
▸ ÁREA DE DISTRIBUCIÓN:	Este de África
▸ PERIODO:	2.300.000 - 1.000.000 años Pleistoceno inferior
▸ DIETA:	Vegetariana
▸ CAPACIDAD CRANEAL:	Aproximadamente 500 cm^3
▸ ESTATURA:	120 - 135 cm
▸ PESO:	30 - 50 Kg
▸ TECNOLOGÍA:	–
▸ PRINCIPALES YACIMIENTOS:	Valle del río Omo, Konso (Etiopía), Olduvai (Tanzania)

abundantes. Pero los animales se mueven y para conseguir su carne o bien debemos cazarlos o bien podemos aprovechar la carroña de animales que hayan sido matados por los predadores. No está claro si los homínidos que se enfrentaron a los ecosistemas de sabana fueron carroñeros o continuaron con la caza activa de animales. Debemos tener en cuenta que en la sabana ya no es posible cazar monos pequeños, sino que las presas son más grandes y mucho más veloces.

En cualquier caso, los alimentos tanto de origen vegetal como animal que formaron parte de la dieta de los primeros *Homo* y de sus antepasados de las sabanas africanas eran menos predecibles y más difíciles de conseguir. Por ese motivo, el carácter «ser más inteligente» se convirtió en un bien muy preciado para

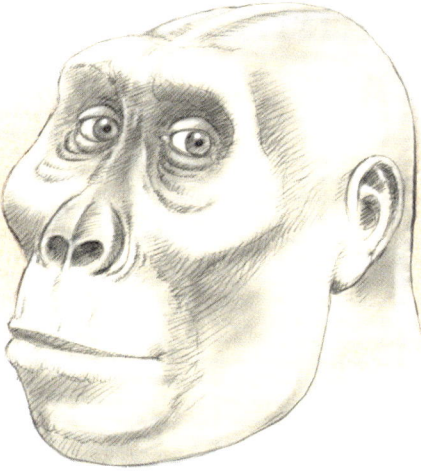

Reconstrucción del rostro
de Paranthropus boisei

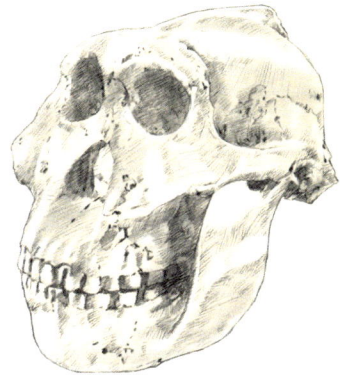

los individuos de estas poblaciones. Cuando se estudian los restos craneales de *Homo habilis* notamos en seguida que sus neurocráneos tienen un volumen más grande que el de los australopitecos. *Homo habilis* llegó a tener hasta cerca de 700 cm^3 y un promedio de unos 600cm^3.

Cráneo OHS;
Paranthropus boisei

Pero tener un cerebro más grande implica la necesidad de conseguir una mayor cantidad de energía para mantenerlo vivo y en actividad. Los chimpancés utilizan hasta el 10 por ciento de la energía diaria que obtienen de los alimentos para mantener el metabolismo de las células del cerebro en reposo, sin el gasto que supone la actividad cotidiana. En los humanos esa cifra se dispara hasta el 25 por ciento. Así pues, el cerebro es un órgano «muy caro» de mantener y si se incrementa su volumen debe haber una buena razón para ello. Los primeros *Homo* y sus antepasados directos se encontraron con un dilema: su supervivencia en un nuevo ecosistema, aparentemente más hostil, pasaba por aumentar el tamaño de su cerebro. Así tendrían una mayor capacidad operativa. Pero a cambio había que conseguir fuentes de energía suplementarias. Y así se hizo. Los homínidos cambiamos poco a poco nuestra dieta casi exclusivamente vegetariana por otra con más contenido en proteínas y grasas de origen animal e iniciamos un proceso para lograr una inteligencia cada vez mayor y única entre los primates. Comer carne no nos hizo más inteligentes, pero para conseguir esta fuente de energía tuvimos que tener unas capacidades intelectivas que no necesitaban los australopitecos.

El cambio de dieta tuvo una consecuencia anatómica importante: el tubo digestivo se acortó. Los mamíferos herbívoros necesitan aparatos digestivos largos y complejos para digerir los alimentos vegetales. La naturaleza es sabia y sigue un principio de economía de la energía que los seres vivos utilizamos para nuestro desarrollo. Si los primeros representantes del género *Homo* ya no necesitaban un tubo digestivo tan largo, porque incluían en su dieta ciertas cantidades de carne, este órgano se acortaría lo que fuera conveniente para ahorrar energía de desarrollo. La energía sobrante se podría emplear en el desarrollo del cerebro, que la necesita con urgencia para poder seguir aumentando. El aparato digestivo se hizo cada vez más corto, a la par que el cerebro fue aumentando su volumen durante la evolución del género *Homo*.

Homo: una nueva forma para un universo diferente

Louis y Mary Leakey encontraron los primeros restos de *Homo* entre los años 1960 y 1963 en la Garganta de Olduvai. Los restos craneales correspondían a cuatro individuos, que el matrimonio Leakey bautizó con los nombres de Cindy (OH 13), George (OH 16), el niño de Johnny (OH 7) y Twiggy (OH 24). La cronología de estos restos se estimó

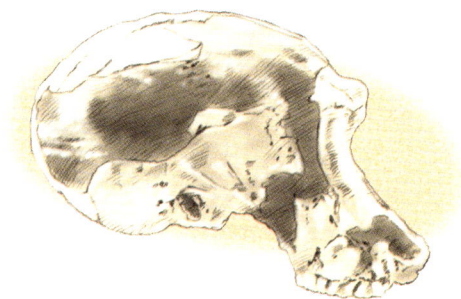

entre 1,85 y 1,6 millones de años, que es la edad de las capas geológicas I y II de la Garganta de Olduvai. En 1964, tres investigadores, Louis Leakey, Philip Tobias y John Napier realizaron un estudio comparado muy pormenorizado de estos fósiles y llegaron a la conclusión de que habría que bautizarlos con una denominación científica nueva. El nombre elegido fue *Homo habilis*, que significa Hombre hábil, capaz de fabricar herramientas, como ahora veremos.

Es casi seguro que para encontrar a los antepasados de *Homo habilis* en los que comenzó el proceso de aumento del volumen del cerebro deberíamos retroceder a un periodo anterior a los dos millones de años. Existen indicios de la presencia de poblaciones del género *Homo* en yacimientos de Kenia y Etiopía, que tienen una antigüedad de hasta 2,4 millones de años. Quizá el resto fósil más evidente del surgimiento de *Homo* en esa fecha sea un maxilar (AL 666), que se encontró en 1994 en el yacimiento de Hadar (Etiopía), junto a fósiles de varias especies de vertebrados y numerosas herramientas de basalto y sílex.

La cara de *Homo habilis* era saliente o prognata, pero menos que en los australopitecos. Sus huesos nasales no sobresalían en la cara y estos homínidos tampoco tenían una nariz prominente. Su maxilar y mandíbula no eran muy grandes, pero sus dientes no se redujeron con respecto a los de los australopitecos. Parece claro que el cambio de dieta no fue lo suficientemente importante como para provocar una reducción del aparato masticador. *Homo habilis* tampoco modificó su estatura y proporciones con respecto a sus antepasados australopitecos. Un ejemplar muy completo, hallado en 1986 en la Capa I de Olduvai y catalogado con las siglas OH 62, permitió saber que *Homo habilis* quizá no sobrepasaba 1,20 o 1,30 metros de estatura y que su peso corporal estaría en torno a los 35 kilogramos. Si comparamos el tamaño del cuerpo y el volumen del cerebro en una especie obtendremos un índice o grado de encefalización de esa especie. Si *Homo habilis* tuvo un tamaño corporal similar al de los australopitecos, pero un cerebro hasta un 50 por cien-

HOMO HABILIS
«HOMBRE HÁBIL»

▶ Especie propuesta por:	R. Leakey, Ph. Tobias y J. Napier, 1964
▶ Área de distribución:	Este y sur de África
▶ Periodo:	2.300.000 - 1.600.000 años
	Plioceno - Pleistoceno inferior
▶ Dieta:	Omnívora, con preferencia por los vegetales
▶ Capacidad craneal:	600 - 700 cm^3
▶ Estatura:	120 - 130 cm
▶ Peso:	35 - 40 Kg
▶ Tecnología:	Modo 1, Olduvayense
▶ Principales yacimientos:	Olduvai (Tanzania), Formación Hadar, Formación Shungura, Valle del río Omo (Etiopía), Koobi Fora (Kenia), Sterkfontein (Sudáfrica)

to más grande, es fácil deducir que esta especie mejoró de manera muy significativa su grado de encefalización con respecto a los australopitecos. Si ese grado de encefalización está relacionado con la inteligencia, está claro que los pequeños «habilis» fueron homínidos más inteligentes y capacitados para enfrentarse a los nuevos retos de las sabanas africanas.

A pesar de todo, muchos investigadores pensaron entonces que los fósiles de Olduvai no deberían ser incluidos en el género *Homo*. Hoy día, y por razones que más tarde explicaremos, otros científicos siguen creyendo lo mismo. No obstante, el apellido *habilis* que se dio a esta especie tenía un sentido muy claro. Junto a los restos fósiles se encontraron herramientas de piedra. En principio, los parántropos no podían ser los artífices de estas herramientas, sino los pequeños «habilis», de cerebros más grandes.

La pinza de precisión

En la actualidad sabemos que los chimpancés son capaces de usar con alguna destreza ciertas herramientas de piedra y madera. Así, en algunas poblaciones de Tanzania se ha observado cómo los individuos usan martillos de madera para cascar nueces colocadas en yunques de piedra. Otras poblaciones introducen palitos de madera en hormigueros y termiteros. Cuando estos insectos trepan por los palitos, los chimpancés dan buena cuenta de ellos. Pero los chimpancés no fabrican herramientas sencillas a menos que se les enseñe con infinita paciencia. Los homínidos africanos, en cambio, comenzaron hace más de 2,5 millones de años a fabricar y usar utensilios de piedra. Ahora veremos dónde se han encontrado y

Orangután   Gorila   Humano

cómo eran esas herramientas. Pero antes veamos alguna de las razones por las que los chimpancés no tienen la habilidad que consiguieron los homínidos para realizar la hazaña de fabricar utensilios de manera sistemática.

Los gorilas y chimpancés tienen dedos largos y curvos, con yemas estrechas y pulgares muy cortos. Estos primates son capaces de manejar objetos de manera muy tosca, sujetándolos entre todos los dedos y la palma de la mano. Es lo que se llama la «pinza de presión». Los humanos tenemos un dedo pulgar muy desarrollado, los dedos son más cortos y terminados en yemas muy anchas. Esas yemas están muy irrigadas por numerosos vasos y capilares y tienen abundantes terminaciones nerviosas, que proporcionan una extrema sensibilidad a los dedos. Los humanos hemos desarrollado lo que se llama «la pinza de precisión», que nos permite manipular objetos entre el pulgar y el índice de manera muy precisa y es una de las bases anatómicas de nuestra habilidad para crear arte y tecnología.

El estudio de la morfología de los fósiles nos puede ayudar a deducir hasta que punto los primeros homínidos eran capaces de realizar la pinza de precisión. Todo parece indicar que *Australopithecus afarensis* y *Australopithecus africanus* tenían unas manos muy parecidas a las de los chimpancés, por lo que estos homínidos probablemente no fabricaron herramientas, al menos de manera sistemática. En cambio, los parántropos y *Homo habilis* tenían dedos más parecidos a los nuestros. El metacarpiano del pulgar humano no sólo es más largo que el de gorilas y chimpancés, sino que también es más ancho. En la parte distal de este hueso (la más próxima al extremo final de los dedos) se insertan hasta cinco paquetes musculares, que proporcionan fuerza y una amplia libertad de movimientos al pulgar. En *Homo sapiens* la segunda falange de este dedo también tiene una base muy ancha para la inserción de un músculo bien desarrollado. Los gorilas y chimpancés carecen de este músculo y sólo cuentan con un tendón (*flexor digitorum profundus*), que realiza una función similar pero menos eficaz. El extremo distal del metacarpiano del pulgar de chimpancés y gorilas es más estrecho y en él sólo se insertan tres paquetes musculares. Es muy probable que *Homo habilis* hubiera desarrollado tam-

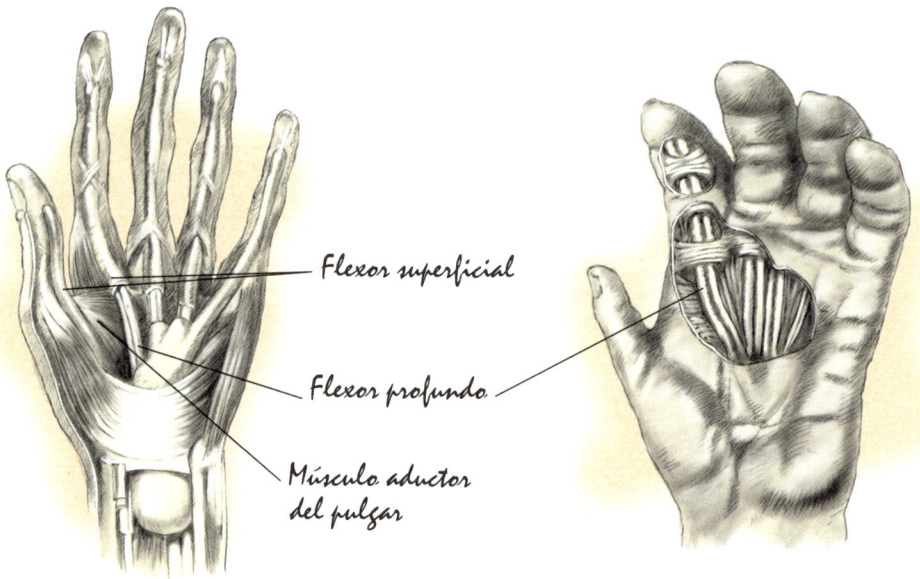

Flexor superficial

Flexor profundo

Músculo aductor del pulgar

Cara palmar; mano izquierda humana

Cara palmar; mano izquierda de gorila

bién la pinza de precisión, aunque ahora no podemos estar seguros de que fueran los únicos homínidos capaces de fabricar las herramientas de Olduvai.

Efectivamente, no sabemos quiénes nos legaron los primeros útiles de piedra, porque en algunos de los yacimientos que contienen estas herramientas también se han identificado distintas especies de homínidos. Es muy probable, tanto en estos momentos tan tempranos como en épocas más recientes, que se utilizaran también herramientas realizadas en materiales perecederos, como la madera o el hueso. Desgraciadamente, los problemas de conservación han impedido que los útiles fabricados con estos materiales hayan llegado hasta nosotros, salvo en contadas ocasiones que posteriormente veremos.

Las primeras evidencias del uso de herramientas de piedra conocidas hasta la fecha fueron encontradas en los yacimientos de Gona y Bouri, ambos en Etiopía. Los niveles arqueológicos en los que han aparecido han sido fechados entre 2,6 y 2,5 millones de años. En el caso de Bouri, contamos con numerosos útiles, tallados según una tecnología que llamamos *Modo 1* y mezclados con restos de fauna. En Gona se han encontrado únicamente evidencias indirectas del uso de herramientas, ya que numerosos huesos muestran en su superficie marcas de corte producidas sin lugar a duda por los filos cortantes de los útiles de piedra.

En el yacimiento de Bouri se han encontrado además restos fósiles de la especie *Australopithecus garhi*, que son contemporáneos de las herramientas. Algunos investigadores creen que esta especie fue el fabricante de los útiles tanto de Bouri como de Gona. Sin embargo, como hemos visto más arriba, los restos de *Homo habilis* no sólo han aparecido junto con las herramientas, sino que las manos de esta especie eran mucho más parecidas a las de los homínidos modernos. Por ese motivo, y así lo creen muchos científicos, parece más factible que *Homo habilis* fuera realmente la primera especie capaz de tallar la piedra para realizar útiles de este material. Lo que sí está claro es que posteriormente una larga lista de homínidos usaron este tipo de útiles del Modo 1 de forma simultánea. Así, ante las evidencias, se puede afirmar que no existen técnicas características de una única especie de homínido, sino que estos modos tecnológicos fueron compartidos por varias especies.

En todo caso, los homínidos que inventaron la talla de útiles de piedra se dieron cuenta de que golpeando un canto contra otro se podían producir fragmentos o lascas que tenían filos muy cortantes. De esta forma, los homínidos se podían valer de unos objetos de enorme utilidad, lo que les permitía competir con gran éxito frente a otros predadores del ecosistema.

Las herramientas de Modo 1 se caracterizaban por su versatilidad, es decir, aún no se puede hablar de útiles especializados. Todavía son herramientas muy toscas, que pueden ser usadas para una amplia gama de acciones. Cuando los homínidos conseguían romper un canto y crear un filo cortante con algunos golpes, podían utilizar tanto este filo, como el de las lascas o fragmentos resultantes de la talla. Dichas

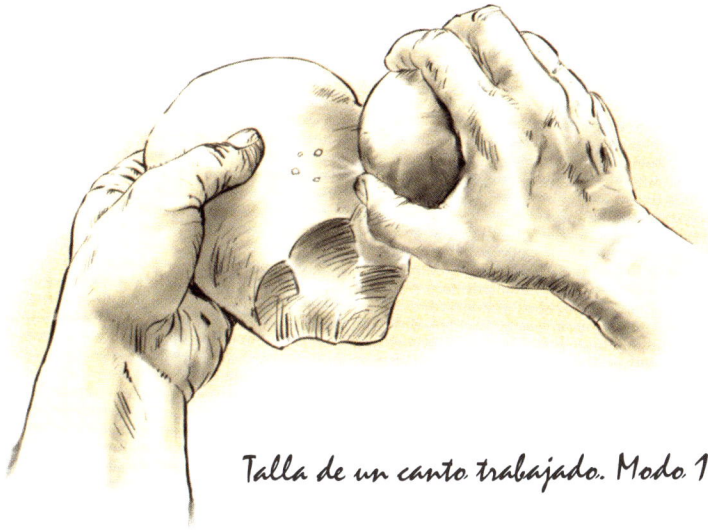

Talla de un canto trabajado. Modo 1

lascas, a pesar de su pequeño tamaño y de su aparente simpleza, resultaban ser verdaderos cuchillos, de gran eficacia.

Podríamos además decir que las herramientas de Modo 1 eran «de usar y tirar». Su fabricación no implicaba una gran dificultad, por lo que podían ser preparadas cuando surgía la necesidad si la materia prima estaba disponible en el entorno. Realmente se trataba de útiles que tenían una «vida» muy corta. Una vez utilizadas, las herramientas podían ser desechadas hasta que de nuevo surgía la necesidad de volver a tallar.

En el yacimiento de Lokalalei (Kenia) se ha localizado industria lítica fechada en aproximadamente 2,3 millones de años. Se ha podido comprobar que los homínidos tallaron en el propio yacimiento, ya que se pueden reconstruir los cantos originales a partir de los núcleos y las lascas abandonadas en ese lugar. Es lo que llamamos «remontajes», que permiten conocer la técnica utilizada para producir las lascas a partir de un canto. La mayoría de las lascas fueron utilizadas sin retocar. Aunque, como hemos visto, la técnica utilizada por los homínidos de aquel periodo tan remoto era aparentemente poco elaborada, los remontajes de Lokalalei han permitido averiguar que los homínidos seguían siempre un patrón similar a la hora de obtener las lascas. Además, escogían bien la materia prima, evidenciando así una gran habilidad y precisión tecnológica.

Canto trabajado por una cara (chopper). Modo 1

En el norte de África no encontraríamos este tipo de industria hasta hace 1,8 millones de años, en los yacimientos de Ain Hanech y el-Kherba, en Argelia. De la misma forma que la mayoría de sus iguales, la ausencia de estandarización en la fabricación de herramientas es la regla general.

No obstante, y con escasas excepciones, parece que la simplicidad fue la tónica general en la técnica de talla de los primeros homínidos durante un largo pe-

¿CÓMO PODEMOS SABER LA UTILIDAD DE LAS HERRAMIENTAS DE PIEDRA? EL ANÁLISIS DE LAS «HUELLAS DE USO»

Cuando una herramienta de piedra se usa para una función determinada, los filos se gastan y quedan una serie de huellas o marcas microscópicas que se deben estudiar mediante microscopios ópticos y electrónicos. El tipo y aspecto de

colecciones de referencia, que pueden ser utilizadas por todos los científicos. Estos análisis se llevan a cabo desde 1950 y los especialistas que los realizan han bautizado esta nueva disciplina científica como «Traceología».

El análisis de las huellas de uso de muchos yacimientos antiguos ha permitido averiguar que las herramientas fueron utilizadas para una amplia gama de actividades, que incluyen las relacionadas con el descuartizado de los animales. En útiles de Olduvai, Koobi Fora y Hadar, con una antigüedad de entre 2,6 y 1,5 millones de años, se ha podido saber que se usaban también para trabajar la madera.

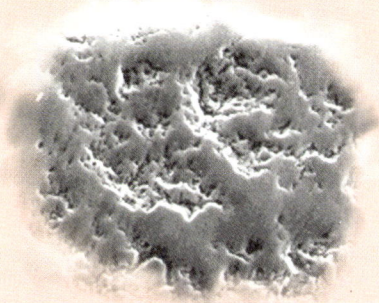

Marcas microscópicas de uso sobre madera, de una herramienta de piedra

las huellas depende de la función a la que haya sido destinada la herramienta, como cortar carne, romper huesos, tallar madera o pulir la piel de un animal. También podemos realizar experimentos con herramientas fabricadas por nosotros mismos y luego comparar los resultados con los útiles encontrados en los yacimientos. De este modo, se preparan

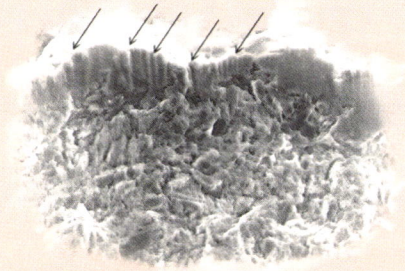

Marcas microscópicas de uso sobre hueso, de una herramienta de piedra

riodo de tiempo. La mayor parte de los homínidos estuvieron fabricando herramientas siguiendo pautas poco elaboradas durante casi dos millones de años. La estandarización o repetición de los mismos esquemas para fabricar herramientas no se generaliza hasta mucho más tarde, con la llegada del Modo 2, del que hablaremos más tarde.

El problema más importante que encontramos a la hora de estudiar la utilidad de herramientas tan antiguas es que no sabemos de qué manera fueron usadas por homínidos, cuya anatomía era distinta de la nuestra. Nosotros podemos realizar experimentos, pero nuestra forma de usar las herramientas no tiene por qué ser la misma. ¿De qué modo cogía un homínido una herramienta particular hace dos millones de años? Sólo si tuviéramos una película real de aquella época podríamos estar seguros y realizar nuestros experimentos de manera correcta. Por otro lado, no siempre disponemos de las mismas materias primas que usaron nuestros ancestros. Aún faltan colecciones de referencia para las comparaciones. Finalmente, con el paso del tiempo las marcas microscópicas pueden verse alteradas y llegar a desaparecer o transformarse hasta confundir al investigador.

Los estudios de huellas de uso han sido también aplicados a materiales como el hueso y así sabemos que en yacimientos como el de Swartkrans, en Sudáfrica, los homínidos de hace 2 millones de años modificaban los huesos para cavar en el suelo y sacar raíces o para trabajar la piel. Desgraciadamente, como ya hemos explicado más arriba, la mayoría de los materiales de carácter perecedero, como la madera, han desaparecido y será muy difícil averiguar la verdadera importancia de la utilización de los objetos fabricados con estas materias primas.

Fuera de África encontramos industrias en piedra de Modo 1 en numerosos yacimientos como los de Dmanisi, en la República de Georgia, con una cronología de 1,8 millones de años; Kärlich, en Alemania, con industrias de este tipo en varios niveles de una antigüedad de entre 1,5 millones y 400.000 años; o Gran Dolina, en España, con industrias más antiguas de 800.000 años en los niveles TD4 y TD6 y de las que hablaremos posteriormente.

Todos estos datos apoyan la idea de que Europa fue ocupada por poblaciones humanas mucho antes de lo que se pensaba. Estos grupos humanos seguramente procedían de África y llevarían consigo esa tecnología tan primitiva, cuando algunas de las poblaciones africanas ya usaban herramientas más evolucionadas. Pero no adelantemos acontecimientos…

Sobrevivir en la sabana

En el contexto de la evolución humana es importante conocer los entornos ecológicos que acompañaron a estos primeros homínidos a finales del Terciario (Plioceno) y comienzos del Cuaternario (Pleistoceno) en África y en Eurasia. Otros animales compartieron los mismos ambientes de los australopitecos, parántropos y primeros *Homo* (los bosques tropicales húmedos, las sabanas arboladas y, más tarde, las sabanas secas y abiertas) en el este de África, el Valle del Rift y en Sudáfrica. Estas faunas se componían de elefantes, rinocerontes, jirafas, hipopótamos, caballos (*Hipparion*), antílopes, bóvidos, algunos ya extinguidos, y numerosos felinos, panteras, hienas, chacales, félidos dientes de sable (*Homotherium* y *Megantereon*) junto a otros primates como los cercopitecos, los papiones y colobos. Estas especies se parecen todavía a la fauna actual africana, con géneros que aún persisten pero con muchas especies diferentes.

Los comienzos de los seres humanos como cazadores no están claros. Todos los primates son vegetarianos, comedores de hojas (folívoros) y de frutos (frugívoros), aunque incorporan algunos insectos y termitas y, ocasionalmente, algún que otro pequeño animal. El género *Homo*, como primate particular, comenzó su andadura con numerosos cambios morfológicos y de comportamiento, adaptado a ese nuevo escenario evolutivo que se presentaba. Entre esas nuevas adquisiciones, nuestra dieta también es peculiar en el ámbito primate, pues pronto, además de vegetarianos, nos volvimos omnívoros, al incorporar alimentos proteínicos como la carne, y otros más ricos en grasa. Estas mejoras en la dieta nos permitieron la supervivencia en muchos y diferentes nichos ecológicos y biomas del planeta. En ello quizá radique uno de nuestros logros y éxitos evolutivos. Además, estos nuevos nutrientes han favorecido, entre otras cosas, nuestra gran encefalización y la complejidad de nuestro tejido y estructura cerebral que nos ha hecho mejorar la inteligencia operativa (modos tecnológicos), la inteligencia social y la capacidad simbólica.

La subsistencia de los primeros homínidos ha sido un tema largamente discutido en la investigación. Hace ya muchos años los científicos pensaron que estos primeros homínidos eran hábiles y sanguinarios cazadores. Más tarde, a partir de 1960 y 1970 se propuso que los primeros homínidos fueron carroñeros y oportunistas, consumidores de animales muertos. Esta triste imagen de nuestros ancestros ha vuelto a cambiar en los últimos años. Brevemente vamos a ver cuál o cuáles han sido nuestros modos de sobrevivir en las sabanas junto a otros predadores y carroñeros. Los paisajes del este y sur de África han dejado muchos yacimientos pliocenos y pleistocenos que contienen restos de actividades desarrolladas por los primeros homínidos. La gran acumulación de restos de huesos de animales, de homínidos incluso, y de herramientas líticas ha llamado la atención de los investigadores para intentar averiguar qué pasó allí, qué ocurrió en esos lugares hace entre 3 y 2 millones de años. ¿Cómo se comportaron estos primeros humanos? ¿Con qué sobrevivían y de qué se alimentaron?

Todos conocemos los «hábitos gastronómicos y culinarios» de muchos depredadores que caminan por las llanuras secas africanas en la actualidad. Los leones y leopardos cazan muchos herbívoros siguiendo la lógica de la cadena trófica (alimenticia) de la naturaleza. Después del festín, hienas y buitres merodean cerca de los cadáveres sobrantes a la espera de que estos félidos se harten de comer. En seguida, comienza otra escena de supervivencia en la sabana. Los carroñeros se aproximan a las carcasas animales y terminan con todo lo que pueden sus voraces dientes y picos. Y en este escenario, ¿dónde encajan los homínidos? ¿Fueron presas de los grandes predadores? ¿Actuaban como cazadores? ¿O entraron en escena como uno más de los carroñeros?

Sin duda, la realidad tuvo un poco de todos estos aspectos, pero debemos reconstruir esta escena siguiendo las pistas que nos ha dejado el registro fósil y arqueológico. Las acumulaciones de restos de fauna y la presencia de ciertas herramientas de piedra han contribuido a aclarar un poco estas cuestiones. Se han interpretado de varias maneras: como lugares de referencia en el paisaje o en los mapas mentales de los homínidos, a los que acudían en más de una ocasión en sus desplazamientos continuados en busca de alimento. Estas acumulaciones se han interpretado también como campamentos temporales a las orillas de los ríos y lagos donde se reunían de manera recurrente, o simplemente como lugares de matanza y consumo de animales. Todo esto suponiendo que los homínidos tuvieron un papel protagonista en estas escenas. El debate planteado consiste en llegar a conocer si los homínidos fueron los responsables de la acumulación de esos animales o si llegaron después. El problema es saber en qué momento intervinieron y en calidad de qué: presa, cazador o carroñero. Para eso existen estudios tafonómicos y de zooarqueología que analizan la composición de esas acumulaciones de huesos. Los especialistas comprueban, dato tras dato, de qué animales se trata, qué partes del esqueleto aparecen, cuáles han desaparecido y por qué motivo. Además, miran detenidamente las superficies de los huesos con el fin de encontrar qué tipo de marcas tienen, si se trata de marcas de corte hechas con herramientas líticas, si hay evidencias de fracturas para el consumo del tuétano del interior de los huesos, si se pueden ver improntas de los dientes de los carnívoros y otras huellas que prueben el paso de las hienas u otros animales por aquel lugar. Esto revelará a los especialistas cómo fue la secuencia de actuación en aquella escena, valorando la acción de humanos (fracturas y marcas de corte hechas con instrumental lítico), carnívoros, hienas y otros animales. Junto a esto, los científicos intentarán averiguar qué otros procesos biológicos, físicos, químicos, geológicos y sedimentarios tuvieron lugar desde que el animal muriera, quedara enterrado y, con el paso de miles de años, llegara por fin hasta nuestras manos. Esto es, a grandes rasgos, de lo que se preocupa de analizar la Tafonomía.

Pero volvamos al problema candente de saber si los homínidos eran cazadores o cazados. En algunos yacimientos sudafricanos se ha visto que los *Australopithecus* resultaron presas de leopardos y de alguna gran rapaz. En Olduvai, la aparición del *Zinjanthropus* muy próximo al lugar donde se encontró a *Homo habilis* ha planteado la duda de si el parántropo fue o no una presa de este *Homo*. Es difícil dar una respuesta contundente porque el registro es fragmentario y escaso para estos primeros momentos de nuestra historia. Lo cierto es que se acepta que, al final del Plioceno y comienzos del Pleistoceno, los primeros *Homo* sobrevivirían con una primitiva industria (Modo 1), de la que ya hemos hablado, y se alimentaban de vegetales, frutos, semillas y plantas junto a alimentos más nutritivos y energéticos, como la car-

¿CÓMO RECONOCEMOS LA ACTIVIDAD HUMANA EN LOS HUESOS CONSUMIDOS? EL ANÁLISIS DE LAS MARCAS DE CORTE Y FRACTURAS INTENCIONALES.

Los especialistas buscan en las superficies de los huesos las huellas que han dejado los humanos al actuar sobre ellos, bien procesando y preparando las carcasas animales que van a servir de alimento, o bien como materia prima para su tecnología y arte. Generalmente nos referimos a estos indicios de actividad humana como marcas de corte y evidencias de fractura intencional.

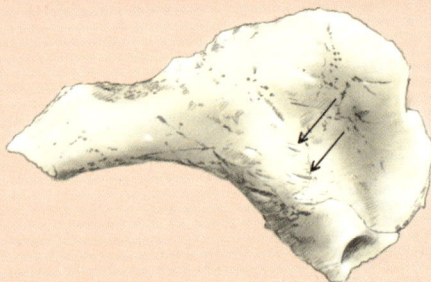

Marcas de corte sobre un malar hallado en Gran Dolina, Atapuerca

Cuando los arqueólogos excavan, suelen encontrarse junto a las herramientas líticas restos de huesos animales cazados o aprovechados por los homínidos. Con frecuencia, la mayoría son fragmentos, aunque a veces aparecen bastante completos. A la hora de descifrar estas pistas se realizan análisis zooarqueológicos que incluyen el reconocimiento de la especie (ciervo, bisonte, caballo...) y la parte anatómica (diente, cráneo, fémur, costilla...) a la que pueden pertenecer esos fragmentos. Asimismo, averiguan la edad y sexo de estas presas cuando es posible. Una parte importante de esta investigación consiste en mirar las superficies de los fragmentos óseos para encontrar restos de intervención antrópica. Es decir, las estrías y surcos que dejan los instrumentos líticos con sus cortantes filos sobre los huesos cuando se corta la carne o se limpia un hueso de grasa y otros tejidos. Eso es lo que se denomina «marca de corte». Existen distintos tipos con rasgos específicos, debidos, en cada caso, a la distinta acción que se haya ejercido (despellejar, raspar, cortar...). Los humanos rompen los huesos para sacar el tuétano. Para ello tienen que fracturar los huesos con ayuda de un canto de piedra o percutor. Las marcas y cicatrices que deja este instrumento en los fragmentos rotos también dan pistas. Las hienas son animales muy voraces que también rompen los huesos con sus mandíbulas, pero los fragmentos que resultan son muy distintos a los que producen los humanos.

Hay otras estrías que no son de origen humano, como ya hemos visto en el texto; se trata de las improntas de los dientes de los carnívoros, de los roedores y de otros animales. También estan las huellas que dejan las raíces, la acción de pisadas de animales sobre los huesos, los pulidos por el paso de agua y otros procesos anteriores y posteriores al enterramiento de esos huesos debidos a otros agentes. Identificar cada una de estas marcas permite a los investigadores comprender la «historia tafonómica» de los fósiles que se han conservado en los yacimientos arqueológicos y paleontológicos.

ne y la grasa que extraían de los animales que aprovechaban. No obstante, es probable que estos primeros *Homo* cazaran pequeñas presas de manera pun-
tual, tal y como hacen otros primates cercanos, los
chimpancés. En definitiva, ni fuimos excelentes cazadores en nuestros orígenes ni tampoco excelentes
carroñeros, sino que combinamos estos modos de
subsistencia según las circunstancias más favorables
del entorno.

Capítulo 5
La primera gran expansión
fuera de África

Según hemos visto en capítulos anteriores, todas las evidencias parecen demostrar que el origen y la mayor parte de la evolución del linaje humano ocurrieron en el este de África. Pero hoy día nuestra especie ocupa los cinco continentes y hemos llegado hasta los más lejanos y recónditos rincones de nuestro planeta. Son muy pocos los lugares donde no viven seres humanos de manera permanente y aun así desafiamos nuestra capacidad y resistencia para llegar hasta regiones árticas, escalar las montañas más altas o sumergirnos en las profundidades de los océanos. Hace unos dos millones de años comenzó ese desafío, cuando los seres humanos atravesamos por primera vez las fronteras de lo que hoy denominamos África. Naturalmente, aquellos homínidos primitivos carecían de mapas y brújulas y no existían naciones delimitadas por fronteras. Pero algo les llevó a moverse de sus espacios naturales o más bien a ampliarlos centenares y miles de kilómetros. ¿Hacia dónde y por qué?

Si miramos atentamente un mapa de África y Eurasia nos daremos cuenta enseguida de que los yacimientos más importantes del este de África, como Hadar, Koobi Fora, Olduvai o Bouri no están demasiado lejos de Asia. Tan sólo debemos atravesar el estrecho de Bab al Mandab, entre el Mar Rojo y el Golfo de Adén, para alcanzar la Península de Arabia. Además, en aquellos tiempos remotos el nivel del mar era más bajo y ese estrecho se podía atravesar caminando. Hacia el norte, bordeando el Mar Rojo por la costa africana, llegaríamos hasta el actual Egipto, atravesaríamos la Península del Sinaí y alcanzaríamos el llamado Corredor de Levante. Siguiendo este

Corredor podríamos bordear el Mediterráneo recorriendo países como Israel, Palestina, Líbano y Siria. Así, llegaríamos a la Península de Anatolia o nos adentraríamos en Asia por Mesopotamia, hacia regiones que hoy día ocupan países como Irak, Irán o Afganistán.

Aparentemente, para ir hacia el norte y llegar hasta esas regiones los homínidos tuvieron que adaptarse a unas condiciones climáticas algo diferentes y, sobre todo, a los cambios estacionales todavía poco marcados en esas latitudes. Debemos tener en cuenta que ese viaje supone moverse desde el Ecuador hasta los 40 grados de latitud Norte. Durante mucho tiempo se pensó que la proeza de abandonar África y viajar a esas regiones sólo habría sido posible cuando los homínidos alcanzaron una mayor inteligencia, un cuerpo de tamaño y proporciones similares a las de hombres y mujeres actuales y una tecnología más avanzada, de la que luego hablaremos. Además, los homínidos fueron capaces de llegar a lugares tan lejanos como el Indostán, las Penínsulas de la India e Indochina o las islas mayores de la Sonda, Sumatra, Java y Borneo, que entonces estaban unidas al continente. Siempre hemos creído que esa proeza fue llevada a cabo por la especie *Homo erectus*.

Homo erectus: el eslabón perdido de Dubois

Hace ya más de 100 años, entre 1890 y 1892, un médico holandés llamado Eugène Dubois descubrió los primeros restos fósiles de esta especie cerca de la ciu-

Eugène Dubois

151

dad de Trinil de la isla de Java. Dubois viajó a esta isla de Indonesia en busca de lo que en aquella época denominaban el «eslabón perdido». Dubois pensaba que ese presunto eslabón habría de buscarse en una forma intermedia entre el orangután y nuestra especie y, por tanto, el linaje de los humanos se habría originado en Asia. Dubois encontró, entre otros fósiles, un fémur y una calota craneal (parte del crá-

neo que comprende los huesos frontal, parietales, temporales y occipital, pero sin la base del cráneo). Este último resto sugería que aquel ser humano tenía una capacidad craneal cercana a los 1.000 cm^3, ciertamente más pequeña que la nuestra, pero muy superior a la del orangután. El fémur indicaba con gran claridad que el homínido de Java había caminado perfectamente erguido, como lo hacemos nosotros y su estatura también era similar a la de nuestra especie. En 1893 Eugène Dubois bautizó estos restos con el nombre específico de *Pithecanthropus erectus*, que significa «hombre mono que camina erguido». Cincuenta años más tarde, los restos de Trinil fueron definitivamente incluidos en la especie *Homo erectus*.

Durante mucho tiempo se creyó que el *Homo erectus* de Java habría vivido en aquellas regiones asiáticas desde hacía no más de un millón de años. Los seres humanos habríamos sido capaces de expandirnos fuera de África una vez que nuestro cuerpo alcanzó un tamaño y proporciones comparables a las nuestras, lo que nos habría permitido desplazarnos rápidamente en busca de nuevas tierras. Pero, lo que es más importante, nuestra inteligencia habría aumentado de manera notable con respecto a *Homo habilis*. Los apenas 600 cm^3 de esta especie habrían sido insuficientes para emprender tal aventura. En cambio, los 900 cm^3 de *Homo erectus* representarían un incremento de la inteligencia necesario para afron-

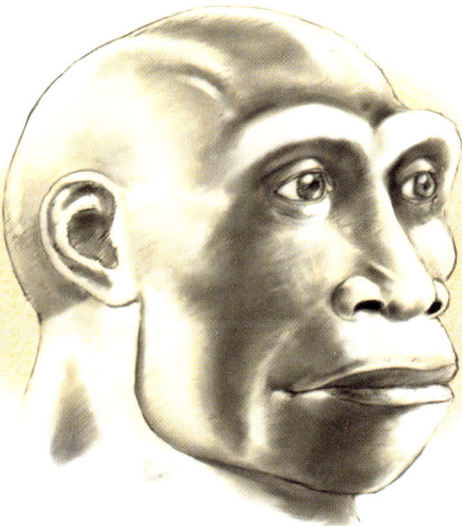

tar ese largo viaje a través del sur de Asia. Así, durante años, los científicos hemos admitido que los seres humanos, y de manera más concreta los representantes de la especie *Homo erectus*, fueron capaces de ampliar los hábitats africanos hace tan sólo un millón de años. Esta especie tendría una mayor inteligencia, ciertas adaptaciones biológicas en el aparato locomotor y una tecnología algo más sofisticada que le permitieron colonizar un nuevo continente.

Pioneros

Este panorama cambió durante los años noventa del siglo XX gracias a los descubrimientos realizados en una pequeña y perdida aldea de la República de Georgia, al sur del Cáucaso. Esta aldea se llama Dmanisi y en ella se encuentran las ruinas de lo que fue una altiva fortaleza medieval durante el siglo IX. En 1984, durante las excavaciones de este lugar aparecieron restos fósiles de mamíferos muy primitivos, que llamaron la atención de los paleontólogos georgianos. En 1991 estos paleontólogos encontraron una mandíbula humana también de aspecto muy primitivo. Durante algún tiempo se creyó que esta mandíbula podría tener apenas un millón de años de antigüedad y se atribuyó a la especie *Homo erectus*. Esta conclusión estaba condicionada por la creencia de que los homínidos habíamos salido de África poco antes de finalizar el Pleistoceno inferior. Sin embargo, la excavaciones del yacimiento de Dmanisi han aportado tres nuevas mandíbulas y cuatro crá-

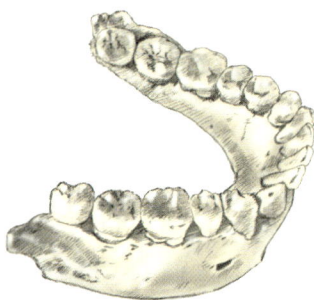

Mandíbula
del *Homo georgicus*

HOMO GEORGICUS
«HOMBRE DE GEORGIA»

▸ Especie propuesta por:	L. Gabounia, M.A. De Lumley, A. Vekua, D. Lordkipanidze y H. de Lumley, 2001
▸ Área de distribución:	República de Georgia
▸ Periodo:	1.800.000 años Plioceno - Pleistoceno inferior
▸ Dieta:	–
▸ Capacidad craneal:	600 - 700 cm³
▸ Estatura:	–
▸ Peso:	–
▸ Tecnología:	Modo 1
▸ Principales yacimientos:	Dmanisi (República de Georgia)

neos, que han revolucionado las teorías sobre el primer éxodo de los homínidos de África.

Los cráneos de Dmanisi son muy pequeños y su aspecto es realmente muy primitivo. El neurocráneo es redondeado y se ensancha hacia su región basal. La capacidad craneal oscila entre 600 y 700 cm³, con un promedio apenas algo superior al de los ejemplares de *Homo habilis* y claramente más pequeño que el de la especie *Homo ergaster*, de la que hablaremos en el próximo capítulo. Los arcos superciliares no son excesivamente marcados y la frente está muy inclinada hacia atrás. La cara es ancha a nivel de los pómulos y con relación al neurocráneo. En vista lateral la cara es plana en la región de las órbitas y de la cavidad nasal y saliente o prognata a nivel de la región inferior del maxilar (donde se sitúan los alvéolos de los dientes) y de la mandíbula. Por todo ello, los ho-

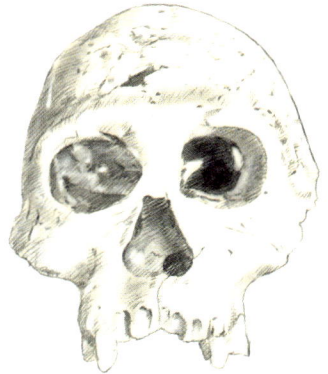

Cráneo fósil hallado en Dmanisi (Georgia)

Homo georgicus

mínidos de Dmanisi no tenían todavía una nariz prominente, como en nuestra especie y la región bucal era muy prognata o saliente con respecto a la región ocular. Todavía no se han hallado suficientes

HOMO ERECTUS
«HOMBRE QUE CAMINA ERECTO»

▸ ESPECIE PROPUESTA POR:	Eugène Dubois, 1892
▸ ÁREA DE DISTRIBUCIÓN:	Centro y sur de Asia y tal vez el norte, este y sur de África
▸ PERIODO:	1.800.000 - 100.000 años Plioceno - Pleistoceno inferior, Pleistoceno medio y Pleistoceno superior
▸ DIETA:	Omnívora
▸ CAPACIDAD CRANEAL:	900 - 1.200 cm^3
▸ ESTATURA:	150 - 170 cm
▸ PESO:	60 - 80 Kg
▸ TECNOLOGÍA:	Modo 1 y Modo 2
▸ PRINCIPALES YACIMIENTOS:	Zhoukoudian, Hexian, Lantian, Yunxian (China), Sangiran, Ngandong, Sambungmacan, Trinil (Isla de Java)

restos del esqueleto poscraneal para averiguar la estatura y proporciones de los homínidos de Dmanisi. Cuando en el futuro se produzcan estos hallazgos podremos saber si estos homínidos eran más parecidos a los pequeños «habilis» africanos o habían aumentado ya su tamaño como sucedió con las especies *Homo ergaster* y *Homo erectus*. Mientras tanto, se ha propuesto que los homínidos de Dmanisi tienen suficientes rasgos propios como para distinguirlos con el nombre específico de *Homo georgicus*.

Pero, ¿qué antigüedad tienen los homínidos de Dmanisi? Los sedimentos que engloban los fósiles de animales y de estos homínidos descansan sobre una capa volcánica que ha sido datada con mucha precisión mediante las técnicas del potasio/argón y argón/argón. Esta capa se depositó durante una erupción volcánica hace aproximadamente 1,85 millo-

EL CAMPO MAGNÉTICO DE LA TIERRA

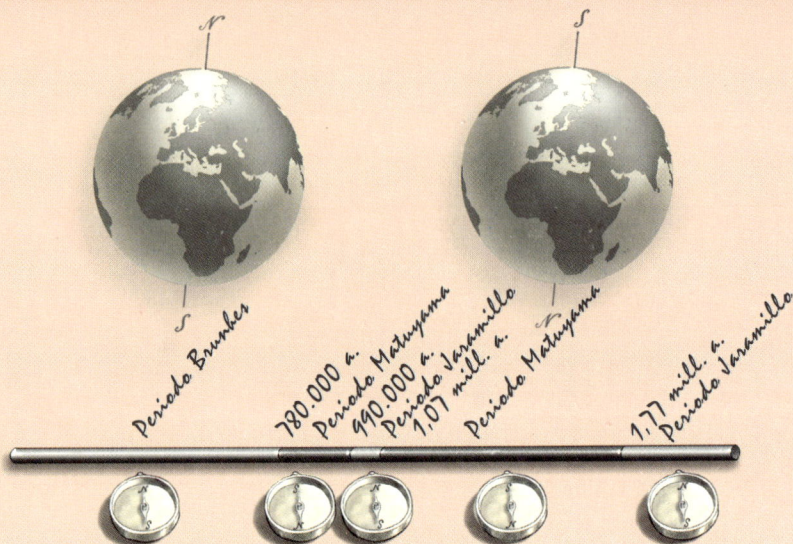

Las propiedades magnéticas que adquieren los minerales de hierro de los sedimentos depositados en medios relativamente tranquilos dependen de la polaridad de la Tierra. El análisis del «paleomagnetismo» o propiedades magnéticas que conservan las rocas es una herramienta muy útil para arqueólogos y paleontólogos. El estudio de estas propiedades en muestras de sedimentos de los yacimientos se lleva a cabo en laboratorios mediante técnicas muy especializadas. La Tierra se comporta como un gran imán debido a la composición y estado de su núcleo, formado por hierro y níquel. En la superficie terrestre los minerales de hierro se orientan como lo hace una brújula en el inmenso campo magnético de nuestro planeta. Cada cierto tiempo los polos magnéticos de la Tierra intercambian su posición. Los cambios de polaridad están bien datados en sedimentos marinos y se conocen muy bien. Por ejemplo, hace aproximadamente 1,77 millones de años, a comienzos del periodo denominado Pleistoceno inferior, los polos magnéticos se situaron en una posición invertida con respecto a la actualidad. Se dice que la Tierra pasó de una época llamada Olduvai (como el famoso yacimiento africano) a la «Matuyama».

Si pudiésemos realizar un viaje en el tiempo con una brújula hasta entonces comprobaríamos cómo la aguja de nuestra brújula cambiaría su orientación hacia el Sur magnético. Hace 1,07 millones de años, los polos magnéticos retornaron a la posición normal (época Jaramillo), pero 80.000 años más tarde la Tierra volvió a cambiar su polaridad. Finalmente, hace 780.000 años, los polos magnéticos se situaron como lo están hoy. A partir de esa fecha consideramos que empieza el Pleistoceno medio y desde entonces la Tierra ha tenido un comportamiento magnético normal. Ese periodo se ha denominado Brunhes.

nes de años. Además, los análisis de paleomagnetismo de la capa volcánica y de los sedimentos fosilíferos, así como el estudio de los mamíferos fósiles no
dejan lugar a las dudas: los homínidos de Dmanisi vivieron hace aproximadamente 1,8 millones de años,
a finales del Pleistoceno inferior.

Los hallazgos de Dmanisi han cambiado nuestras vie-
jas ideas sobre el primer éxodo africano de los homínidos. Quizá, después de todo, los humanos no nos
lanzamos a la aventura de conquistar nuevas tierras
hace casi dos millones de años. Ahora podemos pensar que se trató sencillamente de ampliar hacia el norte los ecosistemas africanos donde vivíamos. La cues-

Equus stenonis

Homotherium crenatidens
(gran tigre dientes de sable)

tión es averiguar por qué sucedió esto: ¿qué nos impulsó a recorrer miles de kilómetros hasta tropezar con la barrera de las altas montañas del Cáucaso? En el yacimiento de Dmanisi se han encontrado varias especies autóctonas de mamíferos, como el caballo (*Equus stenonis*), un ciervo de gran tamaño (*Eucladoceros senezensis*), el lobo primitivo (*Canis etruscus*) o el gran tigre dientes de sable (*Homotherium crenatidens*) junto a otras especies de origen africano, como las jirafas de cuello corto del género *Paleotragus* y avestruces de la especie *Struthio dmanisensis*.

La presencia de estas especies herbívoras africanas en la región de Dmanisi sugiere que los homínidos nos desplazamos siguiendo las migraciones de estos animales hacia el norte. Ya sabemos que *Homo habilis* consumía una cierta cantidad de carne y grasa de animales, además de frutas, raíces o semillas. Su cerebro había comenzado a crecer y necesitaba una

Pachycrocuta penieri

energía suplementaria, que procedía de la carne y de la grasa de animales. *Homo georgicus* aún tiene una mayor capacidad craneal, por lo que su dependencia de los animales era todavía mayor. Puede que los homínidos de Dmanisi cazaran jirafas y avestruces, aunque parece más probable que estos animales fueran capturados por los grandes depredadores, que consumen sólo las partes con mayor cantidad de carne y los homínidos se contentaran con aprovechar los restos.

Los homínidos de Dmanisi demuestran que nuestro cerebro estaba en pleno proceso de expansión a finales del Pleistoceno inferior. Este proceso se vio favorecido por la selección natural, ya que proporcionaba una inteligencia más operativa, necesaria para sobrevivir en aquellos ecosistemas. Las dificultades para conseguir carne y grasa de animales son sin duda mucho mayores que las dificultades para localizar y consumir vegetales y se requieren unas capacidades intelectivas diferentes. A su vez, la carne y la grasa proporcionan la energía necesaria para el desarrollo y el mantenimiento de los tejidos cerebrales. Si los mamíferos que servían de alimento a los homínidos se desplazaron hacia el Norte, éstos no tuvieron más alternativa que seguirlos.

Por otro lado, la técnica de las herramientas encontradas en Dmanisi es similar a la de Olduvai. Los homínidos que llegaron hasta el Cáucaso no habían progresado en sus técnicas de fabricar instrumentos con respecto a *Homo habilis*. Así pues, volvemos a reiterar que el primer éxodo del continente africano no fue una aventura planificada de homínidos que quisieran ampliar sus horizontes aprovechando las ventajas biológicas y tecnológicas que poseían. La realidad de los hechos sugiere más bien que los homínidos se desplazaron hacia el norte por la necesidad de conseguir alimento. El cambio de estrategia de *Homo habilis* para obtener su comida tuvo unas consecuencias inesperadas para nuestra evolución.

Se puede decir que *Homo georgicus* representa la culminación de ese cambio de estrategia. El género *Homo* modificó de manera definitiva el papel representado por los homínidos en sus ecosistemas. Los ecólogos dirían que el género *Homo* logró un nicho ecológico nuevo y diferente al de otros primates, que de momento le permitió ampliar sus horizontes de manera muy notable. Atrás, en África, quedaron los parántropos, bien adaptados a su dieta vegetariana y ocupando un nicho ecológico distinto. No habría lugar entonces a la competencia entre los miembros de los dos géneros, *Paranthropus* y *Homo*, en los ecosistemas africanos y, por ese motivo, sus restos fósiles aparecen juntos en la Garganta de Olduvai.

En los confines de Asia

Pero una vez que los homínidos llegaron a lugares tan alejados del este de África como la actual República de Georgia, a los pies del Cáucaso y a las puertas de Europa, tan sólo habría que prolongar el viaje para ocupar un nuevo continente. En la actualidad se realizan investigaciones sobre la antigüedad de los fósiles humanos encontrados por Eugène Dubois y otros científicos en el sureste asiático. Las técnicas de datación han mejorado mucho en las últimas décadas y cada vez tenemos mayor seguridad al obtener datos sobre la antigüedad de nuestros ancestros. Algunos resultados obtenidos con el sistema del potasio/argón sugieren que *Homo erectus* llegó a las islas de Indonesia cuando estaban unidas por tierra firme al continente hace más de 1,6 millones de años. Después de salir de África los homínidos debieron continuar su expansión por todo el sur de Asia, donde las condiciones climáticas eran muy apropiadas para ellos. En ese largo viaje de miles de años de duración los homínidos evolucionaron y cambiaron su aspecto físico. Su estatura y fortaleza física aumentaron. También se incrementó el volumen de su cerebro hasta los 900 cm^3. Probablemente su inteligencia no fue por ello muy superior a la de los homínidos de Dmanisi. El aumento de su cráneo y de su cerebro tal vez

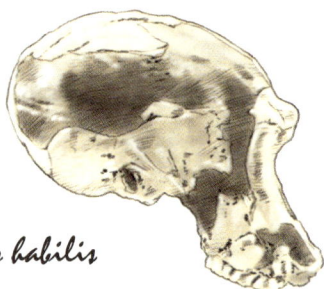

Homo habilis

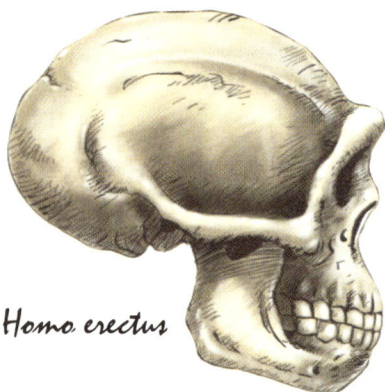

Homo erectus

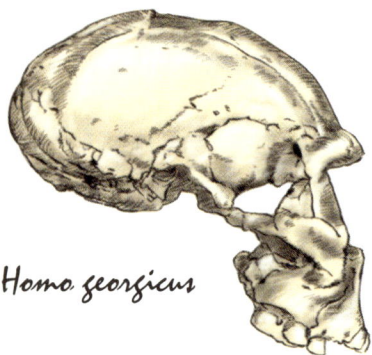

Homo georgicus

sólo fue una consecuencia del crecimiento general de todo su cuerpo.

En *Homo erectus* el neurocráneo es más largo y alto que en *Homo habilis* y *Homo georgicus* y la frente, algo más alta que en estas especies, está igualmente inclinada hacia atrás. Los arcos superciliares están muy marcados y en ocasiones forman una verdadera visera por encima de los ojos. Los huesos del cráneo son muy gruesos y se forman rebordes de hueso muy marcados allí donde se insertan los músculos de la masticación o los que sujetan el cráneo al resto del cuerpo. Los huesos nasales son algo más salientes que en *Homo georgicus*, por lo que la nariz de *Homo erectus* debió ser más prominente que en la especie de Georgia. La parte alveolar del maxilar y la mandíbula son prognatos o salientes con respecto al neurocráneo. La mandíbula también es más grande y robusta que la de *Homo georgicus*. Los dientes, en cambio, no se hicieron más grandes. La dieta de *Homo erectus* contenía seguramente una mayor cantidad de proteínas y grasas de origen animal. Es muy posible que el mayor tamaño de *Homo erectus* le permitiera cazar animales en competencia con sus predadores más encarnizados. Es más, esos mismos predadores debieron provocar una presión de selección en las poblaciones de *Homo erectus*, que pudo ser la causa del aumento de estatura y corpulencia de los individuos de estas poblaciones. *Homo erectus* era un primate social que debió aprender a cazar animales grandes con una buena organización. Su mayor tamaño le permitió acceder a presas más grandes.

Los miembros de la especie *Homo erectus* no mejoraron mucho sus capacidades tecnológicas, que siguieron siendo parecidas a las de *Homo habilis* y *Homo georgicus*. No obstante, *Homo erectus* tuvo un gran éxito evolutivo y perduró durante miles de años en Asia. Incluso puede que algunas poblaciones de esta especie realizaran un viaje de retorno hacia África, donde algunos investigadores reconocen su presencia entre los fósiles encontrados en varios yacimientos del este, norte y sur del continente. Tal vez los últimos *Homo erectus* desaparecieron hace menos de 100.000 años. En próximos capítulos hablaremos nuevamente de esta especie y de su desaparición.

Capítulo 6
Homo ergaster y la primera gran revolución técnica

M ientras que una población de homínidos se extendía por Asia hasta llegar a las actuales islas de Indonesia, en África la evolución seguía su curso. Resulta muy difícil entender la variedad de formas que convivieron en África hace entre 2,0 y 1,6 millones de años. Por una parte estaban los parántropos, especializados en su dieta vegetariana. Por otro lado, *Homo habilis* extendía su área de distribución por todo el este de África. Esta especie optó por añadir a su dieta una buena cantidad de carne y grasa de animales cazados por ellos mismos o por otros predadores. Además, otra especie de homínido convivía con los parántropos y *Homo habilis*, al menos en los ecosistemas próximos al lago Turkana. Esta especie tenía también un neurocráneo grande, una cara muy plana y premolares y molares de tamaño grande. En 1986, esta especie fue bautizada con el nombre de *Homo rudolfensis*, aludiendo a la antigua denominación del lago Turkana (lago Rodolfo). En 1975 el gobierno de Kenia cambió la denominación del lago Rodolfo, que había sido bautizado con ese nombre en el siglo XIX en honor del hijo del emperador de Austria Francisco José. El ejemplar más completo de la especie es el cráneo KNM ER 1470, encontrado en 1972 por Richard Leakey. La antigüedad de este cráneo es de 1,9 millones de años y su capacidad craneal alcanza los 750 cm^3.

El triunfo de la diversidad

Muchos paleoantropólogos piensan que *Homo habilis* y *Homo rudolfensis* no pudieron convivir en el mismo ecosistema, sencillamente porque sus estilos de vida no podían ser muy distintos. Esto implicaría una competencia entre las dos especies y la más que probable desaparición de una de ellas. Por este motivo y por la propia morfología de los fósiles, estos paleoantropólogos consideran que los especímenes de *Homo habilis*, los más pequeños y los especímenes de *Homo rudolfensis*, de mayor tamaño, corresponden en realidad a una misma especie con un dimorfismo sexual muy marcado.

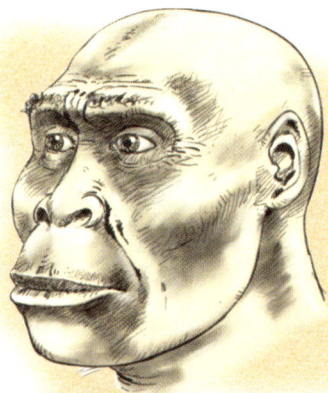

Reconstrucción del rostro de Homo rudolfensis

Cráneo de Homo rudolfensis (KNM ER 1470)

Hace pocos años el equipo científico encabezado por Meave Leakey descubrió un cráneo en la ribera occidental del lago Turkana. Este cráneo tiene una antigüedad de 3,5 millones de años y la particulari-

HOMO RUDOLFENSIS
«HOMBRE DEL LAGO RODOLFO»

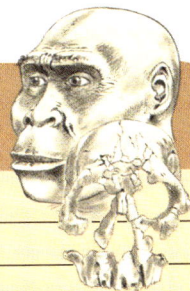

▶ ESPECIE PROPUESTA POR:	V. Alexeev, 1986
▶ ÁREA DE DISTRIBUCIÓN:	Este y sur de África
▶ PERIODO:	1.900.000 - 1.600.000 años
	Plioceno - Pleistoceno inferior
▶ DIETA:	Predominio de los vegetales
▶ CAPACIDAD CRANEAL:	750 cm³
▶ ESTATURA:	–
▶ PESO:	–
▶ TECNOLOGÍA:	Modo 1
▶ PRINCIPALES YACIMIENTOS:	Koobi Fora (Kenia), Formación del Rift de Malawi

dad de que su cara es muy plana. El cráneo se ha atribuido a un nuevo género y especie: *Kenyanthropus platyops* y se ha propuesto que podría ser la especie antecesora de *Homo rudolfensis* (que debería llamarse entonces *Kenyanthropus rudolfensis*).

El Hombre trabajador

Todos estos debates científicos son consecuencia de un registro fósil todavía muy escaso. Debemos tener en cuenta que discutimos sobre la evolución humana en un continente inmenso y durante un periodo de miles de años. En lo que todos los científicos están de acuerdo es que hace entre 2,0 y 1,6 millones de años existió en África una gran riqueza en la variedad de formas de homínidos, tal vez como consecuencia de las oportunidades que ofrecían los nuevos ecosistemas africanos. Pero de esta variedad de formas finalmente habría de quedar sólo una, que prevaleció sobre todas las demás. Esta forma fue *Homo ergaster* (Hombre trabajador).

Homo ergaster entró también en escena hace al menos 1,8 millones de años. Si comparamos los cráneos de *Homo ergaster* con los de *Homo habilis* y *Homo rudolfensis* no tendremos ninguna duda sobre cuál de las tres especies debe situarse en la genealogía directa de *Homo sapiens*. *Homo ergaster* tiene un cráneo sensiblemente más grande que el de las otras especies. Los ejemplares encontrados hasta el momento superan los 800 cm^3 de capacidad craneal y los individuos más recientes se acercan ya a la barrera de los 1.000 cm^3.

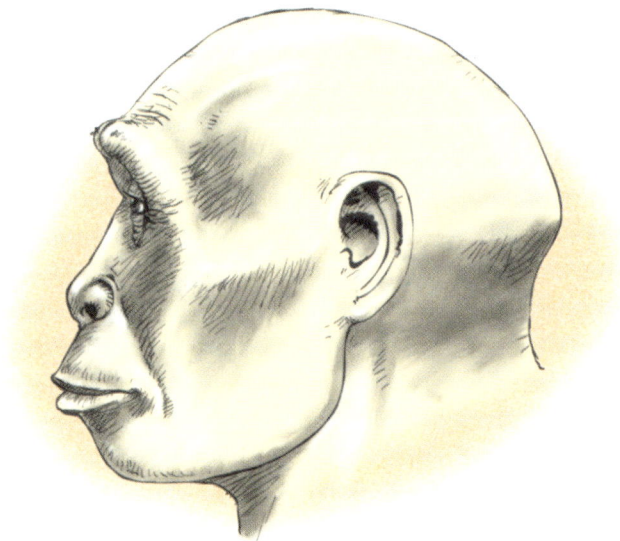

Reconstrucción del rostro de un ergaster adulto

HOMO ERGASTER
«HOMBRE TRABAJADOR»

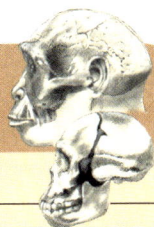

▶ Especie propuesta por:	C. Groves y V. Mazak
▶ Área de distribución:	Este de África
▶ Periodo:	1.800.000 - 1.000.000 años Plioceno - Pleistoceno inferior
▶ Dieta:	Omnívora, con predominio de los vegetales
▶ Capacidad craneal:	800 - 1.000 cm^3
▶ Estatura:	150 - 180 cm
▶ Peso:	60 - 70 Kg
▶ Tecnología:	Modo 1 y Modo 2
▶ Principales yacimientos:	Koobi Fora, Lago Turkana (Kenia), Konso Gardula, Formación Bouri (Middle Awash, Etiopía), Danakil (Eritrea)

El neurocráneo de *Homo ergaster* es alto, pero no muy largo y su máxima anchura todavía se localiza en la parte basal, a la altura de los temporales. El hueso occipital presenta una marcada angulación y el cráneo tiene forma de balón de rugby. Un reborde óseo con forma de doble arco se sitúa encima de las órbitas a modo de visera, de un tamaño menos exagerado que el que llegaron a alcanzar los individuos de *Homo erectus*. Detrás de ese reborde el hueso frontal aparece inclinado hacia atrás. *Homo ergaster* aún no tenía una nariz tan prominente como la nuestra, pero en esta especie los huesos nasales comienzan a sobresalir en la cara. Aunque la región inferior de la cara seguía estando adelantada con respecto al resto del cráneo, en *Homo ergaster* podían en cierto modo adivinarse los rasgos faciales que reconocemos como humanos.

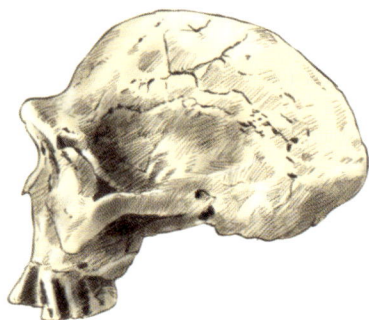

Cráneo de Homo ergaster
(KNM ER 3733)

Los ejemplares más antiguos de *Homo ergaster* son los cráneos KNM ER 3733 y KNM ER 3883, que tienen 1,8 y 1,6 millones de años, respectivamente. Estos cráneos se hallaron a mediados de los setenta en yacimientos de la ribera este del lago Turkana. En éstos se localizaron también restos fósiles del esqueleto poscraneal, de un tamaño y proporciones muy similares a las de nuestra especie. Aunque los restos craneales y poscraneales aparecieron separados y correspondían a individuos distintos, probablemente distanciados por cientos o tal vez algunos miles de años, pocos científicos dudaron en admitir que todos ellos deberían atribuirse a la misma especie. Al fin y al cabo, un homínido cuyo cráneo señala claramente hacia nuestra propia genealogía no podía tener un esqueleto poscraneal pequeño como el de los australopitecos o el de *Homo habilis*. En definitiva, los hallazgos de los años setenta del siglo pasado en el este de África daban cuenta de la presencia en los mismos ecosistemas de nada menos que cuatro especies de homínidos: los parántropos y tres especies de *Homo*. Una de las especies atribuida al género *Homo* era de talla pequeña y sus proporciones corporales recordaban a las de los australopitecos. Otra especie era de talla grande y sus proporciones corporales parecían ser similares a las de *Homo sapiens*. Además, en esta especie grande el neurocráneo había aumentado de manera significativa.

El «Turkana boy»

Un hallazgo espectacular realizado en 1984 en el yacimiento Nariokotome III de la ribera oeste del lago

Turkana vino a confirmar la identidad de la especie grande. En agosto de ese año el keniata Kamoya Kimeu encontró los primeros restos de un fósil extraordinario. Durante las cinco siguientes campañas de excavación el equipo de Kimeu logró reunir varias docenas de restos fósiles de un mismo individuo. Cuando terminó la reconstrucción de aquel puzle los científicos pudieron reconocer el esqueleto casi completo de un joven *Homo ergaster*. Aunque los restos fueron catalogados con las siglas KNM WT 15000, este individuo se conoce desde entonces como el «Turkana boy» (el niño o el chico de Turkana).

El niño de Turkana murió cuando tenía unos 11 años y los paleoantropólogos calcularon que llegó a medir entre 156 y 163 centímetros de estatura. Además, las proporciones de sus miembros eran idénticas a las nuestras. Como explicamos en el capítulo siguiente es posible que en la especie *Homo ergaster* hubiera aparecido ya el periodo de desarrollo que llamamos adolescencia. De ser así al niño de Turkana aún le quedaban por crecer muchos centímetros durante el «estirón puberal» que sucede durante la adolescencia. Quizá este chico habría llegado a medir más de 175 centímetros de estatura, lo que no está nada mal para un homínido de hace 1,6 millones de años.

La capacidad craneal del niño de Turkana era ya de 900 cm³. El proceso de aumento del cerebro seguía su curso y, lo que es más extraordinario, ese proceso estaba sucediendo al mismo tiempo y en pa-

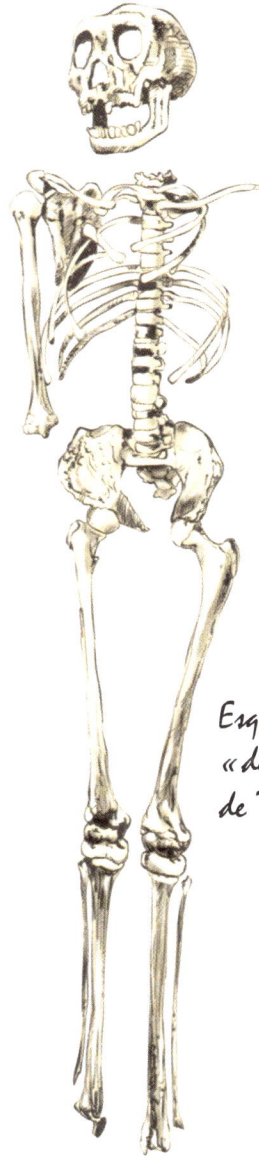

Esqueleto «del niño de Turkana»

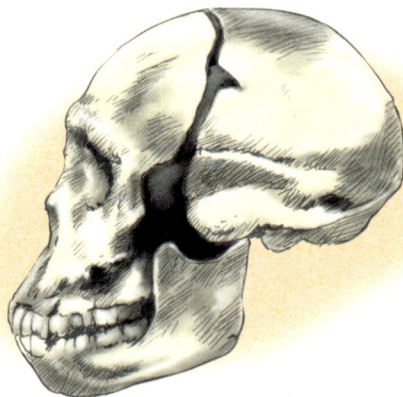

Cráneo del «niño de Turkana»
(KNM WT 15000)

ralelo en los homínidos africanos y en los homíni-dos que ya poblaban el continente asiático.

Después de la fecha de 1,5 millones de años el regis-tro fósil de África es muy pobre y apenas se puede se-guir el rastro de *Homo ergaster*. Parece que la especie sobrevivió al menos hasta hace un millón de años, como sugieren los últimos hallazgos de dos cráneos en Etiopía. Uno de los cráneos apareció en el yaci-miento de Buia, en Eritrea. Este cráneo es pequeño y su capacidad craneal es de 900 cm³. El otro cráneo apareció en uno de los yacimientos de la zona media de río Awash. Éste es más grande y su capacidad cra-neal es de 995 cm³.

Así, todo parece indicar que *Homo ergaster* fue la única especie de *Homo* que siguió adelante en los há-bitats africanos de sabana. Atrás quedaban los pe-queños *habilis*, que muy probablemente no pudie-ron competir con *Homo ergaster*. Si *Homo rudolfensis* (o *Kenyanthropus rudolfensis*) era realmente una especie diferente de *Homo habilis* también acabó por extinguirse rápidamente, a pesar de que había progresado mucho en su grado de encefalización. Muy probablemente *Homo ergaster* se especializó en la caza de herbívoros de la sabana africana. Su mejor organización social le permitió acceder a los recursos animales con mayor éxito que sus especies competidoras.

Pero *Homo ergaster* también terminó por desaparecer del escenario evolutivo de la humanidad. Sin embargo, en su caso no se trató de una situación de extinción terminal, como sucedió con *Homo habilis* o más tarde con los parántropos. *Homo ergaster* se fue adaptando y acabó por transformarse en una especie diferente. De este modo pudo dejar su legado genético en una especie descendiente y pertenecer por derecho propio al linaje humano. Hablaremos de ello en un próximo capítulo.

Pero *Homo ergaster* no dejó el escenario de la evolución humana sin realizar una gran contribución a la cultura. Esta especie fue responsable de la primera gran revolución de la técnica, de la que hablaremos en seguida. Esto fue posible gracias a un cerebro no sólo más grande, sino también con regiones neuronales nuevas, que proporcionaron unas capacidades que nunca antes se habían conocido en el orden primate. El desarrollo del lóbulo frontal del cerebro de *Homo ergaster* permitió que los individuos de esta especie tuvieran una mayor capacidad de planificación, de organización y de anticipación de los acon-

175

tecimientos. Estas capacidades fueron sin duda artífices del éxito evolutivo de *Homo ergaster*.

El inicio del aumento del volumen del cerebro en el género *Homo* se produjo muy probablemente por un aumento de la velocidad de crecimiento de este órgano durante la gestación y durante la infancia. Los bebés «habilis» nacerían así con un cerebro más grande que el de los australopitecos. A pesar de ello estos bebés no tendrían grandes dificultades para

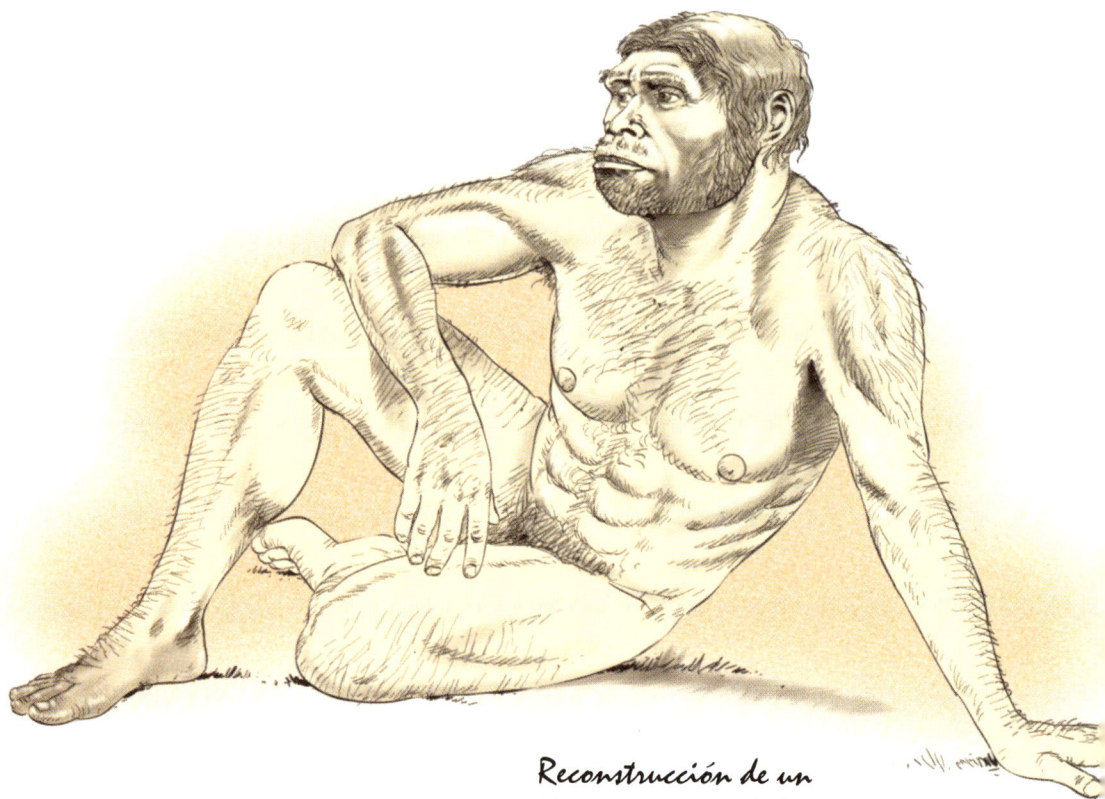

Reconstrucción de un Homo ergaster adulto

atravesar el llamado «canal del parto» o anillo óseo formado por el ilion, el isquion y el pubis de la pelvis de sus madres. Ese canal era muy ancho en todos aquellos homínidos, sencillamente porque el parto tendría que producirse con menor complejidad que en la especie humana actual. Entonces no había las atenciones médicas y la tecnología que disfrutamos los humanos para evitar la muerte de los recién nacidos cuando el parto se presenta difícil. Ya veremos al final del libro como en *Homo sapiens* se ha reducido toda la masa óseo del esqueleto y la pelvis ha disminuido todas sus dimensiones, incluido el canal del parto.

Cerebros en expansión

El proceso de crecimiento rápido del cerebro durante la gestación continuó en los primeros *Homo ergaster*, pero muy posiblemente tuvo que parar en algún momento de la evolución de esta especie. Es obvio que el cerebro de los embriones no podía seguir creciendo de manera indefinida, porque el anillo óseo de las madres «ergaster» tenía un límite. Cuando los embriones se acercaron peligrosamente a este límite (posiblemente cuando los bebés nacían como en la actualidad, con un volumen craneal de unos 300 centímetros cúbicos) el aumento evolutivo de la capacidad craneal prosiguió durante el periodo posnatal. Veremos en el siguiente capítulo cómo se las arreglaron los homínidos para solucionar este problema y continuar con el crecimiento inexorable de su cerebro. Pero antes veamos cómo un cerebro más grande y con nuevas áreas neuronales fue capaz de una mayor creatividad.

Hace aproximadamente un millón y medio de años, cuando el Modo 1 aún se mantiene en pleno desarrollo, se produce en África una verdadera revolución técnica que rompe todos los esquemas conocidos hasta la fecha. La nueva tecnología es el Modo 2, que en principio se denominó Achelense, por haberse descrito por primera vez en el yacimiento francés de Saint Acheul. La transición del Modo 1 al Modo 2 se realizó de forma gradual, aunque en general, los dos sistemas de fabricación de instrumentos de piedra siguieron conviviendo.

El Modo 2 tuvo un gran éxito y se expandió rápidamente por algunas regiones de África y Próximo Oriente. Así, los primeros yacimientos que tienen evidencias de esta nueva forma de fabricar herramientas son numerosos y se extienden desde la zona de Próximo Oriente, como el de Ubeidiya en Israel, fechado en 1,4 millones de años, hasta Sudáfrica (yacimiento de Sterkfontein), pasando por el este del continente africano (yacimientos de Olduvai en Tanzania, Konso Gardula en Etiopía y Koobi Fora en Kenia), todos con fechas entre 1,6 y 1,2 millones de años.

El Modo 2 constituye una nueva forma de fabricar herramientas muy sofisticada en relación a lo que se había realizado hasta entonces. Las herramientas empiezan a fabricarse siguiendo siempre un mismo esquema, es decir, aparece en la mente de los homínidos el concepto de «estandarización», que tuvo una enorme importancia para el futuro tecnológico de nuestra especie. Con esta nueva técnica los homínidos obtienen grandes lascas o fragmentos de los núcleos que, o bien pueden ser utilizados sin transformar, o bien pueden ser modificados o transformados en nuevos útiles con la ayuda de retoques. Veamos cómo es el proceso de obtención de una lasca. El bloque original de materia prima es golpeado con un percutor para obtener fragmentos o arrojado con precisión contra una roca. La técnica de obtención de estas grandes lascas es muy cuidadosa, porque el tallador quiere obtener formas útiles para su trabajo posterior. En ocasiones, en lugar de utilizar una piedra como percutor, que permite obtener lascas gruesas, se usan percutores blandos o semiduros. Una madera dura como el boj o un fragmento de asta de ciervo, grueso y pesado, les podía servir para golpear el nódulo de materia prima, para obtener lascas grandes y finas.

La herramienta más emblemática del Modo 2 es el bifaz. Este útil puede tallarse a partir de una gran lasca o de un canto de gran tamaño. Los bifaces suelen tener forma de lágrima y se llaman así porque están tallados por las dos caras. Los hendedores son también herramientas realizadas siempre sobre grandes lascas y se caracterizan por tener un gran filo transversal, que permitiría, por ejemplo, romper la diáfisis de un hueso con gran facilidad. Otra herramienta característica es el pico, que tienen su extremo distal apuntado en forma de triedro y los bordes convergentes hacia la punta. La potencialidad de esta herramienta es enorme. Un solo golpe dado con fuerza sobre cualquier superficie tendría una gran capacidad de penetración y rotura. Las raederas y los denticulados son herramientas más pequeñas. Estos instrumentos eran muy versátiles y se usaban para todo tipo de labores, incluido el trabajo de la madera. Las raederas reciben ese nombre por su forma, que parece muy adecuada para la tarea de raer. Los denticulados tienen un filo con forma de dientes de sierra, como los cuchillos de cortar el pan y la carne que utilizamos en la actualidad.

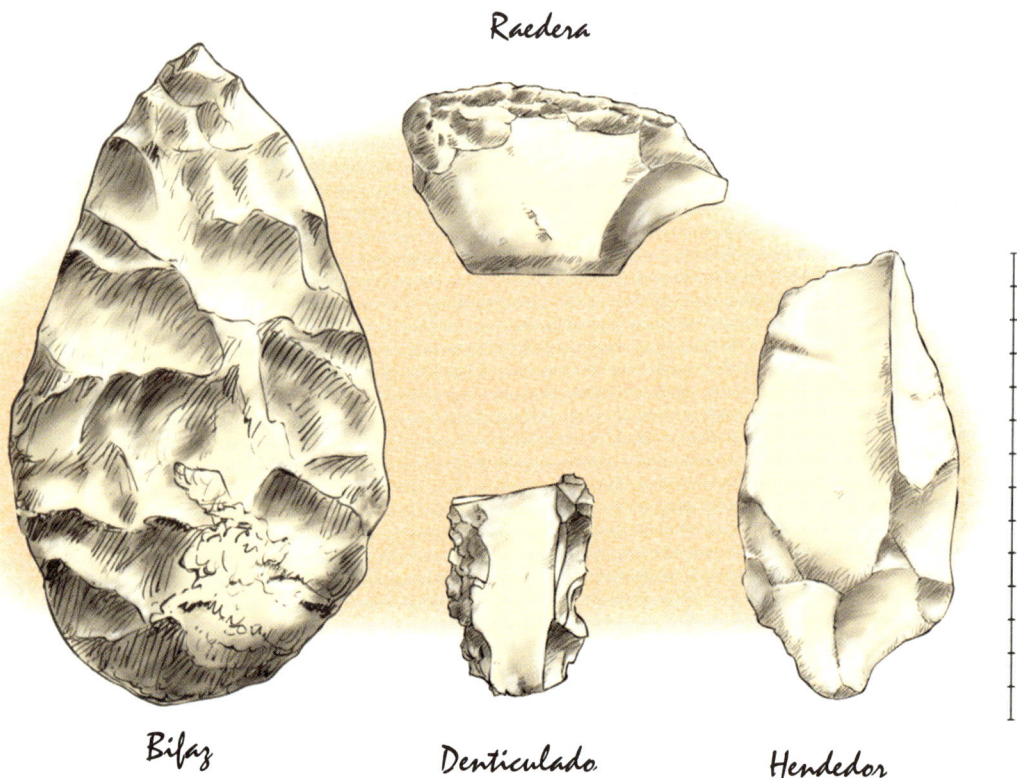

Raedera

Bifaz

Denticulado

Hendedor

Con el Modo 2 aparece por primera vez la noción de simetría, un concepto que consideramos muy humano. Ese nuevo carácter se observa en algunos bifaces que son perfectamente simétricos. Fabricar una pieza equilibrada es una labor muy complicada, para la que hay que utilizar distintos tipos de percutores. Así es posible conseguir que las aristas de las piezas sean totalmente rectas. Sin embargo, no parece que fabricar piezas dotadas de simetría tuviera un carácter funcional, sino que ya existía un cierto interés por la estética. La prueba más evidente de esta hipótesis se encuentra en algunos yacimientos europeos, en los que los homínidos escogieron para tallar sus bifaces materias primas que contenían fósiles. Lo más increíble es que los fabricantes de aquellos útiles consiguieron que los fósiles quedaran en el centro del bifaz.

Todo ello nos lleva a concluir que la materia prima se selecciona con cuidado y se escoge la mejor para tallar. Recordemos que para preparar las toscas piezas del Modo 1, el fabricante de herramientas se solía abastecer de los materiales que le ofrecía el entorno inmediato. Ahora los homínidos son capaces de recorrer distancias considerables para conseguir una buena materia prima. El análisis de las herramientas del Modo 2 nos permite inferir otro progreso de la mente de los homínidos que utilizaron esta técnica. Las herramientas están más elaboradas y muchas veces se fabricaban a partir de materias primas escasas en el entorno. Los homínidos valoraban estas circunstancias y llevaban consigo las herramientas. Con el uso, los filos se embotaban o se hacían menos cortantes. Pero las herramientas no se abandonaban,

OLORGESAILIE. EL CASO DE UN YACIMIENTO EXCEPCIONAL CON HERRAMIENTAS DEL MODO 2

Los yacimientos de la cuenca de Olorgesailie, en Kenia, fueron descubiertos en 1942 por la antropóloga Mary Leakey. En aquella época los yacimientos fueron excavados hasta 1947. Más tarde, desde 1985, la excavación corrió a cargo de la «Smithsonian Institution» y los Museos Nacionales de Kenia. El interés de los yacimientos de esta cuenca estriba en que están permitiendo reconstruir el paisaje y la tecnología que utilizaban los homínidos que allí vivieron hace un millón de años. En Olorgesailie se ha encontrado un elefante de una especie hoy en día extinguida, *Elephas recki*, que fue descuartizado por los homínidos para comer su carne. Lo sabemos una vez más porque los huesos del elefante muestran las marcas de corte producidas por sus herramientas de piedra.

Otro dato de interés que nos muestran las excavaciones de Olorgesailie es la extraordinaria concentración de herramientas, sobre todo de bifaces, en un mismo suelo de ocupación. En los 65 yacimientos de la cuenca se han encontrado 20.000 piezas de industria lítica, talladas sobre la mejor materia prima que los homínidos pudieron encontrar.

sino que se retocaban para refrescar los filos y conseguir que siguieran siendo útiles.

Sin embargo, todavía existe un punto en común con las herramientas de Modo 1: la versatilidad. En su mayor parte las herramientas del Modo 2 se utilizaban para varias funciones. De hecho, es muy común comparar a los bifaces con las navajas suizas actuales, que tienen la posibilidad de llevar a cabo una gran variedad de acciones.

Como ya hemos explicado, el Modo 2 pervive en África junto con el Modo 1 durante un período de tiempo bastante largo. Parece que los grupos que idearon y desarrollaron esta nueva técnica se movieron por territorios distintos a los grupos que aún realizaban las técnicas más elementales. Más tarde encontraremos herramientas de Modo 2 en Asia y en Europa occidental, pero tuvieron que pasar un millón de años para que el uso de esa nueva técnica se generalizara entre las poblaciones de ese continente. En los yacimiento de Asia y Europa se observa que la nueva técnica llegó en su estado más evolucionado.

Capítulo 7
Cambios en el crecimiento
y desarrollo. El lenguaje

La especie *Homo ergaster* tuvo sin duda un papel muy relevante en la evolución humana. Hemos visto en el capítulo anterior que los miembros de esta especie protagonizaron un avance trascendental en la tecnología, que podemos calificar de «primera gran revolución tecnológica» del linaje humano. En este capítulo vamos a explicar las bases biológicas del éxito de *Homo ergaster*, que posiblemente consiguió las dos últimas adaptaciones clave de nuestro linaje evolutivo: la prolongación del desarrollo y el lenguaje.

Sabemos que los chimpancés y gorilas crecen y se desarrollan hasta los doce años. Después de un periodo de gestación de nueve meses, los «bebés» de estos primates tienen una lactancia muy larga, que dura nada menos que cinco años. Aunque estos animales se despabilan muy rápidamente, necesitan la protección y el alimento que les proporciona la leche de su madre durante un periodo muy largo. La lactancia es fundamental para la supervivencia de los chimpan-

Cría de gorila

cés y gorilas desde el nacimiento hasta que cumplen cinco años, no sólo porque en esas edades no pueden digerir todavía los alimentos que comen los adultos, sino porque la leche de la madre les protege de todas las bacterias y microorganismos patógenos que pueden ingerir durante sus primeros juegos. Además, la leche materna es capaz de estimular su propio sistema inmunitario, que les protegerá durante el resto de su vida. A este largo periodo de lactancia lo vamos a denominar infancia.

Cuando los infantes chimpancés y gorilas terminan la lactancia comienza el periodo juvenil. A los seis años estos primates corretean libremente sin la dependencia que han tenido de su madre. Poco a poco los juveniles aprenden de los adultos a conseguir por sí mismos el alimento, a defenderse de los predadores, así como las normas sociales y costumbres del grupo en el que viven. Cuando cumplen los doce años los jóvenes alcanzan el periodo adulto. Para entonces, los jóvenes chimpancés habrán tenido sus primeras experiencias sexuales y estarán dispuestos a entrar en el periodo reproductor. Los jóvenes gorilas machos, por su parte, tratarán de destronar al macho dominante, el dorsicano de lomo plateado, o abandonarán el grupo para formar sus propios harenes.

Simios erguidos

Los australopitecos, parántropos y primeros *Homo* tuvieron un desarrollo similar al que acabamos de describir. ¿Cómo podemos afirmar algo así, si estos

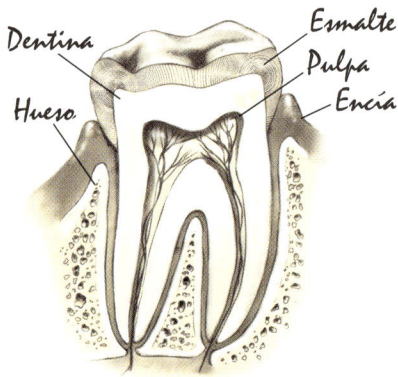

Dentina
Esmalte
Pulpa
Encía
Hueso

homínidos se han extinguido? Para resolver este problema, los científicos han averiguado el tiempo que tardaban en formarse los dientes de estas especies. Los dientes crecen de una manera rítmica y durante su crecimiento dentro de las encías se forman marcas parecidas a los anillos de crecimiento de los árboles. El espacio entre cada dos marcas indica un tiempo determinado. Como el aparato dental guarda una estrecha correlación con el desarrollo general de todo el cuerpo, si averiguamos cuánto tiempo tardan en formarse cada uno de los dientes de los homínidos deduciremos no sólo cuánto tardaban en hacerse adultos, sino que podremos saber cuánto duraba la infancia o el periodo juvenil. Por ejemplo, hacia los seis años nuestro primer molar permanente (la llamada muela de los seis años) despunta en la encía para poco más tarde ser funcional. Pues bien, las raíces de este molar se forman en los chimpancés y gorilas con una velocidad mayor y despunta en la encía hacia los tres años. Lo mismo sucede con el segundo molar, que en nuestro caso despunta hacia los doce años y en los chimpancés y gorilas lo hace hacia los seis años. Finalmente, nuestra «muela del juicio» (el tercer molar permanente) despunta hacia los dieciocho años, mientras que en gorilas y chimpancés lo hace hacia los once o doce años.

Ahora sabemos que el tiempo de formación de los dientes de leche (decíduos) y definitivos (permanentes) de los australopitecos y primeros *Homo* era prácticamente idéntico al de gorilas y chimpancés y que los dientes despuntaban en la encía a la misma edad que en estos primates. Por ese motivo, deducimos que esos homínidos tardaban lo mismo que gorilas y chimpancés en alcanzar el estado adulto y tenían unos periodos de desarrollo, infancia y periodo juvenil de duración similar. En los parántropos, el tiempo de formación de los dientes era aún más rápido que en gorilas y chimpancés, por lo que podemos deducir que el desarrollo de estos homínidos podía ser incluso más rápido que el de nuestros parientes vivos más próximos.

Por otra parte, el cerebro es como un verdadero marcapasos que controla el desarrollo de los individuos. El resto del cuerpo se desarrolla siguiendo el ritmo del cerebro. Un cerebro grande necesita más tiempo para formarse que un cerebro pequeño. Se ha podido comprobar que el tamaño del cerebro de los primates tiene una correlación muy alta con el tiempo de duración del desarrollo. Si consideramos que el volumen del cerebro de australopitecos y primeros *Homo* era muy similar al de gorilas y chimpancés podemos afirmar que unos y otros tenían un

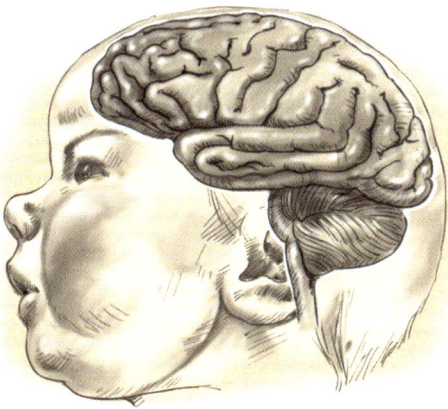

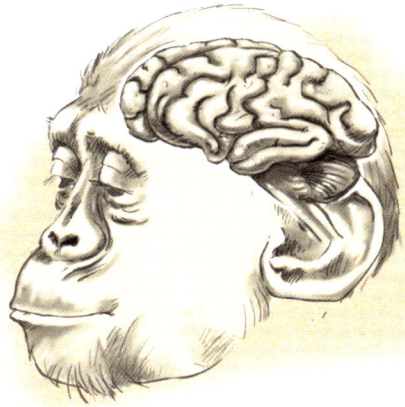

desarrollo muy parecido, con una infancia larga y un periodo juvenil que terminaría hacia los doce años.

En definitiva, volvemos a confirmar lo que hemos venido diciendo en páginas anteriores: los australopitecos se diferenciaron del linaje de gorilas y chimpancés únicamente por su postura erguida y su locomoción bípeda. Pero nosotros, los seres humanos actuales, tenemos un desarrollo más largo y complejo. ¿Cuándo y por qué aparecieron los caracteres propios del desarrollo humano? Antes de responder a estas preguntas vamos a estudiar con algún detalle cómo es nuestro desarrollo y luego intentaremos justificar las posibles ventajas adaptativas que conlleva su prolongación hasta los dieciocho años.

Nuestra gestación dura nueve meses. En esto no nos diferenciamos de gorilas y chimpancés, aunque a nadie se le escapa que cuando nacemos estamos totalmente desvalidos y tardamos muchos meses en movernos con cierta libertad. Se dice que nacemos en un estado muy «altricial», que contrasta con la rapidez con la que los bebés chimpancé y gorila comienzan a despabilarse después del nacimiento. Todo ello a pesar de que cuando nacemos nuestro cerebro ya tiene unos 300 cm^3 una cifra que duplica la de los chimpancés y gorilas recién nacidos.

De algún modo, que aún desconocemos, nuestro cerebro ha ido retrasando su maduración o ralentizando su desarrollo en el periodo de gestación. El cerebro del recién nacido humano es bastante más grande que el del chimpancé, pero es un cerebro menos maduro, menos diferenciado y organizado. Por ese motivo, nuestros recién nacidos apenas tienen movilidad, no pueden oír y ver con nitidez y sus madres deben enseñarles incluso cómo alimentarse. Pero nuestro cerebro sigue creciendo a una gran velocidad durante el primer año de vida. Cuando cumplimos un año nuestro cerebro se ha duplicado y comenzamos a dar los primeros pasos. En teoría, en ese primer año y durante los dos siguientes deberíamos ser lactantes. En los pueblos cazadores y recolectores que aún persisten en algunas regiones de África y América del Sur los infantes tiene una lactancia muy larga, que puede durar incluso hasta los cuatro años. No obstante, podemos considerar que la lactancia (o la infancia) de nuestra especie dura entre dos años y medio y tres años.

Durante nuestra infancia el cerebro crece muy deprisa y madura con cierta lentitud. No hay prisa. Al fin y al cabo aún tenemos varios años por delante para que se produzca la maduración completa del cerebro. Los infantes dependen totalmente de sus padres y en particular de su madre. Los dientes deciduos se forman y salen durante la infancia, un periodo en el que nuestros hijos apenas pueden digerir otros alimentos que no sean la leche materna, las llamadas «leches maternizadas» de las sociedades modernas y otros alimentos muy preparados y fáciles de digerir. Sin embargo, es muy importante insistir en las ventajas que proporciona la leche de la madre para desarrollar el sistema inmunitario del infante, que será tan necesario para el resto de su vida.

La niñez

A partir de los tres años, los infantes pueden digerir mejor otros alimentos. No obstante, los niños seguirán todavía dependiendo de sus padres en lo que se refiere a la alimentación y otros cuidados. Pero algo ha cambiado. Hacia los tres años el infante ha dejado de depender biológicamente de su madre. Se trata de su primera conquista hacia la independencia y un gran logro para nuestra especie, como ahora veremos. El periodo entre los tres y los siete años se denomina niñez. Durante este periodo se produce la progresiva maduración del aparato digestivo, de manera que al final de la niñez los niños ya son capaces de digerir cualquier alimento y de conseguir la comida por sí mismos. Los dientes que funcionan en este periodo siguen siendo los deciduos. Durante la niñez el cerebro ha continuado creciendo con gran rapidez y ya alcanza el 98 por ciento de su volumen definitivo. Sin embargo, la madurez definitiva del cerebro está aún lejos de completarse. Pero, ¿por qué y cuándo apareció la niñez?

La niñez tiene grandes ventajas para los niños y en definitiva para nuestra especie, porque el cerebro tiene mucho tiempo para crecer y madurar y el tiempo dedicado al aprendizaje y la socialización será muy importante para los niños durante el resto de su vida. Todo lo que aprende entre los tres y los siete años, sea bueno o malo, modelará sus rasgos genéticos de conducta y será determinante en su futuro como persona. Pero si la niñez tiene ventajas incuestionables para los niños, tiene en cambio desventajas para los padres, que han de aportar mucha energía para cuidar y alimentar a sus hijos durante varios años. La balanza de la evolución se ha inclinado no obstante hacia la aparición de la niñez o, lo que es lo mismo, hacia la prolongación del periodo de desarrollo previo a la fase juvenil. Debemos encontrar una razón convincente para que la niñez sea un carácter tan especial de nuestro desarrollo.

Esa razón la encontramos en la estrategia que *Homo ergaster* adoptó para conseguir tener una descendencia más numerosa. Es importante tener en cuenta que el objetivo esencial de cualquier especie es perpetuarse a sí misma. Para ello, las especies buscan la mejor estrategia que les permita conseguir que sus hijos salgan adelante y lleguen también a reproducirse. Las especies animales han ensayado muchas estrategias diferentes. Los peces expulsan miles y miles de huevos y espermatozoides en el agua, donde se produce la fecundación. Muchos de los huevos y de los embriones recién formados serán devorados por otras especies, pero siempre quedarán suficientes embriones para que se desarrollen nuevos individuos y la especie siga existiendo. Estos padres no han realizado ningún esfuerzo en cuidar a su prole, aunque han tenido que gastar una gran cantidad de energía en producir esos miles de huevos y espermatozoides.

En un caso totalmente opuesto se encuentran los gorilas, chimpancés y, sobre todo, los orangutanes. Estos últimos tienen un hijo cada ocho años. Las madres orangután gastarán una enorme cantidad de energía en sacar adelante a su hijo, al que tendrán

Orangután con su cría

que alimentar y cuidar durante mucho tiempo. De ello depende la continuidad de su especie. Cuando una madre orangután muere, habrá tenido la oportunidad de tener y criar tres o cuatro hijos a lo sumo. Esta estrategia es completamente diferente a la de los peces. Cada una tiene sus riesgos. Los huevos de los peces pueden ser devorados en su totalidad, aunque este no es el caso. Si un orangután muere cuando tiene seis o siete años, su madre habrá perdido siete años de su vida fértil. La estrategia del orangután puede llegar a ser muy peligrosa. Es evidente que las madres tendrán mucho cuidado de mantener con vida a sus hijos, pero cualquier amenaza para el hábitat de los orangutanes puede ser decisiva para la continuidad de esta especie, en peligro real de extinción.

Los australopitecos, parántropos y primeros *Homo* tenían una estrategia reproductora muy similar a la de los chimpancés. Estos homínidos tendrían una cría cada cinco años. Con esta estrategia, las poblaciones de chimpancés se mantienen demográficamente estables. Lo mismo sucedería con las poblaciones de aquellos primeros homínidos. Sin embargo, con *Homo ergaster* las cosas cambiaron. En esta especie se produjo un cambio de estrategia para que las madres pudieran tener un mayor número de hijos. Se trataba de acortar lo que se denomina «intervalo promedio entre nacimientos de hijos nacidos vivos».

El problema que plantea tener un hijo lactante cada cinco años es que durante el periodo de lactancia las madres no pueden concebir otro hijo. La hormona prolactina que las madres segregan durante la lactancia impide que haya una nueva ovulación, con lo que no es posible la fecundación y una nueva gestación. ¿Qué podemos hacer si queremos tener más hijos durante el periodo de fertilidad? Una solución sería reducir el periodo de lactancia y conseguir que los infantes se alimenten de otro modo. Y esta fue precisamente la solución que se produjo durante la evolución de *Homo ergaster*. Si el infante era destetado antes, la madre podría volver a quedar preñada. El infante destetado podría ingerir otros alimentos y su madre (que nuevamente habría quedado en gestación), el padre y otros miembros del grupo podrían encargarse de alimentar a los niños. Las madres de *Homo ergaster* tendrían una descendencia más numerosa, a la que no le faltaría el alimento gracias al esfuerzo colectivo de todos los miembros del grupo y

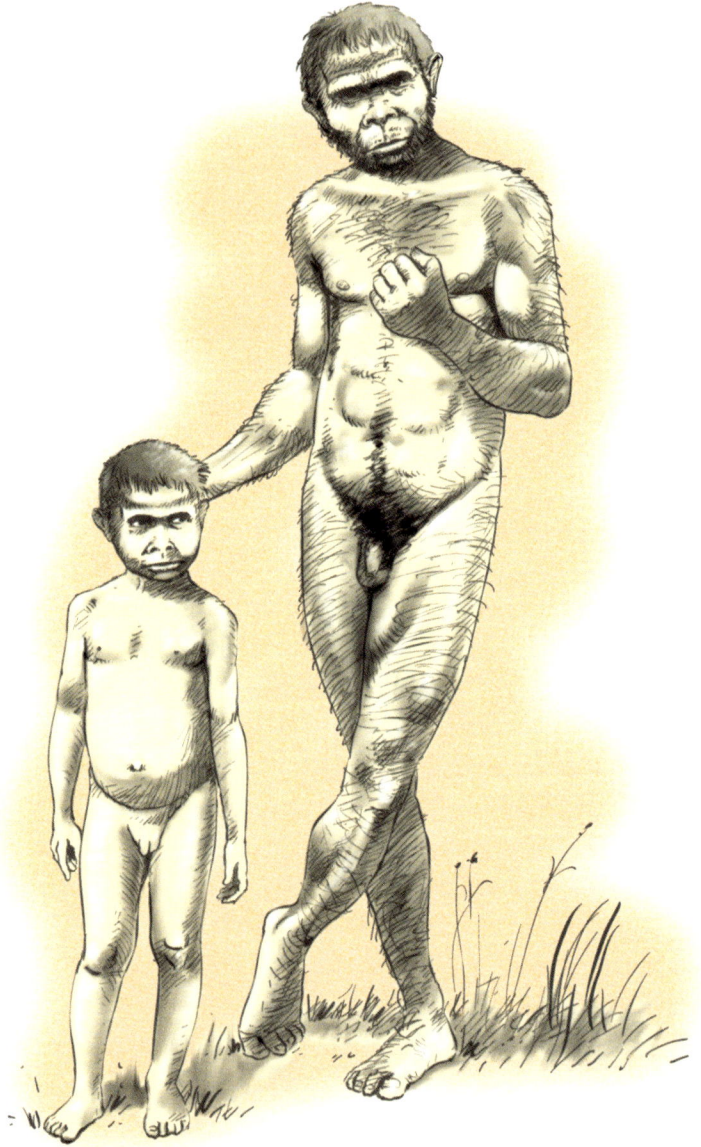

Homo ergaster adulto y niño

los niños tendrían más tiempo para aprender y conocer el mundo que les rodeaba. Y así debió surgir la niñez. Puesto que las ventajas de prolongar la infancia con una niñez (o segunda infancia) son indiscutibles, este periodo del desarrollo no sólo se mantuvo en *Homo ergaster*, sino que paulatinamente se alargó hasta los siete años.

El estudio de las especies posteriores a *Homo ergaster*, que veremos en próximos capítulos, nos sugiere que las ventajas de una niñez prolongada se impusieron muy rápidamente. Todo parece indicar que hace un millón de años el género *Homo* logró tener una niñez tan larga como la que hoy día disfrutamos los humanos. Las grandes ventajas de disponer de mayor tiempo para el crecimiento y maduración lenta del cerebro, el aprendizaje y la posibilidad de tener una prole más numerosa fue una adaptación fundamental para el éxito de las especies del género *Homo*.

Adolescentes

Otro periodo muy característico del desarrollo de los humanos es la adolescencia. Cuando termina la niñez pasamos por un periodo juvenil, en el que se produce la muda de los dientes decíduos por los permanentes. Los jóvenes ya pueden digerir cualquier alimento y comienzan a prescindir del celoso cuidado que les han prodigado sus padres y otros familiares. Hacia los once años en las chicas y los doce años en los chicos finaliza el periodo juvenil y comienza la adolescencia. El cambio es fácil de detectar, por los cambios fisiológicos que experimentan los adolescentes.

Las hormonas sexuales y la hormona del crecimiento aumentan su concentración en el torrente circulatorio. El cambio neuroendocrino que sucede durante la adolescencia recibe el nombre de «pubertad» y tiene unas consecuencias muy visibles en el aspecto de los chicos y las chicas. Aparece el vello púbico y axilar, el inicio del desarrollo de las glándulas mamarias, el aumento de tamaño de los genitales externos masculinos, el aumento de la grasa subcutánea en ciertas zonas del cuerpo de las chicas (que se utilizarán durante la gestación), el cambio en el tono y el timbre de la voz, especialmente en ellos o la aparición de la barba y de una mayor masa muscular en los chicos. También se produce un profundo cambio psicológico, que modifica el comportamiento. En particular, durante la adolescencia aparece una reafirmación de la propia personalidad y la definitiva independencia de los padres en la forma de pensar, gustos y tendencias. Los adolescentes inician un comportamiento ya próximo al de los adultos, a los que imitarán, dejando atrás poco a poco los hábitos propios de la niñez y del periodo juvenil. Sus intereses sociales y económicos cambian y se manifiesta cada vez con mayor intensidad la atracción por el sexo contrario. Esta última recibe el nombre de «atracción epigámica». Asimismo, comienza en ellas el ciclo menstrual, que se denomina «menarquia». En promedio, la menarquia comienza hacia los trece años, pero existe una gran variabilidad en función del clima, la dieta y la cantidad y calidad de los alimentos.

Un aspecto muy llamativo de la adolescencia es el llamado «estirón puberal». Se trata de una fase de crecimiento muy rápido, que alcanza su máximo ha-

cia los catorce o quince años. En ese momento, las chicas crecen a una velocidad de unos siete a diez centímetros por año, mientras que los chicos crecen a una velocidad de unos nueve a doce centímetros por año y durante más tiempo que ellas. El resultado es un crecimiento muy rápido en pocos años y la diferencia en estatura entre ellos y ellas, que en promedio es de un 10 por ciento, aunque esta cifra varía mucho entre las poblaciones de los cinco continentes.

La adolescencia y el final del crecimiento terminan hacia los dieciocho años, cuándo comienza el estado adulto. El segundo molar despunta en la encía hacia los doce años y marca el inicio de la adolescencia, mientras que el tercer molar despunta hacia los dieciocho años señalando el inicio del estado adulto. En muchos casos, este molar no se forma (agenesia) o sale mucho más tarde por falta de espacio en el maxilar y la mandíbula. En otras ocasiones, la muela del juicio queda retenida en el interior de su alvéolo. Con mucha frecuencia se producen problemas patológicos, que debe resolver el odontólogo o el cirujano maxilofacial.

La adolescencia es un nuevo periodo en el desarrollo de los homínidos, que pudo aparecer también en *Homo ergaster*, al menos en la fase final de la evolución de esta especie. En el capítulo anterior comentamos que el chico de Turkana pudo haber llegado a tener la adolescencia en el caso de haber sobrevivido más tiempo. Pero aún no estamos seguros de cuando comenzó este rasgo del desarrollo humano. Averiguar el momento en el que los homínidos empezamos a tener un estirón puberal y una adolescencia de larga duración es una tarea pendiente para la ciencia. Pero lo que sí parece probable es que las especies posteriores a *Homo ergaster* tuvieron un desarrollo muy similar al nuestro. Estas especies tenían ya más de 1.000 centímetros cúbicos de capacidad craneal, una cifra que parece estar asociada a un desarrollo prolongado como el nuestro.

La pregunta de por qué la selección natural favoreció la aparición de una adolescencia, que llega a durar hasta seis años, es difícil de responder. En principio, la adolescencia es un periodo en el que los chicos y las chicas recuperan el ritmo de su crecimiento, que permanece retenido durante la niñez y la fase juvenil. Durante la niñez y el periodo juvenil una gran parte de la energía se utiliza para el crecimiento y la maduración del cerebro. En cambio, durante la adolescencia los chicos y las chicas deben alcanzar muy rápidamente la estatura que les corresponderá como adultos.

A pesar de que en *Homo sapiens* las chicas tienen la menarquia hacia los doce o trece años, durante los dos o tres años siguientes no se produce la ovulación. Esto quiere decir que, en general, las chicas no podrían ser madres hasta los quince o dieciséis años. Naturalmente estamos hablando de edades promedio. Algunas chicas tienen la menarquia a los ocho o nueve años y pueden quedar embarazadas a los diez u once años. También puede ocurrir lo contrario; es decir, la menarquia puede retrasarse hasta los quince o dieciséis años. Una posible ventaja de la adolescencia, tanto para las chicas como para los chicos, es que en este largo periodo se puede adquirir una gran experiencia para la maternidad y la paternidad. En particular, las chicas pueden adquirir la experiencia de sus madres en la concepción y cuidado de los hijos, antes de que les llegue la ocasión de ser madres. Esa experiencia puede ser muy importante en el momento de su primera maternidad para sacar adelante a su primogénito. En muchas especies de primates, como los babuinos, macacos y chimpancés, se ha comprobado que la mortalidad del primer hijo llega hasta el 60 por ciento. En los pueblos de cazadores y recolectores actuales se sabe que esa mortalidad no es mayor del 40 por ciento. Parece que la experiencia de los adolescentes es capaz de reducir la mortalidad del primer hijo y la selección natural podría haber favorecido en definitiva una adolescencia de larga duración.

¿Cuánto tiempo vivíamos?

Finalmente nos interesa conocer cuánto tiempo vivían los adultos de las diferentes especies de homínidos. Los chimpancés en libertad pueden llegar a vivir hasta los cuarenta o cuarenta y cinco años, aunque muchos individuos no alcanzan esas edades tan avanzadas por diferentes razones. Cuando intentamos averiguar la edad de muerte de los individuos de las distintas especies de homínidos nos encontramos con muchas dificultades, sobre todo cuando este ejercicio se realiza con los adultos. En los individuos infantiles y juveniles podemos emplear el desarrollo de los dientes, si es que tenemos la suerte de haber encontrado el maxilar y la mandíbula con dientes. Todos sabemos que la corona y la raíz de cada diente deciduo o permanente se forma en un tiempo determinado y rompe la encía para aparecer en la cavidad bucal en un momento genéticamente bien definido del desarrollo. En conjunto, el tiempo absoluto y relativo de formación de todos los dientes se denomina «patrón de desarrollo dental», que es característico de cada especie.

Los australopitecos y los primeros *Homo* tenían un desarrollo dental similar al de chimpancés y gorilas. Por ese motivo, si queremos conocer la edad de muerte de un australopiteco infantil o juvenil utilizaremos como aproximación el patrón de desarrollo dental de esos primates. En cambio, las especies de *Homo* posteriores a un millón de años, con una capacidad craneal de más de 1.000 cm^3, tenían un desarrollo dental similar al nuestro. En este caso tendremos que utilizar el patrón de desarrollo dental de nuestra especie si queremos averiguar la edad de muerte de un individuo infantil o juvenil de estas especies.

El desgaste de los dientes, que era muy intenso en los australopitecos, parántropos y primeros *Homo*, nos ayuda de un modo algo impreciso a averiguar la edad de muerte de los adultos. Debe tenerse en cuenta que la velocidad de desgaste de los dientes depende de la dieta, de la cantidad de partículas abrasivas que contengan los alimentos y de la fuerza de fricción entre los dientes, que depende de los músculos de la masticación. A pesar de todos estos problemas, todo parece indicar que los homínidos del Plioceno no vivían más de cuarenta o cuarenta y cinco años y que no eran muchos los individuos que llegaban hasta la quinta década de su vida.

En el género *Homo* las cosas no mejoraron demasiado en lo que se refiere a la longevidad real. Parece que a los individuos de todas las especies de nuestro género les costaba superar la barrera de los cuarenta años y llegar a vivir hasta los cincuenta años debió ser algo excepcional. Incluso en nuestra especie, muchas de las poblaciones históricas conocidas han tenido dificultades para sobrevivir más allá de los cincuenta o sesenta años. Nuestra longevidad potencial es muy elevada. Podemos superar los cien años en casos excepcionales. Pero también es cierto que la higiene y los avances de la medicina permiten que muchas personas superen enfermedades graves y sobrevivan muchos más años de los que habrían vivido sin la ayuda de la ciencia y la tecnología.

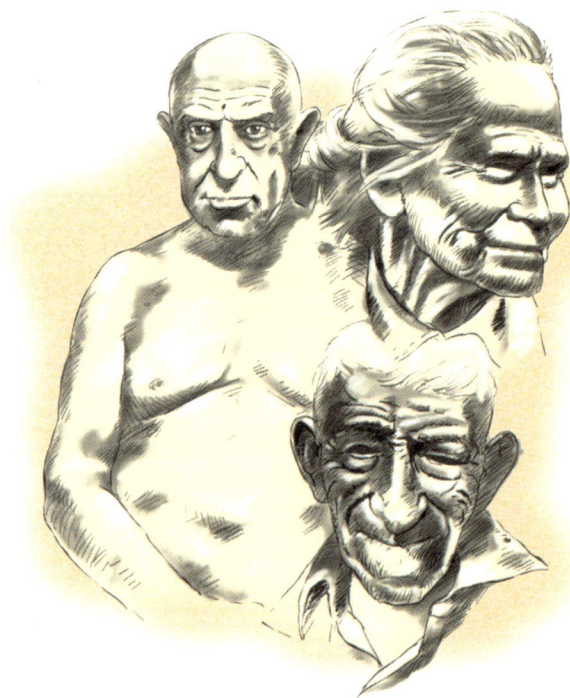

El lenguaje

La prolongación del desarrollo de los homínidos fue sin duda una adaptación extraordinaria, que posibilitó el aumento del volumen del cerebro, un aprendizaje más largo de las técnicas de fabricación de útiles y un estrechamiento de los lazos sociales entre los miembros de los clanes primitivos. Pero, ¿y el lenguaje?, ¿cómo se comunicaban nuestros antepasados del Plioceno-Pleistoceno? No cabe duda de que un lenguaje sofisticado ayuda a la comunicación de conocimientos y facilita la supervivencia de los grupos. Merece la pena que dediquemos unas páginas a esta adaptación tan importante de los homínidos.

Para tener la capacidad de hablar, necesitamos dos cosas esenciales. En primer lugar, el cerebro debe tener regiones adecuadas para la planificación y la comprensión del lenguaje. Por otro lado, es necesario tener un aparato fonador capaz de producir sonidos articulados y modulados. En el hemisferio izquierdo de nuestro cerebro se localizan el área de Broca (tercera circunvolución frontal) y el área de Wernicke (entre la circunvolución temporal superior y el lóbulo parietal del cerebro). Estas regiones cerebrales están conectadas entre sí y reciben o envían información al aparato fonador. Cuando queremos comunicar algo a otras personas mediante el lenguaje, enviamos información a todos los músculos que mueven los labios, la lengua, el paladar y la cara para que articulen de una manera ordenada y secuenciada los sonidos que producimos con el aparato fonador. El área de Broca se encarga de la construcción y pla-

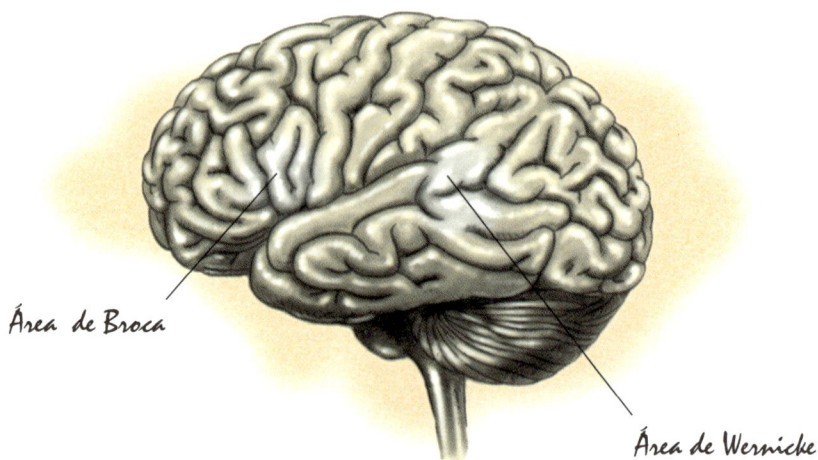

Área de Broca

Área de Wernicke

nificación del habla, mientras que el área de Wernicke permite que comprendamos los sonidos que producimos.

Cuando expulsamos el aire de los pulmones, los pliegues o cuerdas vocales, que tienen la misión de cerrar la glotis de la laringe para evitar el paso de alimentos al tubo respiratorio, vibran produciendo un tono laríngeo. Esa vibración llega a la «caja de resonancia» que forman la laringe, la faringe y las cavidades nasal y oral. Este conjunto anatómico se denomina tracto vocal y junto con la lengua, el paladar, los dientes y los labios forman el aparato fonador. En realidad todo funciona como un instrumento musical. Una guitarra no sonaría, a pesar de que hagamos vibrar las cuerdas con los dedos, si no fuera porque este instrumento tiene una caja de resonancia de madera. El resonador que forma el tracto vocal debe tener unas características muy particulares para que podamos hablar. Por ejemplo, nuestra faringe es muy

larga y forma un ángulo casi de 90 grados con la cavidad bucal. Además, la laringe queda a una cierta
distancia de las cavidades bucal y nasal y está separa-
da de ellas por la faringe. Las cavidades del resonador pueden adoptar formas o configuraciones diferentes para modular los sonidos de las vocales que
emitimos. A su vez, los labios, la lengua y el paladar
blando, situado en la parte posterior de la cavidad
bucal, realizan movimientos y adoptan distintas po-

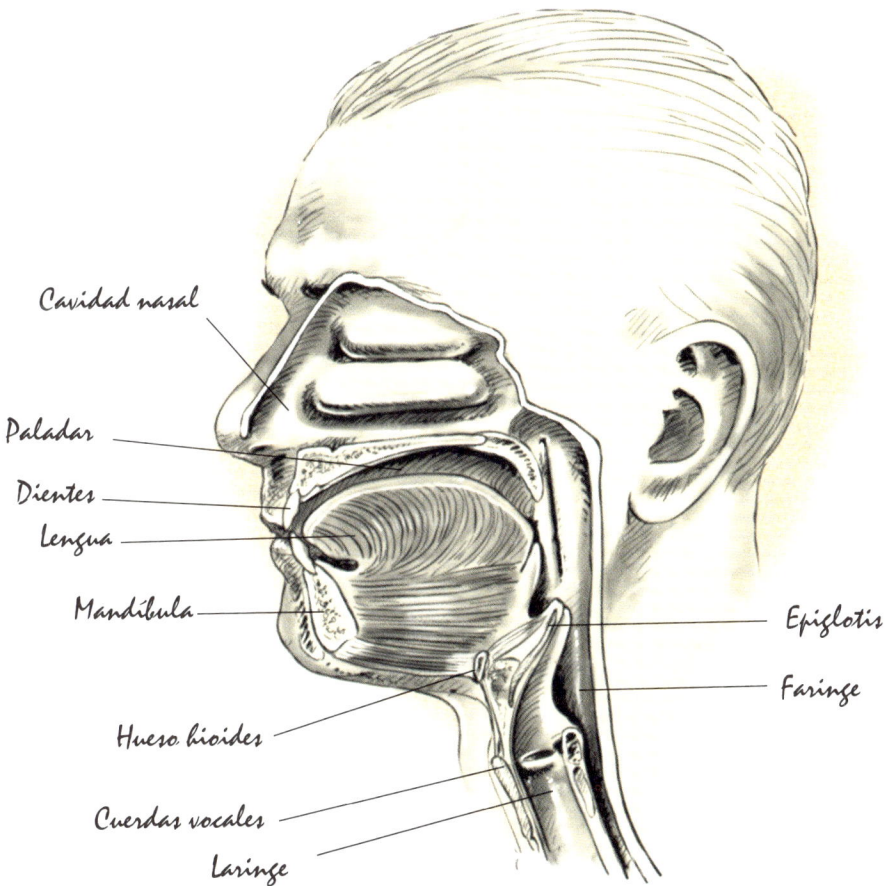

Cavidad nasal

Paladar

Dientes

Lengua

Mandíbula

Epiglotis

Faringe

Hueso hioides

Cuerdas vocales

Laringe

siciones para producir las consonantes con la ayuda de los dientes y la parte anterior del paladar.

Los homínidos actuales podemos hablar en distintas lenguas, que aprendemos desde pequeños, mediante una serie de ejercicios muy complicados de todo el aparato fonador. Con estos ejercicios somos capaces de producir los sonidos propios de cada lengua. A un francés o a un inglés les resulta muy difícil producir los sonidos de la erre o la eñe, que los españoles pronunciamos de manera fácil y natural. Por el contrario, a un español que no haya aprendido el inglés o el francés desde niño le resultará muy difícil pronunciar de manera correcta los sonidos propios de estas lenguas. Mediante la combinación de sonidos diferentes designamos a los distintos elementos de la naturaleza, las especies animales y vegetales, así como todo el universo de objetos, instrumentos, obras de ingeniería, arquitectura, arte, etc., diseñados y fabricados por los humanos.

En el pasado, los homínidos también se comunicaban para indicar a los miembros de su grupo la presencia de comida o de peligros inmediatos, su deseo de jugar o de reproducirse, etc. Los chimpancés y los gorilas, como otras especies de primates se comunican entre sí mediante sonidos específicos y gestos del cuerpo y de la cara. Pero esta comunicación resulta muy primaria si la comparamos con el lenguaje tan sofisticado que tenemos los humanos. Claro está que los chimpancés y los gorilas no disponen en su cerebro de las áreas de Broca y Wernicke, ni de un aparato fonador como el de *Homo sapiens*. ¿Cuándo apareció el lenguaje en nuestra evolución?, ¿ocurrió de manera súbita o fue un largo proceso gradual?

Cuando examinamos detenidamente los moldes internos que se obtienen de los cráneos de los homínidos comprobamos que los australopitecos y parántropos no tenían bien desarrolladas las áreas de Broca y Wernicke. Por el contrario, estas áreas presentan una cierta expansión en *Homo habilis*, *Homo rudolfensis* y *Homo ergaster*. Parece lógico admitir que los australopitecos y los parántropos no hablaban y se comunicaban como lo hacen los chimpancés y los gorilas. Sin embargo, podemos plantear que el aumento del volumen del encéfalo en el género *Homo* pudo tener relación con el inicio de un lenguaje primitivo, que progresaría en complejidad. Ahora podemos preguntarnos si estas especies disponían de un aparato fonador adecuado.

Esta última cuestión es muy difícil de responder porque, desafortunadamente, las partes blandas del aparato fonador no se conservan. Podemos tomar algunas medidas de la cavidad bucal y nasal, estimar la longitud de la faringe o determinar la posición de la laringe. Este último dato es muy importante. Cuando nacemos, nuestro aparato fonador se parece al de los chimpancés. La laringe de los bebés humanos está en una posición muy elevada, a la salida de la cavidad bucal. Hacia los dos años, la laringe comienza a descender, dejando paso a una faringe de mayor longitud. Este proceso viene acompañado de un aumento del ángulo entre el plano de la base del cráneo y la parte posterior del paladar. Una vez que se

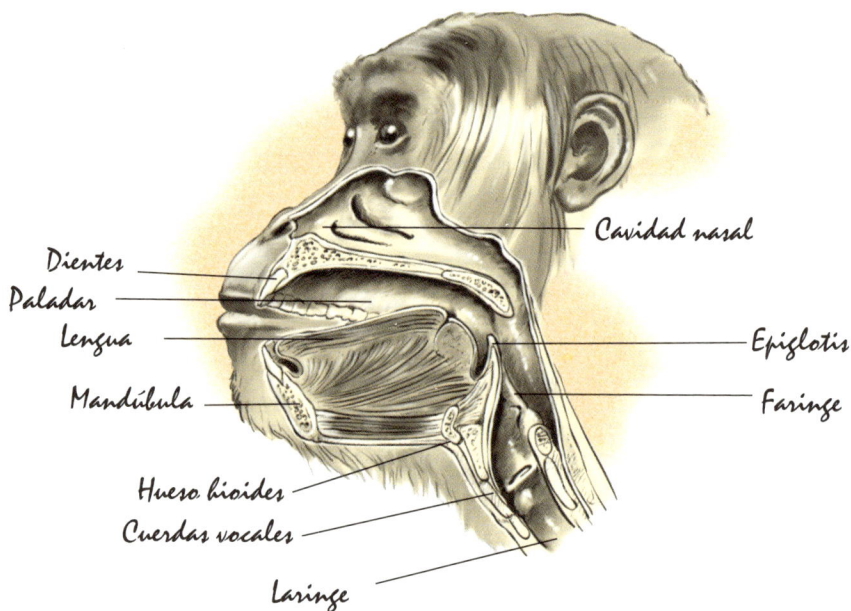

Dientes
Paladar
Lengua
Mandíbula
Hueso hioides
Cuerdas vocales
Laringe

Cavidad nasal
Epiglotis
Faringe

inicia el descenso de la laringe hacia su posición anatómica final, los niños comienzan a perfeccionar el lenguaje que han estado aprendiendo de sus mayores. Pues bien, si somos capaces de medir en los especímenes fósiles el ángulo entre el plano de la base del cráneo y la parte posterior del paladar sabremos si estos individuos tenían una laringe en posición baja y la posibilidad de hablar.

En *Homo habilis* las mediciones de ese ángulo sugieren que en nuestro género comenzó a modificarse el aparato fonador. En esta especie pudo existir una cierta capacidad para producir un lenguaje muy rudimentario. Puesto que la forma de las cavidades que formaban la caja de resonancia en esta especie era distinta de la nuestra, los sonidos emitidos por *Homo habilis* también serían distintos. En *Homo ergaster* y en las especies posteriores del género *Homo* debieron mejorar las capacidades para el lenguaje, aunque es muy posible que la complejidad de las lenguas actuales no se lograra hasta la aparición de las primeras poblaciones de *Homo sapiens* hace unos 150.000 años.

Capítulo 8
El poblamiento de Europa

Todavía está por resolver el enigma de cuándo se produjo el primer poblamiento del continente europeo. Aunque el yacimiento de Dmanisi se encuentra a los pies del Cáucaso, a las puertas de Europa, no se han hallado por el momento pruebas concluyentes de que la especie *Homo georgicus* se desplazara hacia el oeste hasta alcanzar el extremo más occidental de Eurasia.

Las evidencias más antiguas de la presencia de homínidos en Europa se han localizado en la Península Ibérica. Se trata de varios centenares de utensilios líticos hallados en dos yacimientos, Barranco León y Fuentenueva 3, de la cuenca de Guadix Baza, en Granada. Las herramientas encontradas en estos yacimientos pueden tener 1.200.000 años, de acuerdo con los datos del análisis de paleomagnetismo y las especies de micro y macrovertebrados que aparecen en el mismo nivel estratigráfico. También se han encontrado algunos útiles de sílex y huesos con marcas de descarnación en uno de los niveles más antiguos del yacimiento de la Sima del Elefante, en la denominada Trinchera del Ferrocarril, de la Sierra de Atapuerca (Burgos). Aunque este nivel todavía no está datado con precisión, el análisis de paleomagnetismo y la identificación de las especies de micro y macrovertebrados sugieren una edad de más de un millón de años de antigüedad. En otros yacimientos europeos, como el nivel 4 (TD4) del yacimiento de la Gran Dolina (también localizado en la Trinchera del Ferrocarril de la Sierra de Atapuerca), el yacimiento de Monte Poggiolo, en Forlí (Italia) y el yacimiento de Pont-de-Lavaud, en una de las terrazas del río Creuse (Francia), se han localizado útiles líticos fechados entre hace 800.000 y 1.000.000 de años.

Todavía desconocemos la fisonomía de aquellos primeros habitantes de Europa. Tampoco sabemos de dónde vinieron. Las herramientas dan testimonio de la presencia y actividades de homínidos en un cierto lugar y en una época determinada y nos hablan de sus capacidades tecnológicas, pero no nos dicen cómo era su aspecto físico y a qué especie pertenecían. Para ello necesitamos encontrar restos fósiles de los propios homínidos. Hasta hace relativamente pocos años, el fósil humano más antiguo encontrado en Europa era la mandíbula de Mauer. Este fósil puede tener unos 500.000 años de antigüedad y fue hallado en 1907 en los arenales del río Neckar, cerca de la ciudad alemana de Heidelberg. Durante muchos años, los científicos creyeron que la mandíbula de Mauer perteneció a uno de los primeros habitantes de Europa. Las pruebas de una humanidad más antigua en nuestro continente eran escasas y siempre muy controvertidas. Se trataba siempre de supuestas herramientas de piedra muy toscamente talladas, en general muy escasas, y en yacimientos no siempre bien datados.

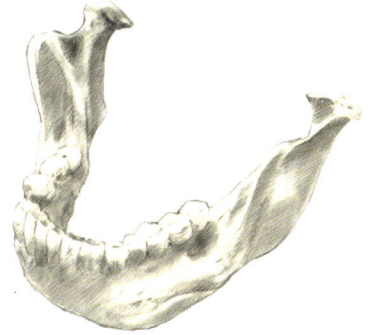

Mandíbula de Mauer

El gran hallazgo de Atapuerca

En julio de 1994 se produjo un gran hallazgo en el yacimiento de la Gran Dolina, en la Sierra de Atapuerca, que zanjó de manera definitiva la polémica. Este hallazgo ocurrió el día 8 de julio en el llamado «Estrato Aurora» o «Capa Aurora», uno de los subniveles del nivel TD6 de este yacimiento de la Trinchera del Ferrocarril y demostró por primera vez que Europa había sido colonizada en el Pleistoceno inferior, al menos 300.000 años antes de lo que defendían la mayoría de los científicos.

LA TRINCHERA DEL FERROCARRIL DE LA SIERRA DE ATAPUERCA

Plano del Karst de la Sierra de Atapuerca

y cómo algunas de ellas están totalmente colmatadas con arcillas y limos. En la pared derecha de la trinchera descubrimos las tres cavidades principales: la Sima del Elefante, el complejo Tres Simas-Galería-Covacha de los Zarpazos y la Gran Dolina. Estas tres grandes cuevas aparecen totalmente rellenas de sedimentos, que contienen en sus diferentes niveles estratigráficos una ingente cantidad de fósiles de micro y macrovertebrados y de utensilios líticos.

El descubrimiento de estos importantes yacimientos fue posible precisamente gracias a la excavación de esa trinchera a finales del siglo XIX para el paso de un ferrocarril minero. El desarrollo industrial de esta época fue el motivo de que varias empresas británicas se decidieran por la explotación de minerales de hierro y carbón en España. Una de estas empresas, «The Sierra Company Limited» fue fundada por Mr. Richard Preece Williams para

Cuando llegamos a la Sierra de Atapuerca para conocer los yacimientos arqueológicos y paleontológicos del Pleistoceno, que la UNESCO declaró Patrimonio de la Humanidad el 30 de noviembre de 2000, nos sorprende la presencia de una profunda y estrecha trinchera excavada en la roca caliza. La belleza y majestuosidad del lugar nos cautiva aún más cuando recorremos los casi 1.000 metros de longitud de la trinchera, que en algunos puntos tiene más de 20 metros de profundidad.
A ambos lados de la trinchera podemos observar las cavidades producidas por la disolución de la roca caliza

LA TRINCHERA DEL FERROCARRIL DE LA SIERRA DE ATAPUERCA

extraer estos minerales de yacimientos de la Sierra de la Demanda, situados a unos 70 kilómetros de Burgos. Para transportar los minerales a esta ciudad fue necesario construir un ferrocarril de vía estrecha entre Monterrubio de la Demanda y Villafría. En la estación de esta pequeña localidad, ya muy próxima a Burgos, el mineral se trasvasaría a los vagones de la Compañía de Caminos de Hierro del Norte de España, para su traslado a Bilbao, donde se emplearía en las siderurgias del País Vasco.

La construcción del ferrocarril entre Monterrubio y Villafría se llevó a cabo entre 1896 y 1901 y fue dirigida por D. Pablo Pradera Astarola. En su tramo final, el trazado de las vías debía de bordear la cara oeste de la Sierra de Atapuerca, siguiendo las curvas de nivel en esa zona, que se encuentran a una cota media de 965 metros, sin desniveles de importancia. Sin embargo, los responsables de la empresa decidieron construir esa profunda trinchera, abriendo un paso a través de la roca caliza. Tal vez la explicación de esta obra tan absurda fuera la necesidad de conseguir piedra para las obras de ferrocarril (puentes, apeaderos, etc.). También se ha especulado con la posibilidad de oscuros intereses económicos. En cualquier caso, la construcción de la que hoy día conocemos como la «Trinchera del Ferrocarril» permitió dejar al descubierto unos yacimientos tan importantes para el estudio de la evolución humana en Europa.

El ferrocarril minero sólo funcionó hasta el año 1910. El alto coste económico que suponía el transporte de material entre Burgos y Bilbao impidió que el proyecto siguiera su curso. Pocos años más tarde, en 1917, la Compañía británica quebró y desapareció definitivamente. Los yacimientos estuvieron expuestos durante muchos años y algunos científicos españoles realizaron trabajos esporádicos de excavación en los años cincuenta y sesenta. La protección y estudio de las cavidades y de los rellenos fosilíferos es mérito del Grupo Espeleológico Edelweiss de Burgos. En 1976, el investigador Trinidad de Torres y su equipo realizaron un importante descubrimiento en el yacimiento de la Sima de los Huesos. Este yacimiento se encuentra a menos de un kilómetro de la Trinchera del Ferrocarril, en el interior del complejo de Cueva Mayor-Cueva del Silo, la cavidad más importante de la Sierra de Atapuerca. El hallazgo de casi una veintena de restos fósiles humanos en la Sima de los Huesos resultó decisivo para las investigaciones en la Sierra de Atapuerca. En 1978, el paleontólogo Emiliano Aguirre comenzó un proyecto de excavaciones e investigaciones sistemáticas en diferentes yacimientos de la Trinchera del Ferrocarril y de la Cueva Mayor, que continúa en la actualidad.

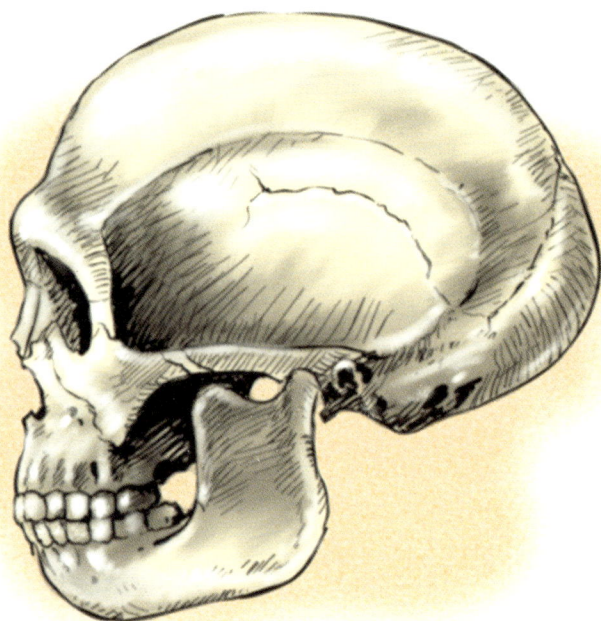

Reconstrucción del cráneo
del Homo antecessor

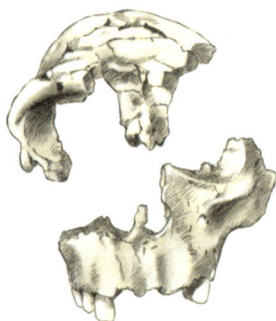

Frontal y maxilar
del Homo antecessor

Los fósiles humanos de TD6 se han datado mediante el análisis de paleomagnetismo y el método del
ESR (resonancia del spin electrónico) y se han encontrado asociados a casi tres centenares de instrumentos fabricados en caliza, cuarcita, arenisca y sílex según la tecnología del Modo 1 y similares a los
hallados en otros yacimientos europeos de la misma
antigüedad. Además, en la Capa Aurora se han hallado varios miles de restos fósiles de micro y macrovertebrados de finales del Pleistoceno inferior. Todos

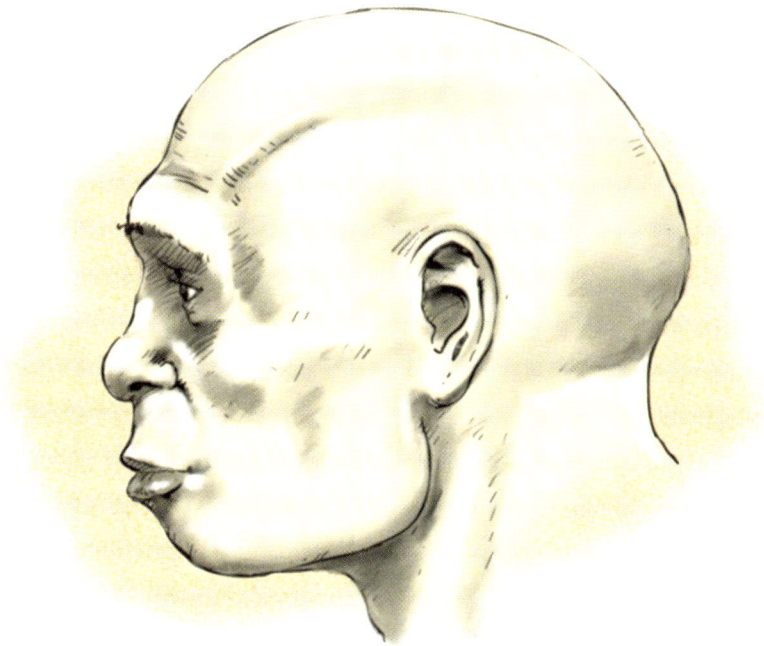

*Reconstrucción del rostro de un
Homo antecessor*

Homo antecessor

los datos indican sin ningún género de dudas que los homínidos de TD6 vivieron en la Península Ibérica hace entre 800.000 y 850.000 años.

Es más, este descubrimiento ha permitido que otros yacimientos pudieran reivindicar su importancia para conocer la antigüedad de las primeras ocupaciones de Europa. Como decíamos al principio de este capítulo, ahora es posible afirmar que Europa fue poblada hace más de un millón de años.

Los caníbales de la Gran Dolina

Los restos humanos de TD6 se encontraron en un sondeo arqueológico de siete m^2 realizado en el yacimiento de la Gran Dolina. Se identificaron hasta un total de 85 restos humanos de diferentes partes esqueléticas y de un mínimo de seis individuos. Se trata de dientes sueltos y fragmentos de hueso, que presentan numerosas marcas producidas con herramientas de piedra. Los huesos más delgados están astillados y todo parece indicar que fueron tronchados con las manos. Los restos de animales también están muy fragmentados y presentan las mismas marcas producidas por cortes y golpes de utensilios líticos. Todos los restos aparecen mezclados y desordenados en el yacimiento, ocupando todo el espacio excavado.

El análisis pormenorizado de todas las evidencias no deja lugar a dudas. Hace unos 800.000 años, en aquella cavidad de la Sierra de Atapuerca, un grupo de homínidos descuartizaron los cadáveres de corzos, gamos, ciervos, jabalíes, caballos, bisontes, rinocerontes, elefantes y también de otros homínidos para consumir su carne y su grasa. Luego, los restos de aquel festín fueron arrojados al suelo de la cueva de la Gran Dolina de manera descuidada. En definitiva, las excavaciones en la Capa Aurora han ofrecido pruebas irrefutables del caso de canibalismo más antiguo de la evolución humana. Pero no se trata de un canibalismo ritual, como el que conocemos en pueblos primitivos y que aún llega a ser de manera esporádica noticia de actualidad. En la cueva de la

Gran Dolina el aprovechamiento de los nutrientes de los cadáveres fue máximo, pero seguramente no por falta de recursos en el medio. No parece que se tratara de un canibalismo de supervivencia, por necesidad, como ocurrió hace algunos años en los Andes, después de un fatídico accidente de aviación. Más bien todo parece apuntar a un canibalismo dietético o gastronómico; es decir, los seres humanos podían formar parte de la dieta de otros humanos en determinadas circunstancias. En nuestra opinión, los homínidos fueron cazados como otras especies de mamíferos, tal vez como resultado de una fuerte competencia por los recursos del entorno de la Sierra de Atapuerca.

Homo antecessor

Otro resultado muy importante de la investigación de los fósiles humanos de TD6 fue la descripción y denominación de una nueva especie del género *Homo*. Esta especie fue nombrada *Homo antecessor*, que significa «el Hombre explorador». Los romanos utilizaban la palabra *antecessor* para designar a los soldados que formaban la avanzadilla de sus legiones en territorio enemigo. De este modo, al nombrar la nueva especie se quería recordar que los homínidos de TD6 representaban a las primeras poblaciones llegadas a Europa.

La morfología de la cara de uno de los individuos de la Capa Aurora, el Homínido 3, es prácticamente idéntica a la de un ser humano actual. Este dato, que

HOMO ANTECESSOR
«HOMBRE EXPLORADOR»

▸ Especie propuesta por:	J.M. Bermúdez de Castro, J.L. Arsuaga, E. Carbonell, A. Rosas, I. Martínez y M. Mosquera, 1997
▸ Área de distribución:	Europa meridional y probablemente este de África y Próximo Oriente
▸ Periodo:	900.000 - 780.000 años Pleistoceno inferior
▸ Dieta:	omnívora
▸ Capacidad craneal:	1.000 - 1.200 cm^3
▸ Estatura:	160 - 185 cm
▸ Peso:	60 - 90 Kg
▸ Tecnología:	Modo 1
▸ Principales yacimientos:	Gran Dolina (Sierra de Atapuerca, Burgos, España), Ceprano (Italia)

resultó decisivo a la hora de proponer una nueva especie, fue muy sorprendente. Hasta ese momento, los homínidos más antiguos con una cara moderna eran africanos y no tenían más de 150.000 años. Quizá se habían encontrado en Gran Dolina los restos de una especie antecesora de la humanidad actual. Los restos del Homínido 3 pertenecieron a un adolescente de unos 11 años, que ha sido bautizado con el nombre del «chico de la Gran Dolina». Pero, ¿de donde vinieron estos homínidos?, ¿cuál es el origen de Homo antecessor?

En principio parece lógico pensar que el poblamiento de Europa está relacionado con la primera expansión de los homínidos hacia Eurasia. Si hubiera sido así, la especie Homo georgicus tendría una relación filogenética con la especie Homo antecessor encontrada en la Sierra de Atapuerca. Las diferencias

223

morfológicas entre las dos especies son muy grandes, aunque no debemos olvidar que los homínidos de Dmanisi y los de TD6 están separados por nada menos que un millón de años. Las evidencias encontradas en algunos yacimientos han ido haciendo retroceder cada vez más el momento de la primera ocupación humana de Europa. Ahora ya hemos superado la barrera del millón de años y quien sabe hasta donde podremos llegar. Tal vez el *Homo antecessor* no fue después de todo el primer explorador de ese rincón occidental del gran continente eurasiático.

Por el momento, sin embargo, trabajamos con la hipótesis de que *Homo antecessor* fue la primera especie que colonizó Europa, quizá procedente del continente africano. De todos modos, es importante insistir en que tanto la Península de Arabia, como todas las regiones de lo que llamamos Próximo Oriente tienen, tanto desde el punto de vista biológico como geológico, una relación muy estrecha con el área noreste de África (los actuales Egipto, Sudán, Eritrea, Somalia y Etiopía). En todas estas regiones debieron suceder muchos de los acontecimientos importantes de la evolución humana. El territorio de la actual Etiopía, por ejemplo, se ha revelado en los últimos años como la principal fuente de datos para el estudio de nuestros orígenes. Los hallazgos de Dmanisi, en la República de Georgia, nos enseñan que cuando hablamos de una expansión de homínidos hacia Eurasia debemos considerar que el foco central de esa expansión puede estar en cualquiera de las regiones referidas.

El estudio de la morfología de los fósiles de TD6 sugiere una relación filogenética entre *Homo antecessor* y *Homo ergaster*. Quizá esta última especie fue protagonista de una expansión demográfica y territorial, hace aproximadamente 1.200.000 años, que estaría relacionada con la formación de la especie *Homo antecessor*, que llegó hasta Europa, pero que también debió persistir en el Noreste de África o en Próximo Oriente.

El lapso de tiempo entre hace 1.200.000 y 800.000 años es muy oscuro para el conocimiento de la evolución humana, tanto en África como en Europa. Apenas unos pocos fósiles descubiertos recientemente en el Noreste de África, los cráneos de Buia (Eritrea) y Daka (Etiopía), sugieren que la especie *Homo ergaster* continuó su evolución en esa región africana hasta hace al menos un millón de años. El cráneo de Daka, por ejemplo, tiene una morfología que recuerda a la de los cráneos KNM-ER 3733 y KNM-ER 3883, aunque su capacidad craneal es sensiblemente mayor (995 cm^3).

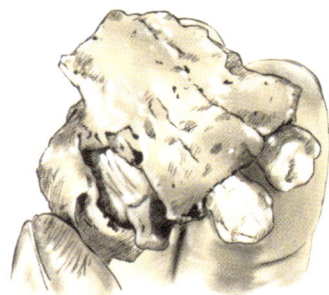

Maxilar infantil de un Homo antecessor

Nuevos emigrantes

Hacia finales del Pleistoceno inferior, hace unos 800.000 años, apareció en el noreste de África o en Próximo Oriente una nueva forma de homínido. Esta forma se caracterizaba por un neurocráneo muy grande, cuya capacidad craneal se acerca ya a la de *Homo sapiens*, aunque todavía conservaba rasgos arcaicos, como unos huesos craneales muy espesos, con

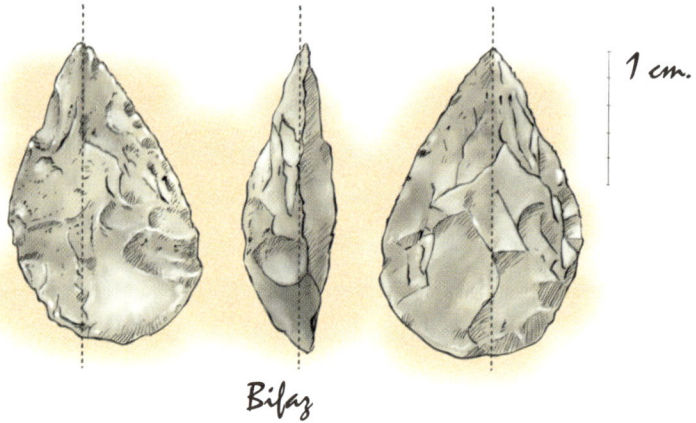

1 cm.

Bifaz

inserciones musculares muy marcadas, un fuerte reborde óseo en la parte superior de las órbitas y un
hueso frontal todavía claramente inclinado hacia
atrás. El cráneo facial era también muy robusto, al
menos en los individuos del sexo masculino, y con
unos senos maxilares muy hinchados, que daba a los
pómulos y a toda la cara un aspecto masivo.

El cráneo de Bodo (Etiopía), que tiene unos 600.000
años de antigüedad, es un representante africano de
esa nueva forma de homínido. Todo parece indicar
que estos homínidos tuvieron una expansión demográfica e invadieron Europa hace unos 600.000 años.
Los yacimientos europeos ofrecen testimonio muy
claros de esta invasión, que fue capaz de alcanzar regiones más septentrionales, como los actuales Reino
Unido y Alemania. Los yacimientos datados entre
500.000 y 120.000 años (Pleistoceno medio) se mul-
tiplican y sugieren un crecimiento demográfico de la
población europea. En estos yacimientos aparece por
primera vez la tecnología del Modo 2. Los nuevos
emigrantes eran portadores de esa tecnología y posi-

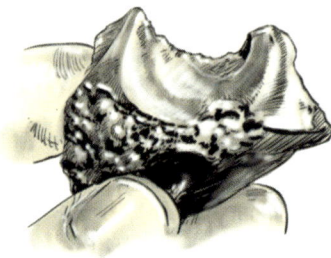

Muesca

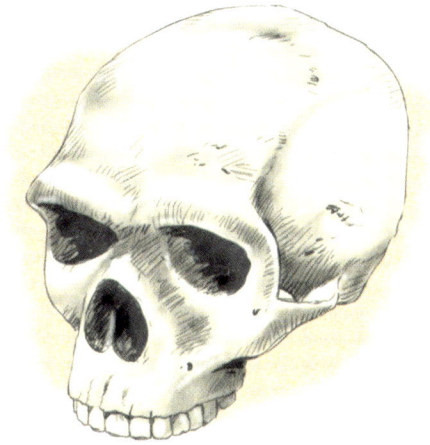

Reconstrucción del cráneo de Steinheim

blemente de rasgos culturales muy diferentes a los de *Homo antecessor*. Quizá estos nuevos invasores se mezclaron con los grupos de esa especie o tal vez provocaron su extinción en Europa al producirse una fuerte competencia por los recursos. Este enigma se resolverá cuando se produzca el hallazgo de más restos fósiles de homínidos en yacimientos del periodo comprendido entre 800.000 y 500.000 años.

Los restos fósiles más antiguos de esta población del Pleistoceno medio son la mandíbula de Mauer, de la que ya hemos hablado, los casi un centenar de restos de cráneo y esqueleto poscraneal de la cueva de Arago, en el Pirineo francés, cerca de la pequeña localidad de Tautavel, la tibia de Boxgrove, encontrada hace pocos años en la región de Sussex, al sur de Inglaterra, y los casi 5.000 restos fósiles encontrados en el yacimiento de la Sima de los Huesos de la Sierra de Atapuerca. Algo más recientes son los conocidos cráneos de Steinheim y Bilzingsleben (Alemania),

Tibia de Boxgrove

Swanscombe (Inglaterra) y Petralona (Grecia), así como los dientes de Pontnewydd (País de Gales) y la mandíbula de Montmaurin (Francia).

La mandíbula de Mauer fue descrita por Otto Schoetensack en 1908 y bautizada con el nombre *Homo heidelbergensis*. Se trata de una mandíbula de grandes dimensiones y premolares y molares relativamente pequeños. Los incisivos, sin embargo, son muy anchos y tienen un desgaste plano y muy acusado. Este rasgo sugiere que los incisivos del homínido de Mauer tenían una oclusión diferente a la nuestra y no cortaban el alimento como una tijera, sino como una verdadera tenaza, que desgastaba la corona de estos dientes en pocos años.

Durante muchos años, la interpretación de todos estos fósiles europeos del Pleistoceno medio ha sido algo confusa. Algunos científicos creyeron ver en estos fósiles a los verdaderos ancestros de nuestra especie, quizá condicionados por la idea de que *Homo sapiens* tuvo necesariamente que formarse en Europa. Otros científicos se dieron cuenta de que los fósiles humanos de este periodo tenían rasgos esqueléticos parecidos a los de los neandertales, que vivieron en Europa desde hace unos 150.000 años. Por ese motivo, los científicos comenzaron a denominar a fósiles como los de Arago y Swanscombe «anteneandertales» o «preneandertales», que evolucionaron en nuestro continente durante el Pleistoceno medio hasta que se transformaron en verdaderos neandertales.

La vida en los nuevos territorios

Al inicio del Pleistoceno, muchas especies africanas poblaron Eurasia en su migración desde África hacia zonas más septentrionales. A medida que avanza el Pleistoceno, el clima se hace cada vez más frío y aparecen faunas adaptadas a los ambientes árticos y de estepa. Los biotopos de estepa, tundra y taiga progresivamente se desarrollan en todas las zonas septentrionales, quedando algunas zonas más templadas como refugio de las especies termófilas, mejor adaptadas a climas más cálidos.

Los homínidos del Pleistoceno inferior y medio contaban con unos modos de subsistencia más complejos, debido en gran parte a su desarrollo evolutivo y a la ayuda de una tecnología cualitativamente más perfeccionada y eficaz, el Modo 2. Las herramientas

Bison priscus

229

Dicerochinus hemitoechus

del Modo 2 ayudaron a los homínidos en el aprovechamiento de las carcasas de los animales que constituyeron su base alimenticia. Entre estas presas, se encontraban los grandes herbívoros, de gran envergadura y realmente peligrosos. Se han encontrado yacimientos con grandes acumulaciones de restos óseos consumidos: los restos de bisontes en Mauran (Francia), rinocerontes, elefantes y osos en Isernia la Pineta (Italia), elefantes en Torralba y Ambrona (España)... Estos grupos se convirtieron en hábiles cazadores, aunque todavía aprovechaban la oportunidad de comer la carne de los animales que encontraban muertos, abatidos por otros predadores. Es indudable que aún seguían compitiendo con esos depredadores por los recursos, pero la caza favoreció cierta cohesión social y mejoró las estructuras de las sociedades de los *ergaster*, *erectus* y de sus descendientes. Para enfrentarse a estos animales, las cacerías debían organizarse entre las bandas de homínidos y todos los miembros del grupo habían de cooperar en ellas.

Una vez dada muerte a su objetivo, pongamos por caso, al gran bisonte (*Bison priscus*), en los lugares de matanza comenzaba la gran tarea de trocear el cadáver para su mejor transporte a los campamentos. Allí se repartía y compartía el alimento conseguido tras abatir a las presas. La habilidad de estos cazadores se demuestra en el aprovechamiento de casi todas las partes del esqueleto animal. Eran buenos conocedores de la anatomía y despellejaban, descuartizaban y desmembraban con destreza las partes mejores y más ricas en alimento. A su llegada al campamento, pro-

Elephas antiquus

231

seguía la limpieza de los esqueletos para aprovechar hasta el máximo los nutrientes: se extraía la carne, los tendones y ligamentos, la grasa adherida a los huesos y, más tarde, se rompían los huesos limpios con ayuda de un canto para sacar todo el tuétano, como un delicioso y nutritivo manjar. ¿Cómo conocen los investigadores toda esta secuencia de carnicería? Pues como ya apuntamos para los primeros *Homo*, el estudio de las superficies óseas es indicativo de cómo trataron estos esqueletos. También, se buscan las pruebas para demostrar que efectivamente fueron los humanos quienes consumieron esa presa, analizando si otros animales han accedido de alguna forma a esas carcasas. Para ello, los especialistas conocen bien cuáles son los rasgos y pistas que identifican la acción de cada uno de ellos, bien se trate de carnívoros, hienas, algunos roedores y, por supuesto, los humanos. También se descartan los procesos de muerte natural y otros donde no interviene ningún ser vivo. Llegar a saber cómo sobrevivían estos homínidos resulta un tema complejo y laborioso, pero no por ello menos apasionante.

La Sima de los Huesos y el origen de los neandertales

El hallazgo de varios miles de fósiles humanos de un mínimo de 28 individuos y de una antigüedad aproximada de 400.000 años en el yacimiento de la Sima de los Huesos de la Sierra de Atapuerca ha sido decisivo para comprender la evolución de la población europea del Pleistoceno medio. En primer lugar, en

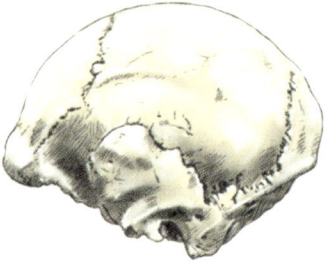

Cráneo 4 hallado en la Sima de los huesos, Atapuerca. Capacidad craneana 1.390 cm^3

esta colección se puede estudiar la variabilidad de caracteres métricos y morfológicos de una muestra suficientemente amplia. Ya no se trata de fósiles aislados, sino de una verdadera población. Ese estudio ha permitido entender la variabilidad de otros fósiles europeos del mismo periodo. Ahora podemos reunir a todos estos fósiles tan dispersos en el tiempo y en la geografía europea en una única población, que en principio se puede agrupar en la especie *Homo heidelbergensis*, en atención al nombre dado por Otto Shoetensack a la mandíbula de Mauer en 1908.

Por otro lado, el estudio de los fósiles de la Sima de los Huesos ha demostrado de manera concluyente que durante el Pleistoceno medio se produjo la evolución de un linaje europeo, probablemente en aislamiento genético casi absoluto. Como veremos en el próximo capítulo, las condiciones climáticas del hemisferio Norte durante los momentos glaciales del Pleistoceno medio crearon barreras geográficas casi infranqueables en las cadenas montañosas de Europa durante largos periodos de tiempo. Este aislamiento favoreció la diferenciación de la población europea de otras poblaciones vecinas de África y Asia. Así surgieron los neandertales, de los que más tarde hablaremos.

El yacimiento de la Sima de los Huesos no sólo ha permitido solucionar el problema de la filogenia de los homínidos europeos del Pleistoceno medio, sino que ha dado respuesta a muchos interrogantes sobre la biología de nuestros ancestros. Por ejemplo, se ha demostrado que desde hace al menos medio millón

HOMO HEIDELBERGENSIS
«HOMBRE DE HEIDELBERG»

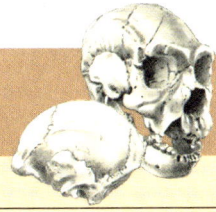

▸ ESPECIE PROPUESTA POR:	O. Schoetensack, 1908
▸ ÁREA DE DISTRIBUCIÓN:	Europa
▸ PERIODO:	600.000 - 200.000 años Pleistoceno medio
▸ DIETA:	Omnívora
▸ CAPACIDAD CRANEAL:	1.100 - 1.400 cm^3
▸ ESTATURA:	160 - 185 cm
▸ PESO:	60 - 100 Kg
▸ TECNOLOGÍA:	Modo 2
▸ PRINCIPALES YACIMIENTOS:	Bilzingsleben, Mauer, Steinheim (Alemania), Boxgrove, Pontnewydd, Swanscombe (Reino Unido), Arago, Montamaurin, Le Lazaret (Francia), Lezetxiki, Sima de los Huesos de la Sierra de Atapuerca (España), Petralona (Grecia), Vertesszöllös (Hungría).

de años y posiblemente antes, los homínidos hemos tenido un dimorfismo sexual similar al que presentamos los seres humanos actuales; es decir, las diferencias en promedio de peso y estatura entre los machos y las hembras de las poblaciones europeas del Pleistoceno medio eran muy parecidas a las de *Homo sapiens*. En la actualidad, los hombres de cualquier población son aproximadamente un 10 por ciento más altos y más pesados que las mujeres, mientras que en los primeros homínidos de hace cinco millones de años esa cifra pudo ser del 30 por ciento, como sucede hoy día en los chimpancés.

La pelvis «Elvis» de la Sima de los Huesos perteneció a un individuo macho y adulto. Esta pelvis es notablemente más grande que las pelvis masculinas actuales y ha demostrado que los homínidos de la Sima de los Huesos y en general todos nuestros ancestros tuvieron una complexión corporal diferente a la de *Homo sapiens*. El tronco era más amplio en todas sus dimensiones y la separación entre los fémures era algo mayor. El estrechamiento de la pelvis en nuestra especie redujo el volumen del tronco y la distancia entre las articulación del fémur con la cadera se redujo. Probablemente perdimos algo de capacidad pulmonar, pero ganamos en eficacia para caminar y correr, porque nuestras piernas están más próximas al centro de gravedad del cuerpo y gastamos menos energía en nuestros desplazamientos.

Volviendo a los aspectos relativos a su forma de vida, una pregunta que nos hacemos todos es saber cuándo fueron capaces los homínidos de controlar el fuego. Se conocen evidencias muy antiguas en Sudáfrica, en niveles de hace entre 1 y 1,5 millones de años del yacimiento de Swartkrans. Allí se han obtenido huesos de animales quemados. Los arqueólogos han realizado experimentos con el fin de con-

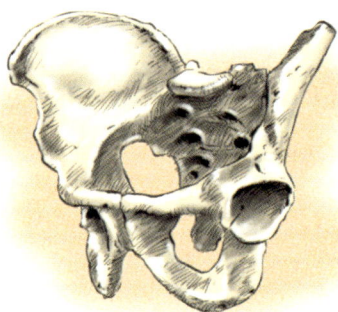

Pelvis humana

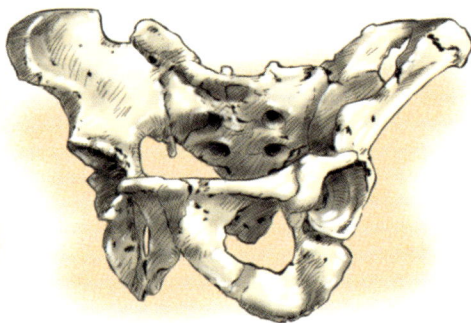

Pelvis «Elvis» *Homo heidelbergensis*
(Sima de los Huesos)

firmar que la alteración que se observa en los huesos fue debida realmente a la acción del fuego. Y así
parece ser. Lo más probable es que los homínidos
del género *Homo* que se encuentran en Swartkrans
fueran los autores de estos fuegos. Sin embargo, no
se puede afirmar que en aquella época tan remota
los homínidos hubieran conseguido dominar las técnicas de producción del fuego. Esto último ocurrió,
sin duda, en Eurasia, hace unos 500.000 años. En
este continente y en latitudes elevadas se generaliza
el uso y el control del fuego. Tradicionalmente se ha
considerado que las evidencias más antiguas de su
uso se encontraban en el famoso yacimiento de
Chukutien, en China. Los niveles que supuesta-
mente tenían estas pruebas rondan el medio millón
de años de antigüedad. Sin embargo, los últimos estudios llevados a cabo con técnicas más modernas
ponen en duda que los homínidos de Chukutien
hubieran encendido esos fuegos de manera inten-
cionada.

En Europa las fechas más antiguas de uso del fuego
oscilan en torno a los 450.000 y 250.000 años, en yacimientos como Bilzingsleben y Schöningen en Alemania, Terra Amata en Francia o Vertesszöllös en
Hungría. Alguno de los hogares, como el de Terra
Amata, está protegido por piedras. Aquí ya podemos
hablar del concepto de hogar y de la clara intencio-
nalidad de prender fuego, como parte de la cultura
de *Homo heidelbergensis*.

El fuego no sólo permite procesar los alimentos o calentar el agua, además es una fuente de calor o una

Homo heidelbergensis

ayuda a la hora de alejar a los depredadores. Permite alargar los días y sirve como punto de reunión en torno al hogar. Gracias al fuego se produce una importante mejora dentro de la vida social de los grupos humanos. Además, su empleo ayudó a mejorar la calidad de las herramientas y permitió, por ejemplo, endurecer las puntas de las lanzas de madera para hacerlas más resistentes.

Como hemos comentado en un capítulo anterior, la existencia y utilización en el pasado de herramientas fabricadas en materiales perecederos como la madera está fuera de toda duda. Sin embargo, los problemas de conservación no han permitido que estos útiles hayan llegado a nosotros. Actualmente se comienzan a encontrar, por fin, algunos objetos fabricados en madera, estimándose su antigüedad en aproximadamente medio millón de años. Así, en el yacimiento de Gesher Benot Ya' aqov, en Israel, en un nivel arqueológico acompañado de útiles de piedra del Modo 2, apareció un fragmento de madera de sauce pulido por los homínidos. El problema de este yacimiento es que su cronología no se puede precisar y se estima en un rango demasiado amplio de entre 240.000 y 750.000 años. Así no es posible saber si se trata de la herramienta en madera más antigua del registro arqueológico. Por otra parte, en Inglaterra, en el yacimiento de Clacton-on-Sea apareció en 1911 una punta fabricada con madera de tejo, que tiene una antigüedad de unos 350.000 años. Esta herramienta se ha interpretado como parte de una «lanza de empuje». Este tipo de lanzas no se utilizarían a modo de jabalinas, sino que permitirían rematar la presa una vez cazada clavándolas en los animales con el empuje del cazador. Sin embargo, otros autores creen que se trata simplemente de un palo cavador. Los palos para cavar sirven para extraer raíces con mayor facilidad y posiblemente fueran unos de los inventos más antiguos. En Lehringen (Alemania) también se ha recuperado un fragmento de madera de una antigüedad de unos 125.000 años que, a juzgar por su forma, puede tratarse también de un palo cavador. Pero lo interesante de este hallazgo es que se encontró dentro del esqueleto de un elefante y algunos creen que se trata de la parte final de una lanza.

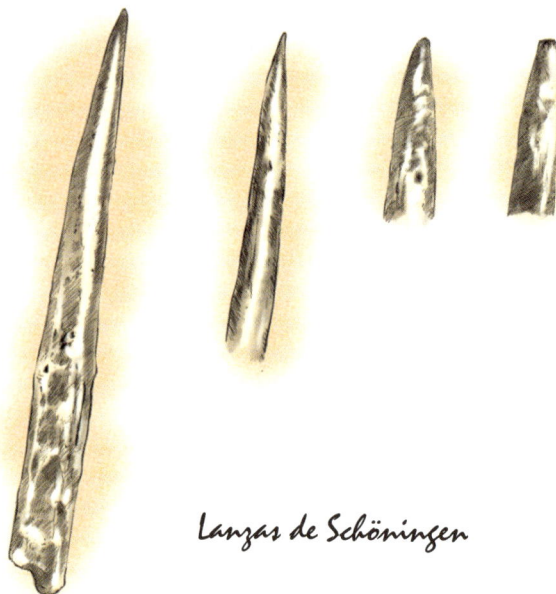

Lanzas de Schöningen

Las herramientas de madera mejor conservadas y más antiguas que se conocen en la actualidad son las lanzas del yacimiento de Schöningen. Están fechadas en 400.000 años y aparecieron en una turbera de lignitos, que permitió un estado de conservación excepcional. Hasta el momento se han recuperado ocho lanzas fabricadas en madera de conífera. La mayoría tienen más de dos metros de largo y fueron fabricadas con una técnica extraordinaria. Junto con las lanzas también han aparecido otros fragmentos de madera, que se interpretan como palos arrojadizos para golpear y atontar a las presas. Las lanzas de Schöningen parecen realmente auténticas jabalinas para cazar a distancia, a juzgar por su perfección y el equilibrado.

Algunas evidencias arqueológicas nos muestran a los homínidos del Pleistoceno medio como cazadores consumados, que cuentan con técnicas de caza muy desarrolladas. Así, una escápula de rinoceronte encontrada en el yacimiento inglés de Boxgrove tiene una marca, que se interpreta como un pinchazo de lanza de un cazador que vivió hace medio millón de años. Esto no significa que los homínidos no pudieran además aprovechar la carne de animales cazados por otros animales o encontrados muertos; es decir, aquellos homínidos quizá fueran también carroñeros ocasionales. Por supuesto, el rápido desgaste de sus dientes sugiere que los alimentos vegetales eran un componente muy importante en su dieta.

Por otra parte, es en ese momento cuando observamos la aparición de las primeras demostraciones de comportamiento simbólico. En los altos del Golán (Israel) apareció en 1981 un fragmento de basalto que había sido modificado artificialmente para darle forma de mujer. Se trata de la conocida como *Venus de Berekhat Ram*, cuya cronología está situada entre 233.000 y 470.000 años. En Marruecos, al sur de la ciudad de Tan-Tan, también se ha encontrado recientemente otro fragmento de cuarcita, que parece haber sido modificado intencionalmente por los homínidos. Esta figurita apareció en niveles fechados entre 300.000 y 500.000 años, mezclada con herramientas del Modo 2. Así pues, ya no estamos hablando de un caso aislado, lo que nos lleva a pensar que ya durante el Pleistoceno medio la fabricación de este tipo de objetos no era rara. Pero ¿cuál fue su significado? Es posible que nunca lo sepamos.

Los grupos humanos que vivieron durante el Pleistoceno medio eran ya capaces de cuidar a sus enfermos. No olvidemos el caso del Cráneo 5 de la Sima de los Huesos de Atapuerca. El individuo al que perteneció este cráneo vivió durante algún tiempo padeciendo una osteítis en el maxilar. Se le rompió un diente y se le produjo una infección, que primero afectó a la encía, pero poco a poco el proceso infeccioso se fue extendiendo por el maxilar y llegó hasta la órbita de su ojo izquierdo. Es muy probable que este individuo llegara a tener una septicemia o infección generalizada de todo su organismo. Por su parte, el individuo al que perteneció el Cráneo 4 del mismo yacimiento debió morir con una sordera acusada. Los dos conductos auditivos sufrieron también una grave infección y acabaron casi por cerrarse por el crecimiento anormal de tejido óseo. Estas dos patologías son suficientemente graves como para sobrevivir en un medio hostil sin la ayuda del grupo.

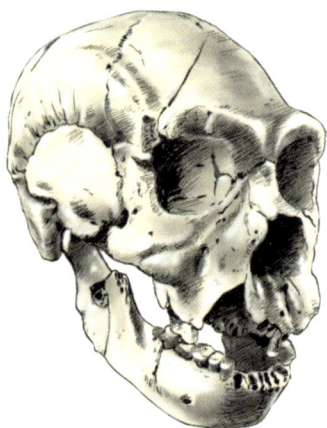

También es muy probable que los individuos de la especie *Homo heidelbergensis* hubieran ya reflexionado sobre el tema de la muerte. Sabemos que muchas especies de mamíferos, incluidos los primates, abandonan los cadáveres de sus congéneres más allegados una vez que se convencen de su total inmovilidad. Es muy posible que estos animales tengan un sentimiento de dolor ante la muerte de sus parientes. Pero sólo los seres humanos hemos desarrollado rituales sumamente complejos para despedir a nuestros seres queridos. Estos rituales funerarios han ido surgiendo progresivamente mediante el desarro-

Cráneo 5 de la Sima
de los Huesos
Homo heidelbergensis

llo de una pluralidad de religiones, que tienen en común la creencia en otra vida después de la muerte. Por ese motivo, muchos rituales tratan de preservar los cadáveres en las mejores condiciones para esa otra vida en el «Más Allá». ¿Cuándo surgieron estos rituales? ¿El proceso se dio únicamente en *Homo sapiens* o también en otras especies del género *Homo*? Son preguntas muy difíciles de responder, porque jamás sabremos cómo pensaban los homínidos hace miles de años. Sin embargo, y como veremos más adelante, los neandertales enterraban a sus muertos con un cierto ceremonial. Por tanto, la segunda pregunta tiene respuesta: los rituales funerarios no son exclusivos de *Homo sapiens*, sino que también surgieron en un linaje evolutivo diferente. Cuando realizamos un análisis del significado del excepcional yacimiento de la Sima de los Huesos de Atapuerca, en el que se han obtenido los restos de una treintena de cadáveres de *Homo heidelbergensis*, de unos 400.000 años de antigüedad y asociados a un único bifaz de características excepcionales, no podemos dejar de pensar que tal vez aquellos antepasados de los neandertales ya habían llegado a reflexiones profundas acerca de la muerte. La única explicación posible para comprender el yacimiento de la Sima de los Huesos es el depósito de los cadáveres por sus congéneres. Si esa acumulación estuvo o no asociada a algún tipo de ritual es una incógnita que tal vez sea desvelada en el futuro. Y, sobre todo, es necesario encontrar yacimientos de características similares, que permitan sostener la hipótesis que se ha propuesto para explicar este yacimiento singular.

Durante el Pleistoceno medio los homínidos comenzaron a envolver algunas herramientas de piedra con cuero con el fin de poderlas coger mejor y no cortarse. Pero más tarde empezaron a insertar las herramientas en mangos de madera o de hueso que mejorarán de manera notable el funcionamiento de los útiles. ¿Cómo lo sabemos?... Los análisis de huellas de uso nos muestran una vez más la existencia de marcas de enmangue en la superficie de las piezas. A veces se tiene también la suerte de encontrar restos de los propios mangos o de la resina utilizada para mantener la pieza fija, pero de estos casos hablaremos con mayor profundidad en el capítulo siguiente.

El estudio de las huellas de uso también nos permite saber que durante el Pleistoceno medio los homínidos conocían las técnicas del trabajo de la piel. Esta conclusión es muy importante, porque nos permite afirmar que los homínidos se podían abrigar con pieles de animales para soportar los rigores del frío. Además, es posible que montaran sus campamentos al aire libre con parapetos fabricados con palos y pieles para resguardarse del viento. Esto se sabe porque se conocen casos de *agujeros de poste* o negativos circulares en el suelo de cuevas, como la de Lazaret, en Francia, o en antiguas playas como la de Terra Amata, también en Francia, donde se ha especulado con la posible existencia de cabañas fabricadas con ramas. En el yacimiento alemán de Binzingsleben se ha documentado la existencia de varias cabañas ovaladas de aproximadamente cuatro metros de diámetro, que se abrían hacia el sur para evitar los fríos vientos del norte.

Por todo ello debemos imaginar que, aunque son numerosas las evidencias de ocupaciones en los abrigos de las cuevas, los campamentos al aire libre fueron muy comunes en Europa durante un largo periodo de tiempo. No debemos olvidar que los grupos de cazadores recolectores se caracterizan por su gran movilidad que les permite buscar recursos allí donde se encuentran. La estacionalidad de latitudes elevadas seguramente también fue causa de movilidad de los grupos, en busca siempre de recursos animales y vegetales. La construcción de cabañas no supone una gran dificultad y les permite cambiar de lugar de asentamiento con cierta rapidez y con mínima inversión de esfuerzo.

Capítulo 9
Los neandertales: la especie hermana

Los científicos han sido capaces de averiguar los cambios climáticos sucedidos en el hemisferio Norte durante el último millón de años. Este periodo se ha caracterizado por la alternancia de fases frías y fases cálidas de varios miles de años de duración. Los cambios no han tenido regularidad y su intensidad y duración han sido muy variables. Por ejemplo, hace unos 750.000 años el frío de Europa alcanzó una gran intensidad, mientras que hace entre 600.000 y 550.000 años el clima fue más caluroso que en la actualidad y coincidió con la llegada a nuestro continente de *Homo heidelbergensis*. A partir de entonces, se sucedieron dos periodos fríos y dos cálidos, hasta que hace 200.000 años volvió a reinar un frío considerable en Europa, que se suavizó hace unos 120.000 años. Más tarde, hace unos 80.000 años, el frío se generalizó en toda Europa y la fase cálida no se volvió a recuperar hasta hace unos 10.000 años.

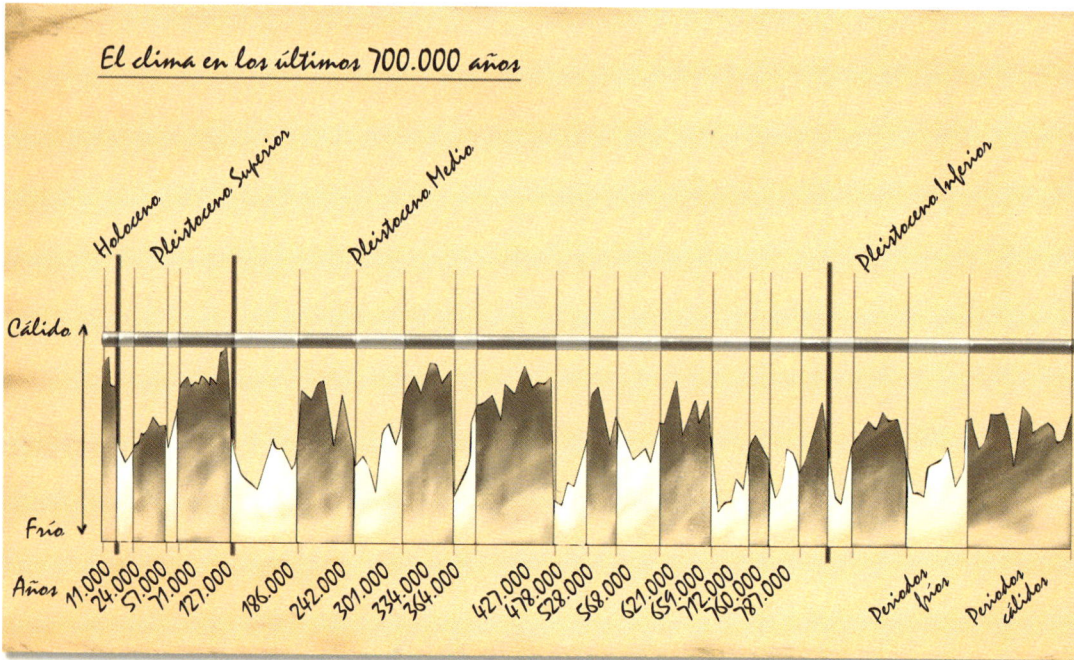

El clima en los últimos 700.000 años

El clima ha tenido una repercusión importantísima en las poblaciones de homínidos europeos durante todo el Pleistoceno. En primer lugar, los fríos glaciales de las regiones del Norte no permitirían la vida de unas poblaciones que todavía carecían de la tecnología necesaria para combatir esas condiciones tan desfavorables. El uso sistemático del fuego paliaría en alguna medida el rigor de los inviernos glaciales. Durante los periodos más fríos, las poblaciones quedarían probablemente relegadas a las regiones con influencia del mar Mediterráneo, mientras que la llegada de tiempos más cálidos permitiría la expansión demográfica hacia regiones más septentrionales. Seguramente, muchas poblaciones tanto de homínidos como de animales perecerían durante los picos de mayor intensidad de los fríos glaciales.

Aislados en Europa

Desde el punto de vista geográfico, Europa es una península del continente eurasiático, en la que existen importantes cadenas montañosas, como el Cáucaso, los Balcanes, los Cárpatos, los Alpes y los Pirineos. Como dijimos en el capítulo anterior, durante los periodos fríos estas montañas constituyeron verdaderas barreras geográficas infranqueables para las poblaciones humanas y de otras especies animales. De este modo, muchos grupos de homínidos estuvieron aislados de otros grupos durante miles de años en el Pleistoceno medio.

La falta de intercambio genético de las poblaciones africanas y asiáticas durante tanto tiempo influyó decisivamente en la consolidación y diferenciación morfológica de la especie *Homo heidelbergensis* en Europa. Finalmente, hace unos 150.000 años, esta especie cambió lo suficiente para que sus descendientes se clasifiquen en otra especie, *Homo neanderthalensis*. En realidad estas dos especies podrían reunirse en una única especie, porque forman un mismo linaje evolutivo europeo, con una continuidad genética de cientos de generaciones en un mismo territorio. Puesto que la denominación *neanderthalensis* es anterior en el tiempo a la de *heidelbergensis* (ver más adelante) y tiene prioridad, esta especie unificada debería denominarse *Homo neanderthalensis*. Pero quizá lo más importante es sa-

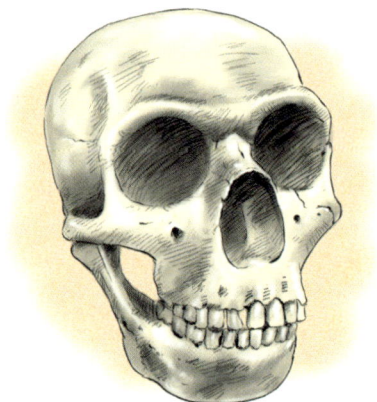

*Cráneo de Homo neanderthalensis
cantera Forbes, Gibraltar*

ber que los restos fósiles de homínidos encontrados en yacimientos europeos datados entre 150.000 y 40.000 años pertenecen a la población que conocemos con la denominación Neanderthal (o Neandertal, en castellano).

Los primeros fósiles de homínidos hallados en yacimientos europeos pertenecen precisamente a esta población. En 1848 se encontró un cráneo en la cantera Forbes de Gibraltar y en 1856 se descubrió un esqueleto muy completo en la cueva Feldhofer del valle del río Neander (Alemania). Este hallazgo dio lugar al nombre de la población, que deriva de la palabra alemana Thal (valle) y del propio nombre del valle. En 1864, William King propuso incluir a estos fósiles en una nueva especie, *Homo neanderthalensis*, reconociendo así que se trataba de seres humanos diferentes de nosotros, que vivieron en Europa en una época que la ciencia de entonces aún no podía determinar con precisión.

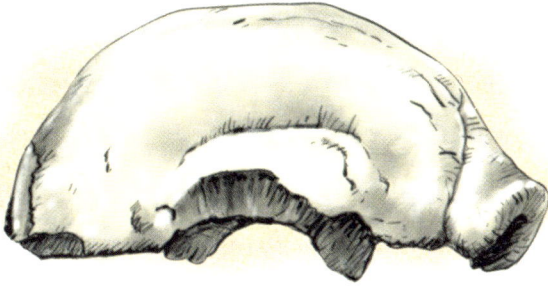

Calota de Homo neanderthalensis

Desde entonces se han sucedido los hallazgos de centenares de fósiles de neandertales de una antigüedad entre 150.000 y unos 30.000 años, que han permitido conocer con mucho detalle la anatomía del esqueleto de esta población europea. Los neandertales tenían una estatura menor que la de sus antecesores del Pleistoceno medio, quizá como respuesta al frío. En la regiones frías los mamíferos tienden a ser más rechonchos y menos esbeltos que en las regiones cálidas, con el objetivo de aumentar el volumen de su cuerpo y disminuir la superficie corporal. De esta manera los animales conservan mejor el calor. En los neandertales se acortaron los antebrazos y la parte inferior de las piernas, por debajo de las rodillas. Aun así, un neandertal masculino podría llegar a medir fácilmente 170 centímetros de estatura. La pelvis era más ancha y el torax más voluminoso que en nuestra especie. Los neandertales, por tanto, conservaron la forma primitiva del tronco, que ya comentamos en el capítulo anterior al referirnos a los homínidos de la Sima de los Huesos.

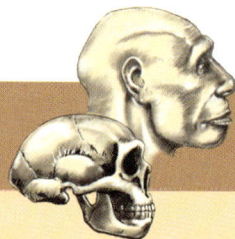

HOMO NEANDERTHALENSIS
«HOMBRE DE NEANDERTHAL»

▸ ESPECIE PROPUESTA POR:	W. King, 1864
▸ ÁREA DE DISTRIBUCIÓN:	Europa, Próximo Oriente, este de Asia
▸ PERIODO:	200.000 - 28.000 años Pleistoceno medio - Pleistoceno superior
▸ DIETA:	Omnívora
▸ CAPACIDAD CRANEAL:	1.300 - 1.750 cm^3
▸ ESTATURA:	150 - 180 cm
▸ PESO:	60 - 95 Kg
▸ TECNOLOGÍA:	Modo 3
▸ PRINCIPALES YACIMIENTOS:	Principales yacimientos: Spy (Bélgica), Valle de Neander, Ehringsdorf (Alemania), La Quina, Le Moustier, La Ferrassie, Hortus, La Chapelle-Aux-Saints, Montmaurin, La Chaise, Regourdou, Arcy-sur-Cure, Peyrards, Montgaudier, Chateauneuf, Petit-Puy-Moyen, Maccasargues, Le Portel, Genay (Francia), Cova Negra, Mollet, La Carigüela, Pinilla del Valle, Bañolas, Zafarraya, Valdegoba, Villafamés, Axlor, Abric Romaní (España), Saccopastore, Monte Circeo, Marina de Camerota (Italia), Krapina (Croacia), Amud, Tabun (Israel), Shanidar (Irak), Teshik-Tash (Uzbekistán), Gibraltar

Una anatomía peculiar

El esqueleto de los neandertales era también más pesado que el de *Homo sapiens*, debido a que la masa ósea era mayor. Además, las fuertes inserciones musculares de los huesos sugieren que los neandertales tenían también una gran masa muscular. De todo ello se puede deducir que estos homínidos tenían un peso corporal para su estatura notablemente mayor que el nuestro. Si a un hombre actual de complexión normal y de 170 centímetros de estatura le corresponden unos 72 kilos de peso, a un neandertal le corresponderían entre 85 y 90 kilos, y con seguridad una fuerza tremenda.

El cráneo de los neandertales era grande y muy alargado. La capacidad craneal era mayor que la nuestra y superaba fácilmente los 1.600 cm^3. Esto no quiere decir que su índice o grado de encefalización fuera más elevado que el de *Homo sapiens*, puesto que este índice se calcula comparando el peso corporal con el volumen del cerebro. El occipital de los neandertales presenta un abombamiento característico, que recibe el nombre de «chignon» o moño occipital y que con-

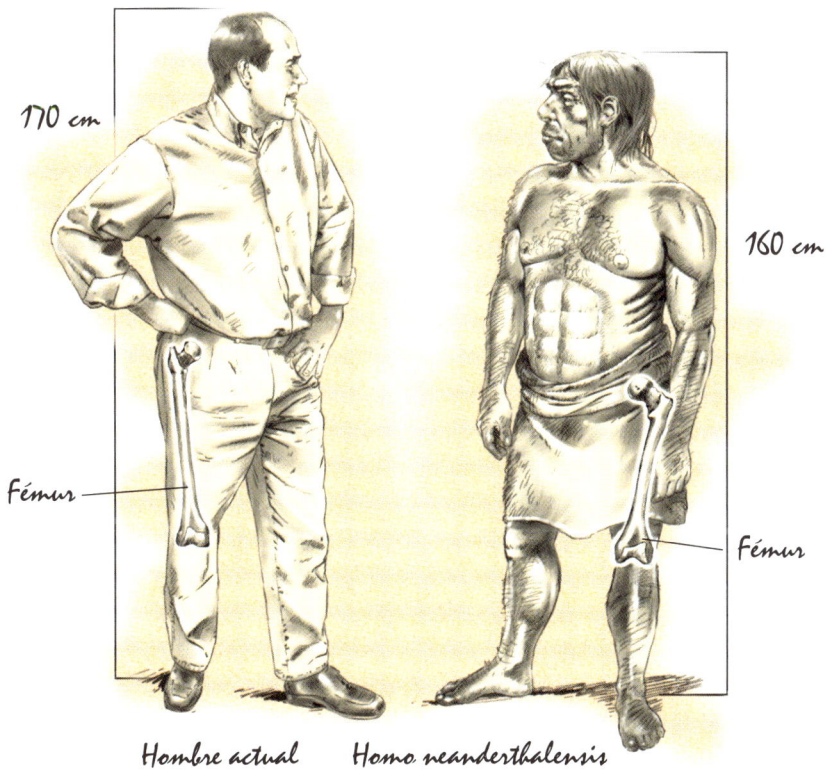

170 cm

160 cm

Fémur

Fémur

Hombre actual   Homo neanderthalensis

253

Capacidad craneal
más de 1.600 cm^3

Torus supraorbital

Moño occipital
«chignon»

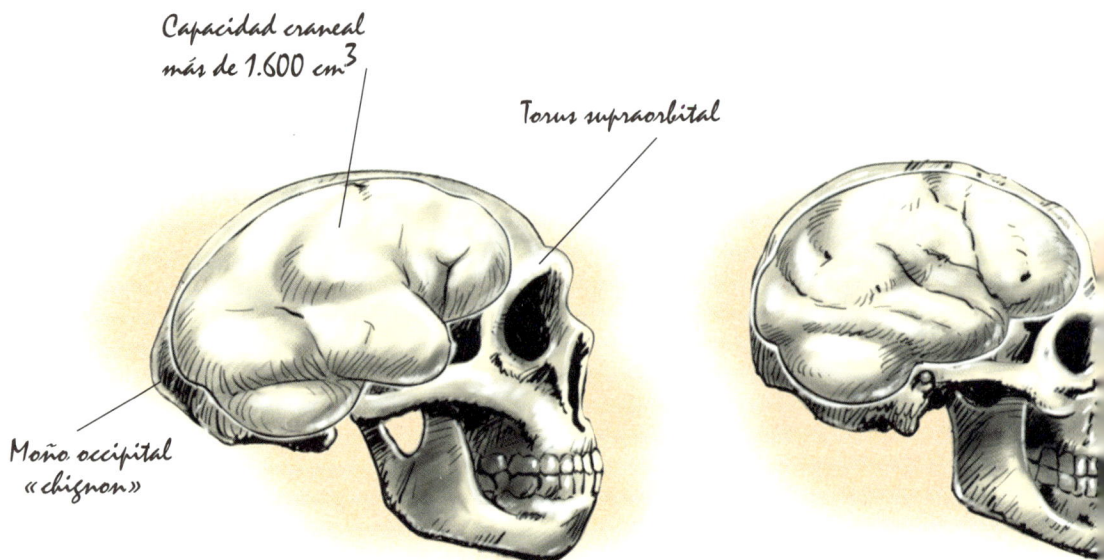

Cráneo de Homo neanderthalensis

Cráneo de Homo sapiens

tribuye al alargamiento del cráneo. Por encima de las órbitas los neandertales presentan un torus fuerte, bien marcado, que forma un arco continuo debido al abultamiento de la glabela o región situada entre las dos órbitas. Además, los senos frontales están muy desarrollados. Por detrás del torus supraorbitario el frontal está inclinado hacia atrás. Cuando observamos el cráneo de un neandertal por su parte posterior notamos su forma redondeada característica y diferente de la de cualquier otra especie de homínido.

El esqueleto facial de los neandertales presenta también muchas novedades con respecto a otras especies. La región ósea situada por debajo de las órbitas (placas óseas infraorbitales, formadas por los huesos malar y maxilar) cambia su orientación anatómica girando hacia delante. Este giro produce que las placas infraorbitales formen un mismo plano óseo con la región del maxilar que bordea la abertura piriforme. El citado giro también provoca que la abertura de la nariz se amplíe y quede en una posición adelantada con respecto al resto de la cara. Esto es lo que técnicamente se denomina prognatismo mediofacial. Además, los huesos nasales se disponen de manera horizontal. Como consecuencia de estos cambios, la nariz se hace más ancha y prominente en la cara, mientras que los pómulos quedan retrasados. Los senos maxilares también se amplían de manera muy notable. La mandíbula es grande y robusta, de cuerpo mandibular alto y sin mentón.

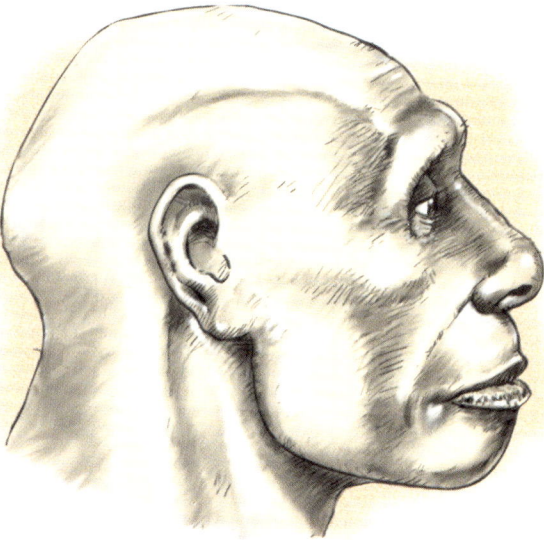

Reconstrucción del rostro
de un Homo neanderthalensis

Algunos investigadores han relacionado el prognatismo mediofacial con una adaptación al frío. Una nariz más amplia permitiría que el aire se calentara y humedeciera antes de llegar a los pulmones, mientras que unos senos frontales y maxilares muy hinchados actuarían a modo de cámara aislante del cerebro. Otros investigadores piensan que los cambios del cráneo y de la cara de los neandertales estarían relacionados con la mecánica del aparato masticador. Los incisivos y los caninos de los neandertales y sus antecesores del Pleistoceno medio tienen coronas altas y anchas y raíces muy largas. La fortaleza de estos dientes habría sido utilizada no sólo para cortar los alimentos, sino para otras muchas funciones no relacionadas con la masticación, como pelar raíces, sujetar la comida, etc. La fuerza que desarrollarían al usar la boca como una verdadera herramienta tendría que disiparse mediante una arquitectura cráneofacial como la que presentan los neandertales.

Éstos son en resumen los caracteres más sobresalientes de los neandertales, aunque cualquier estudio anatómico de detalle revela la presencia de rasgos exclusivos de esta especie. Todo ello como consecuencia de su aislamiento genético de otras poblaciones. Sin embargo, esto no quiere decir que los neandertales permanecieron siempre aislados del resto del mundo. Tenían una notable inteligencia, poseían una cultura desarrollada y fueron capaces de experimentar un crecimiento demográfico importante cuando las condiciones climáticas lo permitieron. Los neandertales se expandieron fuera del territorio europeo hacia Próximo Oriente, llegando hasta los territorios que hoy día ocupan países como Siria (yacimiento de Dederiyeh) e Irak (yacimiento de Shanidar). Los neandertales también se adentraron en el interior de Asia, como lo demuestra el hallazgo del esqueleto de un joven de unos nueve años en el yacimiento de Teshik-Tash, en Uzbekistán. Esta expansión de los neandertales probablemente coincidió con dos periodos más cálidos hace unos 80.000 y 50.000 años, respectivamente.

La complejidad tecnológica

El Modo 3 de fabricación de herramientas es característico de los neandertales, aunque esa técnica también fue utilizada por los primeros *Homo sapiens* en la zona de Próximo Oriente. Con estas poblaciones asistimos nuevamente a un importante cambio en las estrategias de talla, ya que el concepto de estandarización es ahora cuando adquiere todo su significado. Una de las características más peculiares de este método consiste en que los homínidos realizan una preparación previa de los núcleos, de tal manera que consiguen producir lascas y puntas que tienen siempre la misma forma. Esta técnica se denomina *talla levallois*. La habilidad que se requiere para fabricar este tipo de piezas en serie es muy grande. Así que debemos ver a los neandertales como gentes con capacidades técnicas muy notables.

Los instrumentos del Modo 3 son más pequeños que los del Modo 2. Todavía continúan utilizándose elementos tan característicos como los bifaces, aunque

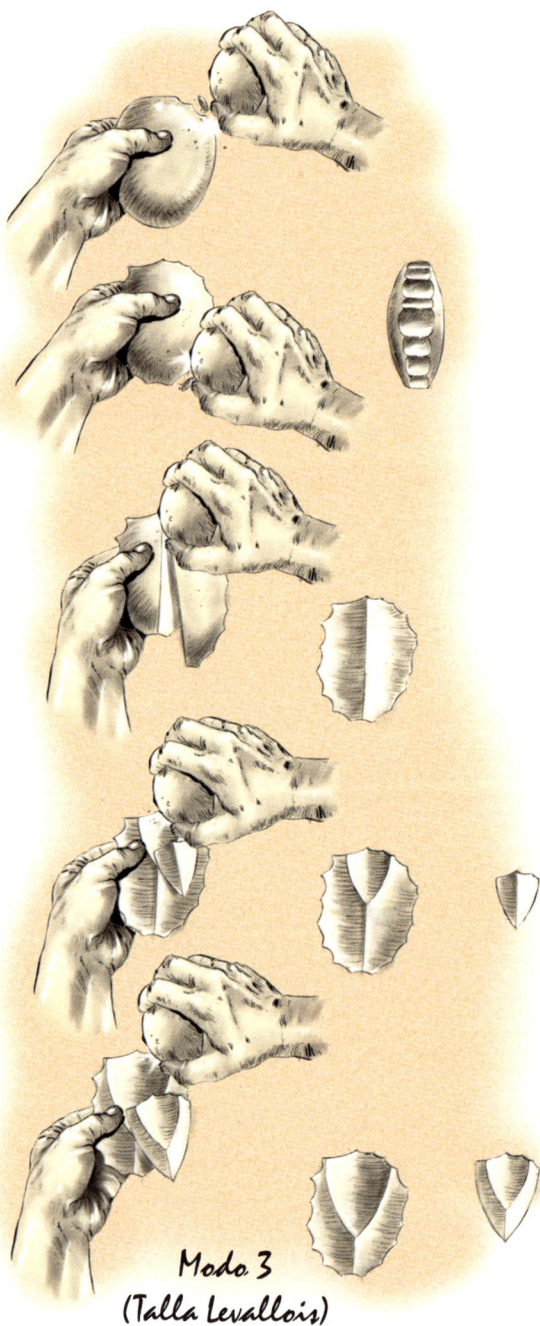

Modo 3
(Talla Levallois)

de un tamaño sensiblemente menor y muy simétricos. También se siguen usando las raederas. Gracias a las nuevas técnicas de análisis de huellas de uso sabemos que con ellas se podía realizar una gran variedad de tareas, además de raer. También se añaden otros útiles al conjunto de herramientas muy especializados para tareas concretas.

La mejora en la variedad de artefactos permite a los neandertales ser mucho más eficaces a la hora de adaptarse al medio. Seguramente continuaron utilizándose herramientas fabricadas con materiales perecederos como la madera. También se generaliza la fabricación de puntas de piedra de gran tamaño, que pueden haberse utilizado como extremo de lanza colocándolas al final de un vástago largo de madera. La novedad que supone la utilización de puntas de piedra tiene sus ventajas, pero también presenta algunos inconvenientes, ya que es mucho más fácil reparar y fabricar una lanza de madera que un elemento de piedra. Sin embargo, la eficacia de las armas de piedra es evidentemente mucho mayor. Este hito marca el punto de partida de toda una futura tecnología dedicada a la caza que, con la llegada del Paleolítico superior, se generaliza y perfecciona.

Algunos arqueólogos son contrarios a la idea de que las puntas de los neandertales se utilizaron como elemento de lanza y piensan que más bien se usaron como cuchillos, a pesar de su evidente capacidad de penetración. Otros, en cambio, son partidarios de las dos hipótesis y opinan que las puntas se emplearon tanto para las lanzas como para cuchillos. Cuando se realiza un estudio anatómico de las capacidades físicas de los neandertales, no queda ninguna duda de que estos homínidos podían lanzar jabalinas con enorme precisión. En otras palabras, los neandertales podrían haber competido en unos juegos olímpicos actuales y probablemente hubieran obtenido más de una medalla. De todos modos, los neandertales y los primeros humanos modernos usaron lanzas de empuje con mucha frecuencia, según se desprende de las asimetrías observadas en el desarrollo del húmero, como sucede por ejemplo con los tenistas profesionales en la actualidad.

Además de las evidencias antropológicas existen datos arqueológicos que apoyan la teoría de la utilización de puntas de lanza. Por ejemplo, en el yacimiento de Umm-el-Tlel, en Siria, en un nivel de hace alrededor 50.000 años de antigüedad, apareció un fragmento de lasca levallois clavada firmemente en una vértebra de asno salvaje. Los estudios de huellas de uso permiten pensar que la pieza estaba enmangada con gran firmeza y que por esa razón acabó por partirse. Los arqueólogos que estudiaron esta punta concluyen que la lanza fue arrojada sobre el animal desde corta distancia.

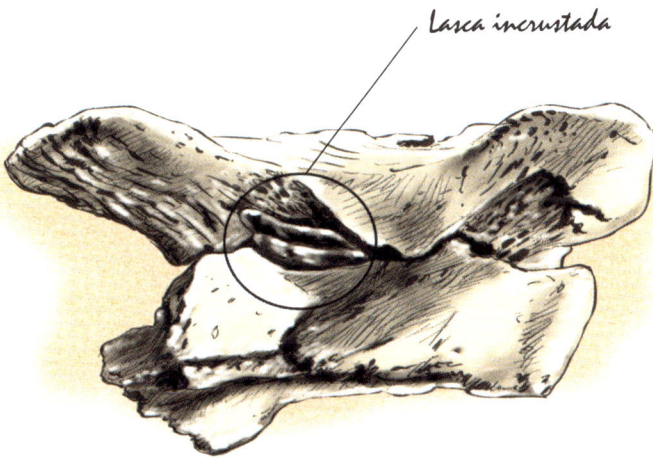

Lasca incrustada

Vértebra de asno con lasca levallois incrustada, yacimiento de Umm-el-Tlel

Desde el punto de vista de los estudios de balística, resulta que algunas puntas del Paleolítico medio fabricadas por los neandertales son más adecuadas para el lanzamiento que otras fabricadas en una época posterior. No obstante, aún queda por realizar mucha experimentación para entender la gran variabilidad que puede observarse en el tamaño de las puntas.

El párrafo anterior nos lleva a hablar de otro tema muy interesante, que ya adelantamos en el capítulo anterior: la importancia de la utilización de mangos, que permiten conseguir herramientas complejas. Para fabricar una lanza hay que desarrollar una técnica que permita unir de manera firme la piedra con el vástago de madera. En el yacimiento alemán de Königsaue, una mina de lignito a cielo abierto, se recuperaron en los años sesenta del pasado siglo dos fragmentos de resina de abedul. Uno de ellos nos muestra la impronta de una pieza de sílex y restos de madera. Lo más curioso es que también la huella dactilar de la persona que moldeó la resina quedó impresa. Este hallazgo nos explica claramente que una pieza de piedra fue insertada en un mango de madera y fijada con la ayuda de la resina. Este fragmento fue moldeado aparentemente por uno de los primeros *Homo sapiens* que habitaron la región, mientras que el otro fragmento puede atribuirse a neandertales de hace unos 45.000 años. Hasta ahí todo parece sencillo. Hoy día es fácil fabricar un adhesivo con resina de abedul con nuestros medios técnicos. Sin embargo, se ha comprobado experimentalmente que la resina de abedul, a diferencia de la de pino o del ámbar, necesita ser calentada a temperaturas entre 340 y 370º C para poder ser utilizada como adhesivo. En otras palabras, los neandertales tenían por fuerza que haber desarrollado una técnica para alcanzar esas temperaturas. ¿Cómo lo hicieron?,

¿qué tipo de recipientes usaron para calentar la resina? Por ahora no hay respuestas, pero una vez más resulta evidente el alto nivel tecnológico de los neandertales y su habilidad manual, comparable a la de nuestra especie. Los que aún opinan que los neandertales eran seres con limitadas capacidades sólo pueden hacerlo utilizando prejuicios que no se sostienen.

En ocasiones se han encontrado restos de adhesivo pegados en la superficie de las propias herramientas. Un caso muy interesante es el de varios yacimientos del Valle de El Kowm, en Siria, en los que algunas piezas, fechadas en 35.000 años, muestran en su superficie restos de bitumen (betún), utilizado para adherirlas al mango. Es el dato más antiguo del uso de esta sustancia como adhesivo. Pero no siempre tenemos la suerte de contar con restos de adhesivos o del propio mango. Por fortuna, existen también datos indirectos que nos indican que los neandertales enmangaban de manera sistemática sus herramientas. Muchas piezas muestran levantamientos en las zonas opuestas a los filos, que se realizaban para reducir su volumen y poderlas insertar en los mangos.

La vida en la Europa glacial

Al igual que sus predecesores, las poblaciones de neandertales vivían de la caza de animales y de la recolección de plantas y frutos silvestres. La dureza de su entorno y el rigor climático favorecieron que sus estrategias de subsistencia fuesen eficientes y les permitieran sobrevivir durante muchos miles de años y expandirse a otras latitudes más meridionales. Gracias a la robustez de sus cuerpos y sus capacidades cognitivas, organizaron y prepararon sus batidas de caza. Probablemente sus presas habituales eran los animales de mediano y pequeño tamaño, además de los grandes herbívoros presentes en los ecosistemas cercanos, como ya se vio para sus antepasados *heidelbergensis* (rinocerontes, bisontes, caballos, elefantes, etc.). Al igual que éstos, es muy posible que también aprovecharan la carne de los animales muertos ocasionalmente (carroñeo marginal) de forma complementaria a las cacerías. Recientemente se ha propuesto que los animales pequeños (caza menor) constituirían el grueso de su alimentación y que estas presas tuvieron un lugar destacado en la subsistencia de los neandertales.

Como acabamos de ver, sus modos de caza consistieron tal vez en el ataque directo con la ayuda de lanzas de empuje y armas arrojadizas. Ataques que resultaban arriesgados, peligrosos y en ocasiones mortales. La caza a corta distancia, que implicaba el acercamiento a animales de gran envergadura, propiciaría las patologías que hoy descubrimos en muchos de los fósiles neandertales (traumatismos, enfermedades degenerativas, lesiones y heridas). Algunos investigadores creen que las habilidades tácticas de estas poblaciones neandertales, compitiendo con los grandes depredadores de nichos ecológicos muy próximos, se orientaron a la selección de presas adultas, de un reducido número de especies, y a realizar batidas de acercamiento a los animales (La Bor-

Cueva de Le Moustier

de en Lot, Francia). Tal vez condujeran a los grandes animales hacia zonas pantanosas o desfiladeros donde se despeñaban (La Cotte de St. Brelade, en Jersey), o aprovechaban los momentos de abrevadero en los cursos de agua para cazarlos más fácilmente.

La vida en la fría Europa de comienzos del Pleistoceno superior favoreció los refugios en cuevas (Le Moustier, La Chapelle aux Saints, en Francia; El Castillo en Cantabria) y abrigos calizos (Pech de l'Aze, La Ferrasie, en Francia; Abric Romaní, en Cataluña) que acogieron a los grupos neandertales. Aunque también vivían al aire libre en campamentos (Biache Saint-Vaast en Francia, Molodova 1 en Rusia). Al igual que vimos para los grupos anteriores, el interior de los abrigos se preparaba para la vida cotidiana con sencillas estructuras de acondicionamiento y mejoras

para resguardarse de las gélidas temperaturas. Se preparaban muretes, enlosados y levantaban pequeñas cabañas en su interior, una vez más constatadas por los agujeros de poste hallados, y se mantenían los hogares y fogatas ardiendo (cueva de Kebara en Israel). Estas cavernas sirvieron también de refugio a sus congéneres difuntos. Los neandertales, hace unos 100.000 años, ya manifestaron su idea de la muerte y trascendencia al Más Allá y el respeto a sus muertos (ya fueran ancianos, adultos, niños, recién nacidos o fetos, hombres o mujeres), protegiéndolos de los carroñeros y otros animales. Estos comportamientos, que algunos dudaron en atribuir a las poblaciones neandertales por su «modernidad», fueron intencionados y respondían indudablemente a pensamientos simbólicos, al igual que los interpretaremos posteriormente para los grupos de *sapiens*, pero con un lenguaje y conocimiento propios. Los neandertales fueron portadores de unas habilidades cognitivas, distintas a las nuestras, aunque no por ello menores o peores. Estamos ante unas conductas llenas de significación e intención, con contenidos y creencias especiales de la vida y de la muerte. ¿Qué pudieron significar? ¿cómo lograremos interpretarlas?

Podemos conocer sus comportamientos ante la muerte y sus ritos de enterramiento por las sepulturas que hemos recuperado de los yacimientos arqueológicos. Desconoceremos siempre si lloraron a los muertos o si recordaron a sus familiares fallecidos. Se conocen bastantes sepulturas neandertales en el Próximo Oriente (Amud, Tabun, Kebara, Skhul y Qafzeh), Asia central (Teshik Tash en Uzbekistán, Kiik-Koba y Zaskalnaya en Crimea), en Francia (La Ferrasie, Le Moustier, La Chapelle) y en Bélgica (Spy). La mayoría de los cuerpos aparecieron cuidadosamente dispuestos en simples fosas hechas en las cuevas, con frecuencia aisladas, y con objetos especialmente depositados como ofrendas. Algunas recogían hasta diez cuerpos como en La Chapelle aux Saints (Francia), o incluso veinte como en la cueva de Qafzeh (Israel).

Las ofrendas rituales que se han interpretado en los enterramientos neandertales hacen referencia a un verdadero rito consciente para con sus muertos: los cráneos de cáprido en disposición circular asociados al individuo infantil de Teshik-Tash (Uzbekistán), los bifaces que acompañaban al niño de La Ferrasie (Francia), una piedra tallada sobre el esqueleto infantil de Dederiyeh (Siria), o el ocre espolvoreado

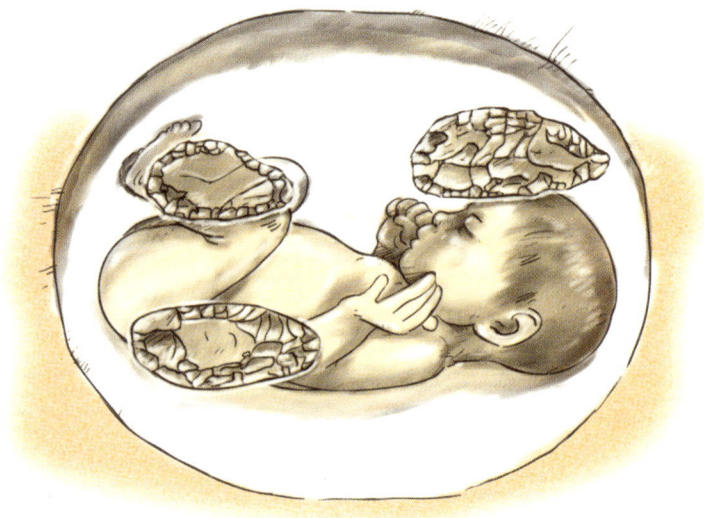

Disposición del enterramiento del niño de La Ferrasie

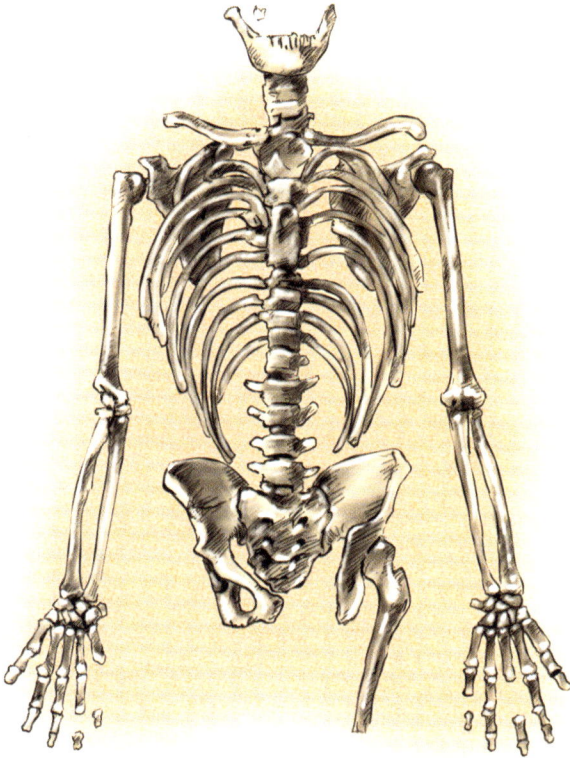

Esqueleto de Kebara
Homo neanderthalensis

en Le Moustier (Francia), al igual que entre los protocromañones, de los que luego hablaremos, que también aparecen asociados a astas de cérvido junto al niño de Qafzeh (Israel) (hace unos 50.000 años) y a la mandíbula de jabalí dispuesta sobre un adulto de Skhul V (Israel) (hace unos 120.000 años). El esqueleto del neandertal de Kebara (Israel) aparecía sin cráneo. El resto se encontraba excelentemente bien conservado. La desaparición del cráneo ha sido interpretada como una acción deliberada, pero de la que se desconoce su verdadera motivación. Un caso excepcional y polémico entre los investigadores es el yacimiento de la cueva de Shanidar IV, en el Kurdistán iraquí, con enterramientos de al menos siete individuos adultos y dos infantiles. Asociada a estos fósiles apareció una gran cantidad de polen en la tumba, perteneciente a vistosas flores de varias especies, lo que ha llevado a proponer para esta sepultura una ofrenda floral sobre los cadáveres. Estas variedades de flores aún crecen en primavera en esa zona iraquí.

Aparte del cuidado de sus muertos, y al igual que hacían los grupos anteriores, también se ha constatado que cuidaron a sus congéneres enfermos. Como ya se apuntó para algunos individuos de la Sima de los

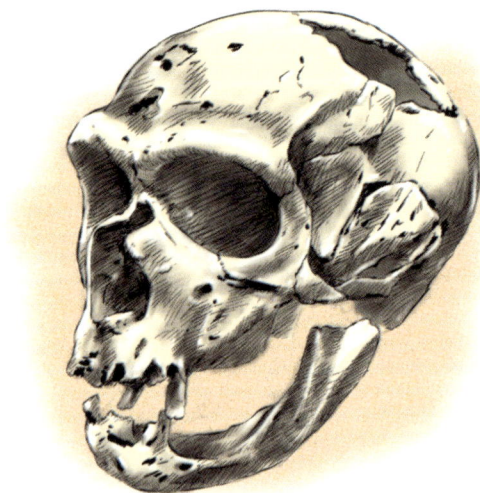

Cráneo de Homo neanderthalensis,
el «viejo» de La Chapelle-aux-Saints

Huesos, los neandertales también ayudaron a aquellos que padecían y sufrían lesiones, enfermedades degenerativas o alguna malformación. Pongamos por caso al *Viejo* de La Chapelle aux Saints (Francia), un adulto sin muelas y con graves dolores producidos por artritis en su cadera y cervicales, o el individuo Shanidar 1 (Irak) que sobrevivió a sus heridas y amputaciones con los cuidados del clan. Se ha encontrado además algún ejemplo de canibalismo entre los neandertales, como el del yacimiento francés de Moula Guercy.

A tenor del comportamiento funerario de los neandertales es difícil dudar de las capacidades intelectivas y de abstracción de estos humanos. Aunque diferentes a nosotros, también gozaron de unos códigos y significados simbólicos, de pensamientos y sentimientos. Su lenguaje estético es aún desconocido para muchos por lo escaso del registro conservado y, desde luego, no tiene los rasgos ni el aspecto del arte del Pleistoceno final que conoceremos en seguida. Sin embargo, estos grupos tenían cierta capacidad de expresión artística en forma de adornos corporales y ornamentos personales. En la Grotte du Renne (Francia) se halló una industria discutida por los especialistas, el denominado de forma clásica como *chatelperronense*. Se trata de unas herramientas que están en la línea de los modos tecnológicos asociados a los *sapiens*, Modo 4, pero que aún conservan rasgos típicos del Modo 3. Además de esta extraña industria de transición, junto a los neandertales aparecieron hasta una treintena de objetos de adorno como marfiles trabajados, huesos y dientes perfora-

Ornamentos de la Grotte du Renne

dos, fósiles y otras materias exóticas (pirita) que parecían estar recogidas por su rareza. Incluso trozos de ocre (óxido de hierro o hematites) que se suponen empleados como pigmentos para el colorido del cuerpo u otras funciones aislantes y protectoras, pero que aún ignoramos. Este es un hecho evidente de algo que se nos escapa y que no podremos descifrar, pero que no niega el simbolismo de estas poblaciones rudas y fuertes que vivieron en un clima hostil durante el Pleistoceno superior europeo.

Los neandertales desaparecieron de Europa durante un periodo frío ocurrido hace entre 40.000 y 30.000 años y coincidiendo con la invasión de las poblaciones de *Homo sapiens* llegadas de África. La extinción de los neandertales no fue brusca, sino que poco a poco fueron reduciendo su área de distribución hasta quedar relegados a sus últimos refugios en la Península Ibérica y en regiones del centro de Europa. La pregunta que todos nos hacemos es si los neandertales se mezclaron con las poblaciones de *Homo sapiens* y tuvieron descendencia. En otras palabras, ¿somos nosotros, los europeos actuales, descendientes de la combinación genética de los neandertales con las poblaciones de *Homo sapiens* llegadas de África? La pregunta se puede responder ahora desde dos perspectivas muy diferentes.

Hemos visto que los neandertales tienen una anatomía ósea muy particular, con muchos caracteres exclusivos, que no encontramos en otras especies. Si se hubiese producido un mestizaje entre ellos y las poblaciones de *Homo sapiens* sus descendientes habrían tenido una anatomía intermedia. Si ese mestizaje hubiera sido de gran intensidad es seguro que ya hubiésemos encontrado los restos fósiles de estos individuos en algún yacimiento. Pero esto aún no ha sucedido. El registro fósil del Pleistoceno superior de Europa sólo dispone de restos de verdaderos neandertales y de individuos de nuestra especie. Algunos investigadores afirman haber encontrado fósiles de anatomía intermedia en Portugal y Hungría, pero se trata de casos aislados y muy discutidos.

Los análisis genéticos son aún más contundentes en sus conclusiones. Cuando ha sido posible encontrar e identificar pequeños fragmentos de ADN mitocondrial en restos fósiles de neandertales, los resultados indican unas diferencias entre los neandertales y los humanos modernos tres veces mayor que la encontrada entre cualesquiera dos poblaciones de nuestra especie. Además, el ADN mitocondrial de restos fósiles de las primeras poblaciones modernas llegadas a Europa tiene una gran similitud con el de las poblaciones europeas actuales y se diferencia en gran medida del ADN mitocondrial de los neandertales.

Esto no quiere decir que pudieran darse casos aislados de mestizaje entre los neandertales y los nuevos invasores de Europa. Sin embargo, por razones que difícilmente llegaremos a conocer, esas posibles mezclas no ocurrieron de manera habitual y los actuales europeos no llevamos en nuestro patrimonio genético la herencia particular de los neandertales.

Capítulo 10
Origen y evolución de *Homo sapiens*

En el capítulo 8 explicamos que hace aproximadamente 600.000 años pudo ocurrir una expansión demográfica hacia Europa de homínidos procedentes del este de África o Próximo Oriente. Estos homínidos deberían corresponder a una población de *Homo antecessor* derivada de los primeros representantes de la especie, que ya habían ocupado las regiones meridionales de Europa miles de años atrás. Los nuevos emigrantes llevaron consigo la tecnología del Modo 2 y una nueva cultura y acabaron por transformarse en la población neandertal, como explicamos en el capítulo anterior. Los grupos que se quedaron en África y Próximo Oriente siguieron su propia historia evolutiva. En otras palabras, se produjo una escisión de la población que vivía en estas regiones, que formaron dos linajes evolutivos independientes.

Así como el linaje europeo se conoce muy bien gracias sobre todo a los descubrimientos realizados en la Sierra de Atapuerca, el linaje africano permanece todavía inmerso en una relativa oscuridad. De este linaje podemos citar el cráneo de Bodo, que fue encontrado en Etiopía, tiene una antigüedad de 600.000 años y se parece mucho a sus primos del linaje europeo. Por ejemplo, se ha señalado siempre el parecido entre este cráneo africano y el cráneo de Petralona.

Otro cráneo muy bien conservado, pero sin cronología bien determinada, es el de Kabwe (Zambia). Finalmente podemos citar otros restos craneales más fragmentarios de este linaje africano, como los de Florisbad, Saldanha y Elandsfontein (Sudáfrica),

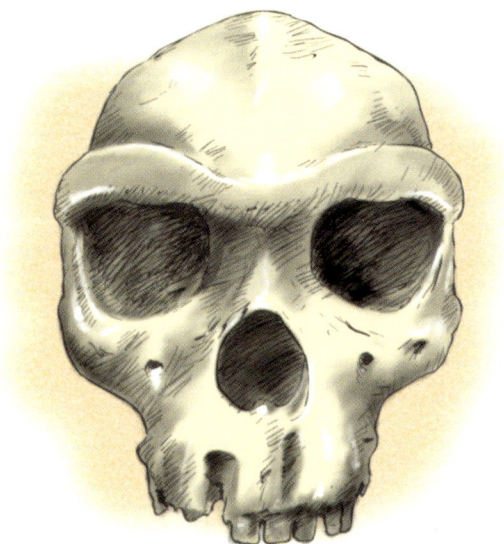

Homo rhodesiensis

Salé (Marruecos) y Ndutu y Eyasi (Tanzania). Todos estos restos fósiles pertenecen al Pleistoceno medio de África y su antigüedad se cifra entre 600.000 y 250.000 años. Aunque el registro fósil es todavía muy limitado, podemos agrupar a todos estos fósiles en la especie *Homo rhodesiensis*. Este nombre específico se debe a sir Arthur Smith Woodward y alude a Rhodesia, antigua denominación de Zambia. Fue en este país africano donde en 1921 se encontró el cráneo de Kabwe (antiguamente denominado Broken Hill), que da nombre a este linaje africano.

Esqueletos modernos

Hace unos 250.000 años, coincidiendo con el inicio de la definitiva diferenciación de los neandertales en Europa, las poblaciones de homínidos africanos experimentaron un cambio evolutivo de gran trascendencia para nosotros, los humanos actuales. El esqueleto poscraneal comenzó a reducir su masa ósea y, por tanto, su peso. La pelvis redujo sus dimensiones, de manera que todo el esqueleto se aligeró. Empleando un término más culto, se dice que nuestro esqueleto óseo adquirió una mayor gracilidad.

De manera paralela, el cráneo comenzó su transformación hacia la morfología moderna. El neurocráneo se acortó y creció en altura. El hueso frontal adquirió una posición más vertical y abandonó definitivamente esa inclinación característica de homínidos anteriores. El neurocráneo tomó así una forma cada vez más esférica. El torus supraorbitario comenzó también a reducirse, de modo que hoy día apenas conservamos unos arcos superciliares algo marcados, sobre todo en el sexo masculino.

Un proceso muy interesante fue el acortamiento del hueso esfenoides. Este hueso tiene una forma muy complicada y se localiza en la base del cráneo, entre el occipital (cerca del foramen magno o agujero occipital) y los huesos palatino y maxilar. El acortamiento del esfenoides produjo un retroceso de todo el esplacnocráneo o cráneo facial. Así fue desapareciendo la proyección de la cara, que caracterizó en mayor o menor grado a todos los homínidos anteriores. El cráneo facial comenzó a girar hasta situarse por debajo de la llamada fosa craneal anterior o parte anterior de la bóveda del neurocráneo. Los senos del maxilar se redujeron y el hueso situado debajo de las órbitas (plano infraorbital) quedó inclinado hacia atrás, con una depresión característica, llamada fosa canina. Esta morfología del plano infraorbital ya había aparecido en *Homo antecessor*, al menos en los individuos juveniles, y terminó por quedar fijada en los adultos. Finalmente, la mandíbula se hizo más grácil, apareció el mentón óseo y los dientes sufrieron un proceso de reducción, especialmente los incisivos y caninos.

Todos estos cambios ocurrieron en un tiempo relativamente corto. Hace unos 160.000 años, los homínidos tenían ya un aspecto tan «moderno» que deben clasificarse dentro de nuestra especie. Los cráneos modernos más antiguos que se conocen fueron encontrados en 1997 en la región del Middle

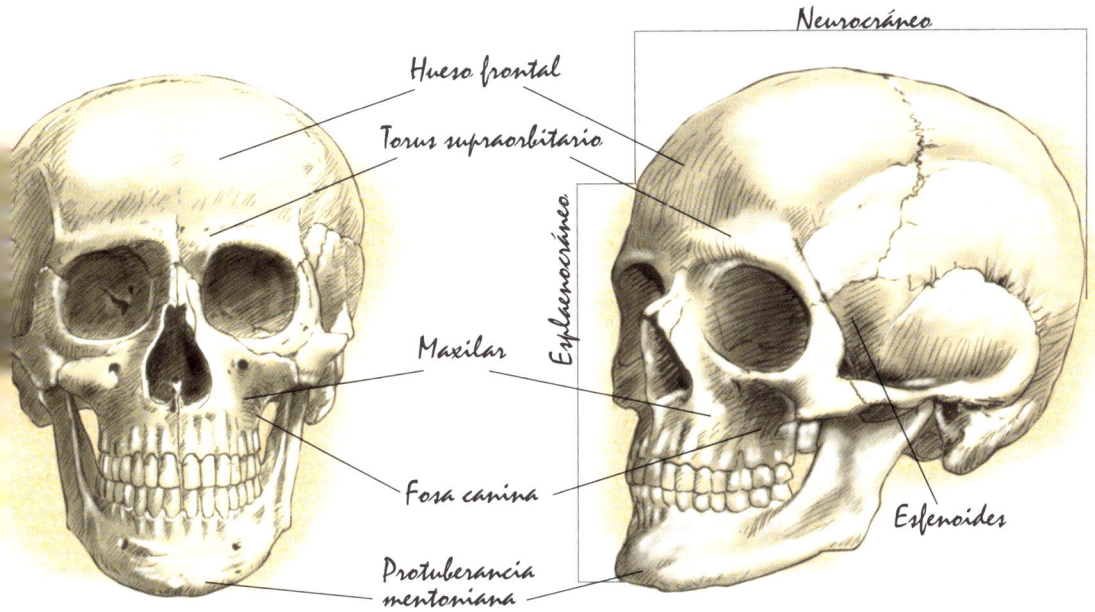

Neurocráneo

Hueso frontal

Torus supraorbitario

Esplacnocráneo

Maxilar

Fosa canina

Esfenoides

Protuberancia
mentoniana

Awash, en Etiopía. Nuevamente comprobamos la importancia de esta región del este de África para conocer la evolución humana. Se trata de cuatro cráneos, tres de individuos adultos y uno de un niño de unos seis años, que muestran ya una fase muy avanzada de los «procesos de modernización» que acabamos de describir. Estos cráneos se conocen en la literatura científica como los homínidos de Herto, que es el nombre de los niveles estratigráficos donde fueron localizados.

Hace entre 150.000 y 100.000 años las poblaciones de aspecto moderno se extendieron por el continente africano. Los restos fósiles de estas poblaciones han sido localizados en Sudáfrica (yacimientos de Border Cave, Bushman Rock, Cave of Hearths, Langebaan y Klasies River Mouth, entre otros), Tanzania (Ngaloba 18), Marruecos (Jebel Irhoud), Sudán (Singa), Kenia (Turkana) y Etiopía (Eliye Springs, Omo 1 y 2). Todos estos yacimientos dan testimonio de la aparición de *Homo sapiens* en África.

Hace al menos entre 120.000 y 90.000 años las poblaciones de *Homo sapiens* llegaron a Próximo Oriente, como lo demuestran los yacimientos de Skhul y Jebel Qafzeh, en el actual estado de Israel. Las poblaciones modernas se encontraron allí con los neandertales, que estaban entonces en pleno proceso de expansión demográfica, como explicamos en el capítulo anterior. Nuestra especie no entró en Europa hasta hace entre 50.000 y 40.000 años. Esto quiere decir que las dos especies, *Homo neanderthalensis* y *Homo sapiens*, mostraron un equilibrio de fuerzas durante miles de años. Los dos linajes, uno europeo y otro africano, tenían un mismo grado de complejidad cultural y rasgos biológicos similares, aunque con profundas diferencias morfológicas en su aspecto físico. La separación entre los dos linajes durante medio millón de años fue suficiente para producir diferencias muy llamativas en el rostro y en todo el cuerpo, unos altos y esbeltos, otros más bajos, robustos y pesados. Tal vez en ello resida la razón por la que los neandertales y modernos no se mezclaron entre sí.

El fin de una especie

La extinción de los neandertales y su sustitución por *Homo sapiens* ha preocupado a los científicos desde hace muchos años. A todos nos gustaría tener una respuesta definitiva para esta cuestión. Pero lo cierto es que estamos ante un problema difícil de resolver. Hemos contado en el capítulo anterior que los neandertales tenían características biológicas similares (que no idénticas) a las de *Homo sapiens* y un bagaje técnico y cultural también muy parecido. ¿Entonces?, ¿cómo podemos explicar la desaparición de una de las dos especies en tan corto periodo de tiempo?, ¿qué ocurrió realmente? Vamos a seguir un razonamiento lógico para aproximarnos al problema y luego dejaremos que el lector haga un ejercicio de imaginación para completar el esquema siguiendo su propio criterio.

Un hecho incuestionable es que hace unos 50.000 años nuestra especie comenzó una expansión demográfica imparable. Esta expansión se pudo lograr de dos maneras: aumentando la tasa de fertilidad de las mujeres o reduciendo la tasa de mortalidad infantil. En nuestra opinión y puesto que *Homo neanderthalensis* y los primeros *Homo sapiens* tuvieron unos rasgos biológicos muy similares, nos parece muy juicioso pensar que la tasa de fertilidad fue muy parecida en las dos especies. Así que vamos a considerar la opción alternativa: hace unos 50.000 años disminuyó la tasa de mortalidad infantil en *Homo sapiens*. Como consecuencia de ello, aquellas poblaciones del Pleistoceno superior experimentaron un crecimiento demográfico y comenzaron a expandirse por todo el mundo.

Si avanzamos en el razonamiento tenemos ahora que explicar cómo consiguieron aquellos «sapiens» disminuir su tasa de mortalidad infantil. Antes de seguir adelante, debemos recordar a los lectores que las

poblaciones humanas cazadoras y recolectoras que aún persisten en la Tierra, como los bosquimanos del desierto de Kalahari en el sur de África, tienen una mortalidad infantil de los niños menores de diez años en torno al 50 por ciento. La única manera de reducir esa cifra tan elevada sin recurrir a las modernas técnicas médicas es lograr más y mejores recursos para alimentar a las madres y a sus hijos.

Lo que diremos a continuación es difícil de probar, pero nuestra opinión es que aquellos «sapiens» del Pleistoceno superior mejoraron determinadas capacidades intelectivas, como la innovación, creatividad e iniciativa, además de conseguir una mejora en sus sistemas de comunicación. Esto último les permitiría establecer alianzas duraderas y eficaces entre los clanes. Aunque los cambios fueran muy sutiles y el resultado consistiera en lograr un pequeño incremento de la supervivencia de los hijos, a lo largo de cientos y miles de años el resultado sería espectacular.

No se pueden descartar enfrentamientos físicos entre los neandertales y los «sapiens» porque, al fin y al cabo, se trató de un caso de competencia entre dos especies con un mismo nicho ecológico, en los mismos ecosistemas, como ha ocurrido millones de veces en el Planeta.

El último viaje

Hace 40.000 años los humanos modernos, los verdaderos antecesores directos de los europeos actuales, habían atravesado ya toda Europa y se habían instalado en el Norte de la Península Ibérica, según lo demuestran yacimientos como el Abric Romaní en Barcelona y la Cueva del Castillo en Cantabria. 12.000 años más tarde los neandertales prácticamente se habían extinguido y *Homo sapiens* se había adueñado de todo el territorio europeo.

Es muy conveniente explicar que los primeros humanos modernos se encontraron en el Sur de Francia, en el yacimiento de Cro-Magnon, cerca de la localidad de Les Ezyes de Tayac y no lejos de la famosa Cueva de Lascaux. Este hallazgo ocurrió en 1868 y desde entonces los primeros humanos modernos que llegaron a Europa han sido conocidos con el popular nombre de «cromañones».

Hace más de 50.000 años las poblaciones de *Homo sapiens* debieron sortear el territorio ocupado por los neandertales y se dirigieron hacia regiones de Asia. En estas regiones se encontraron con los descendientes de los primeros *Homo erectus*, que habían sido capaces de prosperar en Asia durante cerca de dos millones de años. No se conoce todavía bien la historia evolutiva de la mayoría de las regiones asiáticas. La mejor documentación procede de China y de la isla de Java.

En China existieron homínidos parecidos a los *Homo erectus* más antiguos de Java. Quizá el yacimiento más conocido es el de Zhoukoudian (en castellano Chukutien), que durante finales de los años veinte y en los años treinta del siglo XX fue una de las estrellas de la Paleontología Humana, por la can-

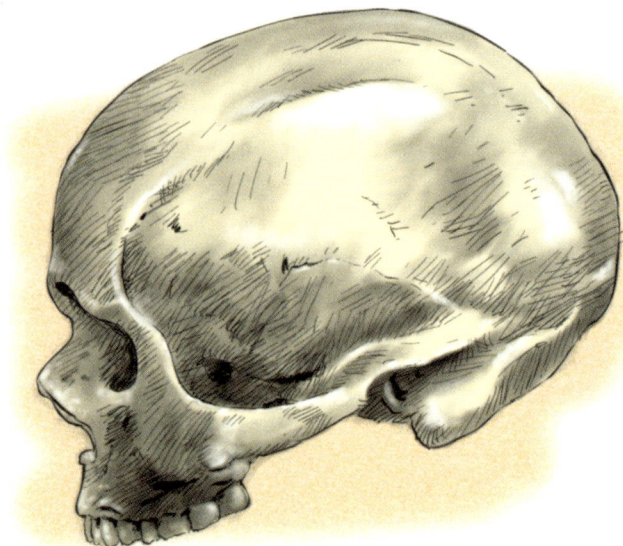

Cráneo de Cro-magnon
Homo sapiens

tidad y calidad de los fósiles humanos hallados en esa cueva, cercana a la capital Beijing (Pekín). Desafortunadamente, durante la segunda guerra mundial, en 1941, las tropas norteamericanas trataron de trasladar los fósiles humanos de Chukutien desde Pekín a Estados Unidos y desaparecieron durante el viaje. Lo que verdaderamente ocurrió con estos fósiles es todavía un enigma sin resolver. Aparentemente, los fósiles deberían haber sido embarcados en el puerto de Tianjin, en un buque de carga norteamericano. Pero este barco fue torpedeado y hundido en el puerto. Los fósiles de la cueva de Chukutien pertenecían a unos 40 individuos de una antigüedad de entre 550.000 y 300.000 años y fueron en principio clasificados por Davison Black (primer director de las excavaciones) como *Sinanthropus pekinensis*. Años más tarde, los fósiles de Chukutien serían incorporados a la especie *Homo erectus*.

En China se han encontrado otros restos de *Homo erectus*, como la mandíbula de Lantian o los cráneos de Yunxian, que tienen una antigüedad de entre 700.000 y 800.000 años. Otros restos chinos de *Homo erectus* más recientes son el cráneo número 5 de la propia cueva de Chukutien y la calvaria de Hexian. La especie *Homo erectus* está representada en la isla de Java hasta tiempos muy recientes. Podemos citar el cráneo Sangiran 17 y la calota de Trinil, que tienen una antigüedad de hace entre un millón y medio millón de años. Pero *Homo erectus* llegó a vivir en esta isla hasta hace unos 100.000 años, como lo demuestran los hallazgos de la calvaria de Sambugmacan y las catorce calvarias encontradas en las terrazas del río Solo, cerca de Ngandong. Es importante aclarar que durante largos periodos de tiempo, el archipiélago de Indonesia estuvo unido al continente. Las aguas que circundan las actuales islas de Java, Sumatra o Borneo tienen una profundidad máxima de unos 100 metros, especialmente entre las diferentes islas.

Las excavaciones en China, sin embargo, parecen demostrar la llegada de otras poblaciones, tal vez de origen africano. Los cráneos de Dali y Maba y el esqueleto de Jinniushan tienen una antigüedad de hace entre 100.00 y 300.000 años y su morfología recuerda más a los homínidos africanos clasificados como *Homo rhodesiensis* que a los de *Homo erectus*. El

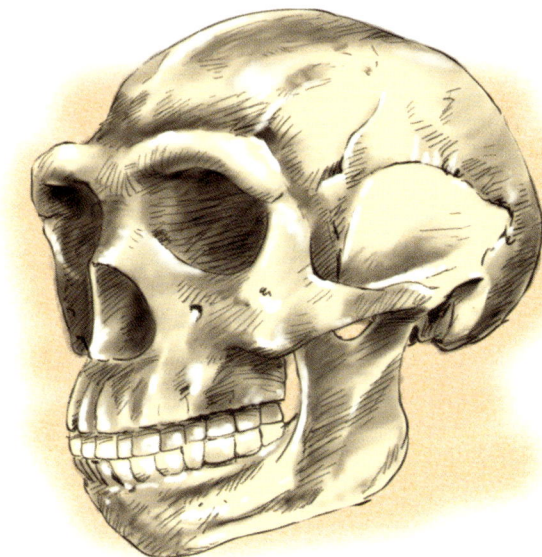

*Reconstrucción del cráneo del
Homo erectus de Zhoukoudian*

estatus taxonómico de estos fósiles todavía no está
resuelto. Lo que sí parece confirmado es que hace
menos de 100.000 años aparecen en China las primeras poblaciones totalmente modernas. Con pos-
terioridad, hace unos 30.000 años, o quizá antes,
nuestra especie había llegado a Australia. Los yacimientos del lago Mungo, Keilor y Willandra Lakes
muestran evidencias de la colonización de Australia
en esa época. Según algunos investigadores del primer poblamiento americano, llegamos a ese continente hace unos 40.000 años cruzando la región del
mar de Bering, cuando el descenso del nivel del mar
lo permitió. Otros investigadores creen que esto sucedió hace tan sólo 18.000 años.

Teorías enfrentadas

Todo lo que hemos explicado en este capítulo sobre el origen de nuestra especie y su posterior expansión demográfica por el resto del planeta se fundamenta en lo que nos dicen los fósiles. Esta lectura del registro fósil y otros datos que ahora comentaremos ha dado lugar a la teoría que tiene más aceptación entre los científicos para explicar el origen de *Homo sapiens*. Nos referimos a la teoría del «Out of Africa», así llamada en recuerdo del libro de Isaac Dinesen y de la película del mismo nombre dirigida por Sidney Pollack en 1985. Esta teoría o modelo evolutivo también se ha denominado de «La Eva Negra» o del «Arca de Noé», utilizando referencias bíblicas. Según este modelo, la especie *Homo sapiens* apareció en África hace entre 150.000 y 200.000 años y se extendió por Europa y Asia, sustituyendo a las poblaciones autóctonas de *Homo neanderthalensis* y *Homo erectus*. Este modelo no descarta hibridación entre estas especies y las poblaciones modernas, pero a una escala mínima, que no dejó evidencias en el patrimonio genético de las poblaciones actuales.

Algunos científicos aún defienden un modelo alternativo, que se denomina «Multirregional» o en «Candelabro». Este modelo es heredero de una forma de entender el registro fósil entre los años treinta y los años sesenta del siglo pasado por eminentes científicos como Franz Weidenreich y Carleton Coon. Según estos científicos, las poblaciones de homínidos africanos, asiáticos y europeos evolucionaron en paralelo durante el Pleistoceno para dar origen a nuestra especie de manera independiente. Las razas o etnias actuales no serían sino una consecuencia de esa evolución paralela durante muchos miles de años. Este modelo dio lugar a la escuela poligenista, que reforzó desgraciadamente las ideas racistas que querían ver a toda costa desigualdades biológicas entre los humanos. Así se podía justificar una supuesta superioridad de alguna o algunas de las razas.

Una versión más actual de este modelo defiende que siempre existió contacto entre todas las poblaciones pleistocenas, evitando que el transcurso de un tiempo tan prolongado diera lugar a la aparición de especies diferentes. Esta versión actual del modelo poligenista desea evitar el racismo y sostiene que todas las poblaciones de homínidos ancestrales habrían participado en la formación de nuestra especie.

Según el modelo de la Eva Negra, las etnias actuales son consecuencia de adaptaciones menores al clima. 100.000 años son suficientes para que las poblaciones que abandonaron África y ocuparon prácticamente todas las regiones del planeta se adaptaran a los diferentes climas. El color de la piel no es sino una consecuencia de adaptaciones a la radiación solar. En las regiones con gran insolación es necesario protegerse de las radiaciones ultravioleta que producen cáncer de piel. En las regiones poco soleadas, una piel oscura impediría recoger las escasas radiaciones ultravioleta que permiten la formación de vitamina D. La falta de esta vitamina produce raquitismo. Otros caracteres muy visibles, como la estatura o ciertos rasgos de la cara también se producen por el clima o por deriva genética. Desde el punto de vista genético, las diferencias son insignificantes. El análisis del genoma de todas las poblaciones indica diferencias mínimas entre todos los humanos y señala al continente africano como el origen de nuestra especie.

Por otro lado, algunos investigadores están consiguiendo extraer ADN mitocondrial de restos fósiles de algunos ejemplares de la población neandertal. Por el momento, esta línea de investigación está en sus inicios, pero, como ya señalamos anteriormente, los resultados preliminares indican una distancia genética entre los neandertales y las poblaciones modernas tres veces mayor que la que se obtiene cuando se comparan dos poblaciones actuales cualesquiera.

El triunfo de la creatividad

Hace unos 40.000 años los humanos ya éramos modernos en todos los sentidos. En el plano biológico y fisiológico habíamos desarrollado una morfología esquelética grácil junto a un encéfalo voluminoso y complejo que mejoró nuestras habilidades cognitivas y de supervivencia. El cerebro humano almacenó nuestro pensamiento abstracto y la capacidad simbólica así como los conocimientos sociales necesarios para la cohesión de los grupos y para poder comunicarnos con nuestros congéneres. El habla humana y su carga simbólica nos permitieron mantener y construir relaciones sociales más allá de las fronteras biológicas. Todas estas adquisiciones fueron producto de largas historias y episodios evolutivos que hemos ido conociendo hasta este momento.

Las poblaciones de finales del Pleistoceno que reconocemos como cazadores recolectores del Paleolítico superior, tuvieron un conocimiento efectivo de su mundo, además de conciencia y creatividad. Contaron con una tecnología ingeniosa y eficaz, a pesar de su aparente simplicidad. Sobrevivían en aquellos paisajes duros con unas formas básicas de subsistencia: recolectando plantas y frutos silvestres y cazando animales salvajes. La vida de estos grupos en la época glaciar, a menudo, se nos presenta difícil de entender porque los imaginamos en función de nuestros modos de vida actuales. Sus formas de enfrentarse al medio ambiente, del que dependían habitualmente, nos dejan ver su esfera cotidiana. Aunque no podamos reconocer entre los registros fósiles ni arqueológicos mucho de su psiquismo, de sus emociones o conflictos, seguro que sus vidas estaban llenas de experiencias, dificultades, sufrimientos, pensamientos y sentimientos como cualquiera de nosotros, los humanos modernos.

La dinámica de aquel mundo, perdido hace tanto tiempo, podemos reconstruirla, una vez más, gracias a los restos de sus actividades que han permanecido ocultas y enterradas entre los sedimentos de muchas cuevas, abrigos y estaciones al aire libre. Estos restos arqueológicos nos permiten hacernos una idea aproximada de cómo era su vida cotidiana. Sólo disponemos de tramos incompletos para ello. Muchos no han llegado hasta nosotros, o ni siquiera sabemos

Inuit de América del Norte

Bosquimano

que existen y no los descubriremos nunca, pero podemos conocer sus vidas, bastante más cercanas a las nuestras de lo que pensamos. Existen, además, algunos pueblos en la actualidad que mantienen formas de vida similares a las del pasado. Recordad a los lapones y kamchatcalos en el Este asiático, Siberia y Mongolia, a los Inuit de América del Norte, a los habitantes de la Patagonia, los pigmeos y bosquimanos de África del Sur y a los aborígenes australianos.

Imaginemos un paisaje hostil de llanuras gélidas con tormentas de nieve y viento. Los glaciares se extienden por las cumbres y el hielo cubre la superficie de los valles altos. Los mamuts escarban entre la nieve y el hielo buscando briznas de hierba y algún musgo que poder comer. Aquella tribu de *sapiens* recorre incansablemente valle tras valle hasta llegar a su refugio de invierno. Se trata de una pequeña tribu donde mujeres, hombres, niños y ancianos se desplazan estacionalmente buscando climas mejores. Estos fueron los paisajes donde se establecieron los humanos durante el máximo frío, hace unos 20.000 años. Pero, cuando el *Homo sapiens* llegó a Europa, ¿cuál era el aspecto del continente en aquellos momentos?

La extensión de las tierras europeas era distinta a como podemos verlas hoy. El nivel del mar estaba más bajo, unos 50 metros menos que las líneas de costa actuales, dependiendo de las zonas geográficas. Las regiones montañosas del norte y centro de Europa permanecían recubiertas de hielo y rodeadas de estepas gélidas e inhabitables. El área meridional bañada por el Mediterráneo ofrecía mejores territorios para asentarse, con ambientes fríos pero soportables para las poblaciones humanas, vegetales y animales. Siempre pensamos en la Europa de las glaciaciones con fases de intenso frío, pero no reparamos en las fases de bonanza climática que también sucedían a las más frías. Estos cambios y mejoras en los ambientes aparecen también reflejados en los registros geológicos y paleoambientales que descifran el entorno en que vivieron estos cazadores recolectores.

Hace tan solo 25.000 años empezó de nuevo una época de grandes fríos. Hacia el 18 000 se ha constatado el gran desarrollo del casquete polar. Casi un

Máximo desarrollo del casquete polar hace 18.000 años

Mamut (*Mamuthus primigenius*)

tercio de las tierras emergidas se cubrieron de hielos. Resultaba un panorama inhóspito, con vientos glaciales y vegetación escasa y pobre que hoy solamente imaginamos en las estepas frías siberianas y en las tundras árticas. Alrededor del 15 000, las temperaturas volvieron a ascender, los hielos comenzaron a fundirse y el nivel del mar empezó a subir. Allí donde antes sólo hubo tundra, se extendieron las masas forestales. Reaparecieron los bosques y las llanuras herbáceas arboladas. Todos estos cambios ambientales influyeron en algunas especies animales, que no lograron adaptarse, retirándose a otras latitudes mejores o desapareciendo.

Estos biotopos (espacios ecológicos donde viven e interaccionan los animales y plantas, y por supuesto, el hombre) fueron cambiando a medida que avanzó el Pleistoceno y se acercaba el Holoceno (hace 10.000 años). Las faunas adaptadas a los ambientes árticos y de estepa, como el rinoceronte lanudo (*Coelodonta antiquitatis*), el reno (*Rangifer tarandus*), el antílope saiga (*Saiga tatarica*), el buey almizclero (*Ovibos moschatus*), el mamut (*Mamuthus primigenius*), el glotón (*Gulo gulo*), el zorro ártico (*Alopex lagopus*) y otros animales como la hiena de las caver-

Ciervo gigante (Megaloceros giganteus)

nas (*Crocuta crocuta*), el león de las cavernas (*Panthera spelaea*), el oso de las cavernas (*Ursus spelaeus*), el elefante (*Elephas antiquus, Palaeoloxodon antiquus*), fueron dejando paso a faunas más euritermas (mejor adaptadas a diversos ambientes templados). Todavía podían verse grandes herbívoros como el uro (*Bos primigenius*), el bisonte europeo (*Bison priscus*), el megaceros (*Megaloceros giganteus*), caballos de distintas especies (*Equus ferus, Equus hydruntinus*), junto a otros habitantes de bosques y roquedas como los ciervos y cabras, zorros, lobos, comadrejas, tejones, martas, etc.

En los momentos finales del Pleistoceno, tras el máximo glaciar, los bosques de coníferas y los paisajes abiertos con bosques densos en los valles abrigados se convierten poco a poco en los entornos de estas poblaciones humanas. En ellos van a encontrar su sustento a la hora de alimentarse de vegetales y animales. Entre sus presas de caza encontramos fundamentalmente a los ciervos (*Cervus elaphus*), gamos (*Dama dama*), corzos (*Capreolus capreolus*), cabras (*Capra pyrenaica, Capra ibex*), rebecos (*Rupicapra rupicapra*), caballos (*Equus caballus*), bóvidos (*Bos / Bison*), jabalíes (*Sus scropha*), zorros (*Vulpes vulpes*), conejos (*Oryctolagus /Lepus*), y pequeños mamíferos y roedores que comparten también estos ecosistemas (*Arvicola, Microtus, Erinaceus, Talpa, Sorex...*). Hablaremos de su dieta más adelante.

El hombre prehistórico conocía muy bien su entorno. Era sabedor de los ciclos naturales, de las costumbres de los animales, de las propiedades de las plantas y de sus usos medicinales y terapéuticos... Conocía su territorio, donde vivía y se alimentaba, cazaba y recolectaba y en función de ello desarrollaba unas formas adecuadas de subsistencia. Era consciente de que los animales se desplazaban buscando nuevos pastos cada estación, conocía sus rutas de migración y sus movimientos cada época del año. Diferenciaba los grupos de machos, hembras y crías, percibía sus momentos de debilidad física (durante la primavera en las hembras, y en el otoño los machos), y vigilaba sus descuidos para atacar las manadas. Todas estas tácticas eran planificadas conscientemente para asegurarse el éxito en la caza. De ella dependía la vida de su tribu, que esperaba el alimento.

Anochecía en algún lugar de la Europa helada hace 35.000 años. La luz del fuego se relajaba y movía las sombras en las paredes de la gruta. Todos los que se juntaron al calor de aquella hoguera eran miembros de la misma familia, tenían la frente alta, un pequeño mentón y la gracilidad de su cuerpo nada tenía que ver con aquellos otros hombres que vivían en los valles cercanos, más robustos, y de costumbres diferentes. La vida de aquellos extraños recién llegados del este, acusaba la dureza de estos climas gélidos y oscilantes que dominaban el extremo continental de Europa. Mientras preparaban y asaban la carne del ciervo que en ese día habían logrado matar, algunos hombres afilaban sus cuchillos de piedra, arreglaban sus lanzas y flechas rotas en la cacería y preparaban sus proyectiles de hueso para el día siguiente. Las mujeres espolvoreaban las pieles con polvo rojizo para conser-

varlas y poder limpiarlas de los restos de carne adheri-
dos. Otros miembros de la familia rompían algunos
huesos para extraer su tuétano y degustar el sabor de
la grasa. El resto de los huesos inservibles los echaban
al fuego para mantener la llama viva durante más
tiempo. Los pequeños adornaban sus cuerpos con algunos dientes que colgaban de sus ropas y cuellos.
Otros dibujaban en la piedra animales y figuras que
conocían a la perfección...

Esta escena cotidiana nos acerca a lo que pudo suponer el transcurso diario de las sociedades paleolíticas de *Homo sapiens* en tierras europeas. ¿Qué que-
dará de esta escena dentro de miles de años? Apenas
unos cuantos huesos rotos, tierras ennegrecidas por
el fuego del hogar, restos de piedras dispersos, esquirlas y pedacitos de sílex tallado, las puntas de flechas rotas, los colgantes de diente, y algún trozo de
placa de arenisca o caliza con trazos dibujados. Con
ello, los investigadores debemos recomponer el
puzzle de esta escena para conocer a sus protagonistas. Con suerte llegaremos a reconstruir las actividades que tuvieron lugar allí (qué comieron, cómo lo
cazaron y prepararon, con qué herramientas...), pero
desconoceremos qué pensaban, cuántos eran, sus lazos familiares o de parentesco, sus vínculos de grupo, sus creencias... Pese a todo, conocemos bien algunos aspectos de estas sociedades y sus estilos de
vida. Vamos a empezar a familiarizarnos con sus tecnologías, sus técnicas de caza y preparado de alimentos, sus hábitats, vestimenta, enfermedades, su
espiritualidad y simbolismo, sus creencias y rituales,
etc.

Hace 30.000 años, aproximadamente, las poblaciones de *sapiens* adquieren nuevas tecnologías y perfeccionan sus sistemas técnicos. Hasta entonces, como ya conocemos, éstos eran muy sencillos, pero, en el Paleolítico superior, las técnicas se planifican y el grado de complejidad de los conceptos es mayor, desde el diseño inicial preparatorio del útil hasta el producto acabado. Denominamos Modo 4 a los nuevos sistemas de fabricación de instrumentos.

Raspador

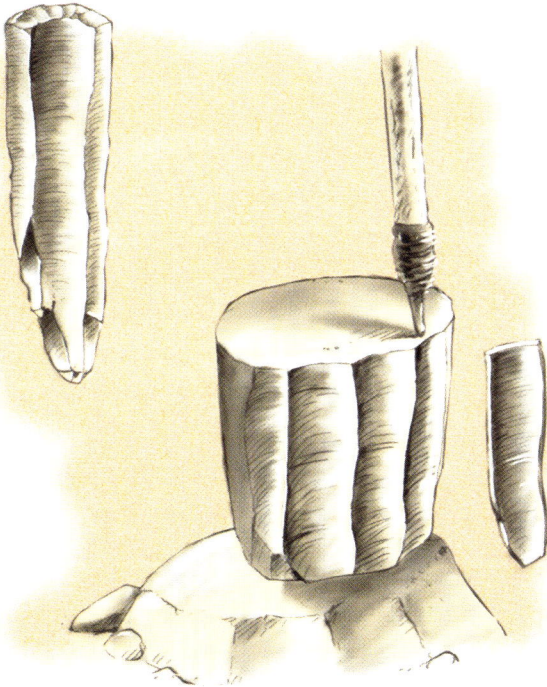

(Modo 4)
Se extraen las láminas por presión

Las habilidades para la talla y fabricación de herramientas líticas y óseas han mejorado considerablemente a la vista de los utensilios recuperados. El utillaje de los cazadores paleolíticos se mejoró y enriqueció con nuevos instrumentos, herramientas, armas y proyectiles que obtenían de núcleos de sílex, cuarcita y otros minerales, así como de otras materias óseas como las obtenidas de los huesos, cuernas y astas.

Al igual que ocurría en etapas anteriores, el principal método de fabricación de herramientas continúa siendo la percusión, pero ahora comienza a utilizarse la presión, el pulido o la perforación. Estas nuevas modalidades exigen unas habilidades motoras diferentes que coordinen mejor las manos con el cerebro. Entre ellas encontramos el uso de ambas manos en direcciones contrarias, algunos movimientos rotatorios y gestos específicos de fabricación de algunos utensilios. A menudo recogían sus materias primas a las orillas de los ríos (nódulos de cuarcita), los cantos de río, o a veces debían caminar muchos kilómetros, cada vez más, para encontrar ciertos materiales apreciados por sus cualidades, buscando las vetas de mineral y filones de sílex, cristal de roca, cuarzo, etc. Muchos de sus materiales eran aprovechados de las carcasas esqueléticas de los animales cazados, como los propios huesos, las astas de muchos cérvidos, el cuero, la piel, tendones, crines, marfil, algunos tipos de conchas, etc. A veces, si no eran abundantes en sus entornos, aprovechaban al máximo esas materias o bien las conseguían intercambiándolas con otros grupos de zonas lejanas en las que sí abundaban. Se ha documentado la presencia de algunas variedades de sílex y otros materiales que son originarios de otros ámbitos lejanos, en bastantes kilómetros, al propio lugar de asentamiento.

Los núcleos empiezan a explotarse de modo diferente para un mejor aprovechamiento de la materia prima y se conforman otros tipos de soportes primarios para la obtención de útiles: las hojas o láminas. A diferencia de las lascas, las láminas son más largas que anchas, y resultan más efectivas para crear filos cortantes de mayor longitud y superficie de acción. El equipamiento se diversifica y los procesos de manufactura y configuración de artefactos se hace más complicado y estandarizado. Estas industrias del modo tecnológico 4, las conocidas en la terminología clásica, como *auriñacienses* (38-28.000 años), *gravetienses* (29-22.000 años), *solutrenses* (22-17.000 años) y *magdalenienses* (17-12.000 años) (en referencia a los yacimientos donde se encontraron y definieron, Aurignac, La Gravette, Solutré, La Madeleine, todos ellos en Francia), son muy sofisticadas en formas y funciones. Esto significa que existe mucha variedad de útiles creados específicamente para funciones concretas. La mayoría de ellos relacionados con nuevas formas de aprovisionamiento de recursos naturales como la caza y la pesca: puntas de flecha en piedra, proyectiles líticos y óseos, las azagayas, varillas, arpones, etc. Otros son herramientas asociadas a la fabricación de otros utensilios, para el trabajo del hueso, madera y asta, o específicamente creados para la decoración y expresión artística (buriles, raspadores, perforadores, punzones, retocadores...). Algunos ya aparecían entre los equipamientos de otros sistemas técnicos anteriores como las raederas, algunos buriles y raspadores, etc. Sin duda, se mejoraron muchos de ellos de acuerdo a las nuevas funciones y se elaboraron nuevas piezas compuestas y multifuncionales (raspadores-buriles) según las necesidades de estas poblaciones.

Los novedosos y eficaces instrumentos para matar animales posibilitan unas nuevas y avanzadas modalidades de caza, a media y larga distancia. Estos objetos de reducidas dimensiones, los llamados microlitos, los mejores sistemas de enmangue a vástagos de madera, y utensilios como los propulsores, que lanzaban el arma a gran distancia alargando el bra-

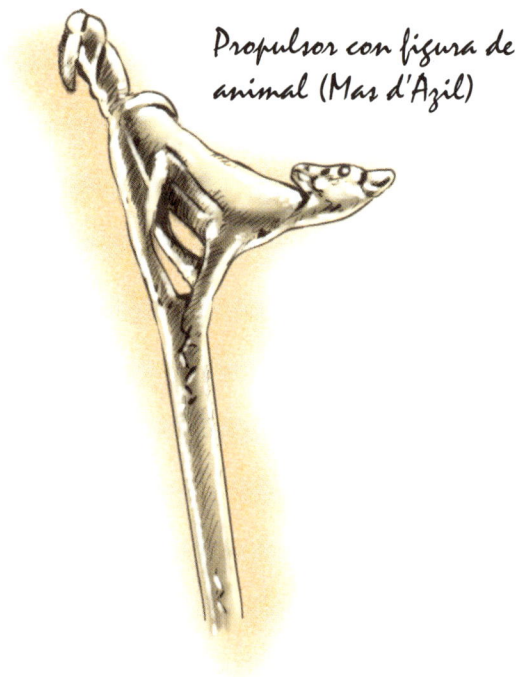

Propulsor con figura de animal (Mas d'Azil)

zo humano en varios metros, posibilitaron una caza con mayor probabilidad de éxito y menos peligrosa. Estas puntas, que ya hemos dicho podían ser de piedra o de hueso, actuaban como verdaderos proyectiles, rápidos y veloces, con mayor poder de penetración en el cuerpo de la presa, aseguraban una muerte más rápida del animal y el cobro de la pieza en menor tiempo. Eran además fácilmente reparables y recuperables pues permanecían entre los músculos de las presas hasta que éstas morían por desangrado. Las lanzas, flechas, venablos y arcos (constatado en los registros arqueológicos aproximadamente desde hace 23.000 años), se complementaban con el uso probable de hondas, boleadoras, lazos y trampas. El trampeo, conocido ya desde el Paleolítico medio en el ámbito mediterráneo, es una de las habilidades cinegéticas del Paleolítico para conseguir pequeñas y medianas presas (mamíferos, aves, reptiles...) gracias al empleo de trampas, en su mayoría fabricadas con fibras vegetales y pequeñas varas de madera, que no suelen conservarse en los yacimientos.

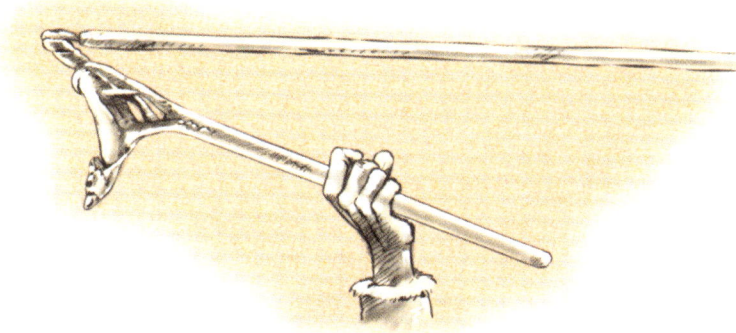

Método de lanzamiento con propulsor

A medida que avanza el Pleistoceno, las dietas de estos grupos se hacen más completas. Además de la carne y grasa animal, cuentan con una alimentación a base de vegetales (recolección de plantas, frutos, hongos...) a la que añadieron otros recursos como tortugas, aves y peces. En ciertas zonas próximas a las costas, fueron explotados también otros recursos acuáticos como los moluscos (marisqueo). De estos yacimientos nos han quedado conjuntos arqueológicos muy particulares de los que hablaremos posteriormente.

Debido a estas nuevas necesidades ligadas, sin duda, al aumento demográfico del final del Pleistoceno, surgieron formas de subsistencia más planificadas y nuevas herramientas, como todas las relacionadas con la pesca fluvial. La aparición significativa de arpones de hueso y anzuelos son una prueba más de la creciente mejora de las tecnologías del Paleolítico superior.

Con frecuencia se habla de la caza a finales del Pleistoceno como una actividad muy especializada en ciertas presas que se conseguían en cacerías masivas o individuales, a veces seleccionando por edad y sexo a los animales. En numerosos yacimientos, como Pincevent y Solutré (Francia), se han encontrado cientos de esqueletos animales que los investigadores han atribuido a una forma de caza en masa. Esto nos hace pensar en formas cinegéticas (de caza) en grupo o al menos cooperativas y organizadas, donde cada participante podía tener una función para atraer las manadas y darles muerte. En otras

Cabezas de arpón

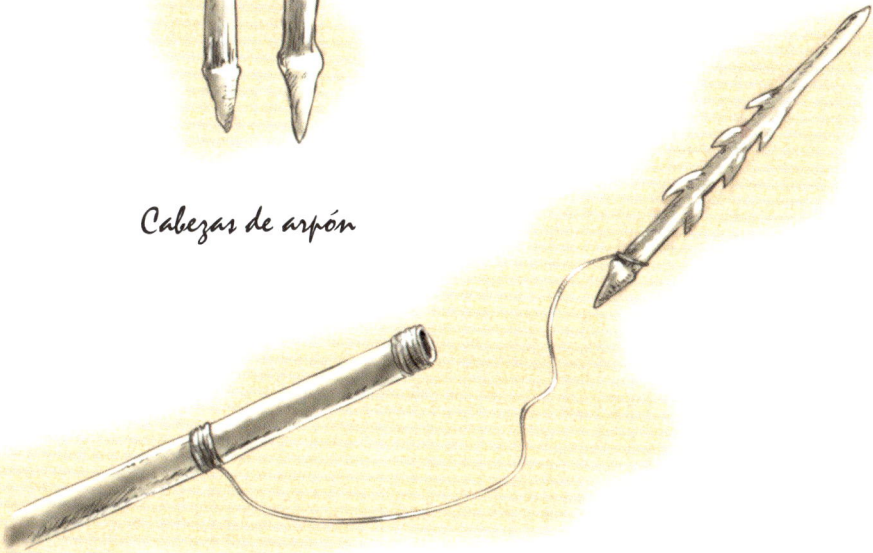

Sistema de anclaje y sujección del arpón

ocasiones, se han recuperado en los yacimientos faunas presumiblemente seleccionadas por edad (crías) y por sexo (hembras que acompañan a estas crías), como prueba de cierta previsión en las batidas.

Ya sabemos que, una vez obtenidas las presas, había que llevarlas al campamento para alimentar a toda la tribu o clan. Para ello, era necesario cuartear a los animales en trozos fácilmente transportables. Quizá se dejaran en los lugares de matanza las partes menos provechosas o de menor contenido cárnico, aunque bien es cierto que casi todo en el animal era aprovechado, ya fuera como alimento o como materia prima para fabricar herramientas. Conocemos estos preparativos «culinarios» de los despieces anatómicos por las marcas que dejaban sus cuchillos de piedra en las superficies de los huesos, de los que hablamos ya en anteriores capítulos. Se localizaban en ciertos segmentos articulares que permitían el troceado de las partes cárnicas, como vemos que sucede hoy día en las carnicerías. Ello demuestra el perfecto conocimiento de las presas, de sus partes más ricas y sabrosas, que ha quedado reflejado además en el bestiario (representaciones figurativas de animales) del arte paleolítico. Una vez retirada la piel, las vísceras, los tendones y la carne, cuando el hueso estaba prácticamente limpio, éstos se rompían para acceder al tuétano, esa parte grasienta y acuosa de gran importancia alimenticia y gusto exquisito. Hemos visto ya que el tuétano no sólo era apreciado como alimento, sino que también se empleaba como combustible e incluso aglutinante de ciertos pigmentos para dar color a las paredes de las cuevas.

Conocemos por algunas tribus actuales los procesos de conservación de alimentos como reserva ante las estaciones invernales y épocas de penuria, que muy probablemente también sufrieran las sociedades paleolíticas. La desecación y deshidratación de carne, su ahumado, la preparación de mezclas de carne y

sangre, carne en polvo, mezclas de grasa, la fermen-
tación de algunos productos, e incluso el estableci-
miento de «almacenes» en las rutas de migración
anual o estacional, son algunas de las técnicas para
asegurar la supervivencia y reproducción de los grupos. Estas poblaciones estaban sujetas a múltiples
riesgos, peligros y enfermedades, carencias nutricio-
nales y otras complicaciones presentes en sociedades fuertemente vinculadas a los cambios medioambientales de los que dependían. Con una vida media
muy corta, de entre los 25 a 30 años, aún sobrevivían muchos individuos longevos y enfermos, gracias al cuidado de sus congéneres. Ya lo vimos para
las poblaciones del Pleistoceno medio, en la Sima
de los Huesos, y entre muchos grupos neandertales.
No es fácil sobrevivir en estos medios tan duros con
alguna deficiencia física o patología sin la ayuda del
grupo.

La vida nómada en un medio hostil implica vínculos
sociales y de grupo muy estrechos. Estas sociedades
acaso se componían de tribus, familias o clanes de
unas 40 a 60 personas. Desconocemos este dato preciso que tenemos que estimar por otras evidencias
arqueológicas (hábitats bien conservados de cierta
extensión, la cantidad de biomasa alimenticia con-
sumida...). La dispersión de estas bandas itinerantes
por el territorio se fue haciendo cada vez mayor, pero
es bastante probable que estas gentes se relacionaran
con otros grupos de zonas cercanas con las que com-
partieran territorios de caza. Es indudable que se mo-
vían por los valles, zonas montañosas y llanuras ha-
bitadas en busca de recursos y en desplazamientos en

grupo para celebrar encuentros y reuniones. Aunque no lo constatamos en los registros arqueológicos, estos lugares de agregación tribal o grupal han sido propuestos por muchos investigadores como una forma de comportamiento social. No vivirían aislados y así se manifiesta en los yacimientos que pudieron haber supuesto esos centros de reunión o de actividades colectivas, a modo de santuarios, como las magníficas estaciones rupestres tan señeras de Lascaux, Altamira, Castillo... Algunos estilos artísticos y representaciones simbólicas denotarían unas estructuras sociales (unidades culturales) que operarían a grandes distancias en territorios más reducidos. Ciertos objetos y materias primas exóticas probarían que estas gentes se reunirían para practicar el trueque y tal vez para asistir a celebraciones rituales, establecer alianzas, etc. Los sistemas de intercambio a corta y larga distancia fueron frecuentes en su organización social y económica.

Pero ¿dónde vivían? La mayor parte del tiempo lo harían fuera de las cuevas, pero es evidente que se abrigarían en su interior para refugiarse de los duros inviernos. La imagen que tenemos de los habitantes de la Europa helada es de unos grupos cavernícolas que no abandonaban nunca sus grutas. Sabemos que ocuparon cuevas y abrigos con frecuencia, pero de igual forma se asentarían en campamentos al aire libre y en las épocas de mejoría ambiental instalarían puntos de refugio dispersos por el territorio que controlaban. Algunos hablan de puestos de caza y oteo, cazaderos estacionales o refugios de invierno y de verano. Varios de los llamados campamentos aparecen repartidos por toda Europa como los de Dolni Vestonice (Chequia), Kostienki (Rusia), Mas d'Azil y Pincevent (Francia)... La vida en estas cuevas se realizaba en las zonas exteriores, en los vestíbulos, donde aún llegaban los rayos de sol. Más al interior, en las galerías más profundas y simas escondidas, se han documentado actividades rituales como los enterramientos, y aparecen decoradas con sus expresiones artísticas. Podemos reconstruir y conocer innumerables aspectos de su quehacer diario si prestamos atención a la organización del espacio interior de las salas de las cuevas. Aquí aparecen restos de hogares y fogatas (estructuras de combustión), así como restos de muretes, cabañas y paravientos (estructuras de protección). El uso del fuego en el interior de cuevas y abrigos responde a la necesidad de contar con una fuente de luz y calor, para alejar a los depredadores y para preparar sus alimentos. Normalmente suelen aparecer en formas circulares, de cubetas, rodeados con piedras delimitadoras que atestiguan el control y dominio del fuego por parte de estas sociedades.

En las estepas de Ucrania y Rusia se han hallado fosas, agujeros de poste y cabañas levantadas con huesos de mamut que tal vez estuviesen recubiertas de pieles de animales para aislarse térmicamente y de la humedad. Estas construcciones podían también estar realizadas con maderas y ramajes como cobertura. El espacio donde desarrollarían sus actividades cotidianas a menudo está organizado por zonas cercanas y próximas al hogar: el área donde se tallaban las piedras y preparaban las armas, el área de preparación

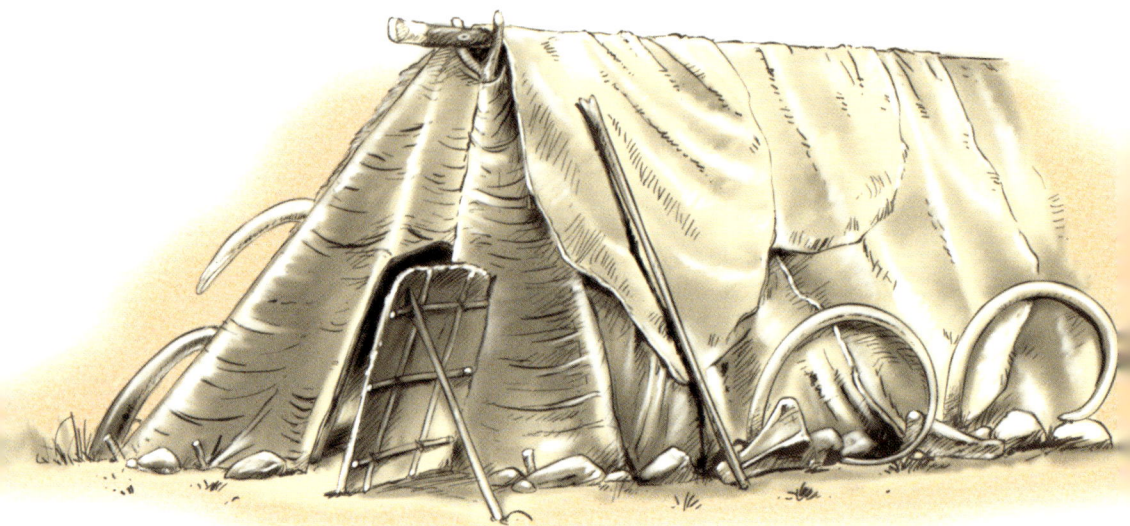

*Reconstrucción de una cabaña alargada
como las halladas en Kostienki (Rusia)*

de los alimentos, la zona de basuras, las zonas de paso hacia el interior, etc. Los investigadores realizan unos estudios de disposición espacial de todos los restos arqueológicos para tratar de comprender cómo repartían esos espacios, intentando averiguar si varias piezas pertenecen al mismo objeto porque pueden unirse. Ya comentamos algo sobre la técnica del remontaje. Es un método difícil de realizar en muchos yacimientos porque los suelos que encontramos cuando excavamos son diferentes de los que dejaron aquellos humanos hace miles de años. Muchos procesos geológicos (procesos posdeposicionales) y el paso del tiempo han modificado e, incluso, destruido muchos restos arqueológicos y fósiles.

Entre las tareas que realizaban en sus campamentos, conocemos ya la fabricación de herramientas y armas y algunas de sus labores culinarias. Además, confeccionarían su vestimenta para guardarse del frío, evitar la pérdida del calor corporal y mantener cierta temperatura. Para ello se cubrirían con pieles y quizá otros tejidos de fibras vegetales. Antes de utilizar esas pieles, debían limpiarlas, conservarlas de la putrefacción y curtirlas. Contaban con herramientas para realizar todo el proceso: raspadores y alisadores de piedra y hueso que facilitarían el trabajo de retirada de los restos de carne, sangre y grasa adherida. Ya hemos apuntado antes que el polvo de ocre les ayudaría a conservarlas frescas y sin pudrirse. Es un buen conservante y antiséptico, además de ser un excelente pigmento para adornos corporales y pinturas.

Para adecuar esas pieles al uso tenían entre su utillaje un instrumento que no ha modificado apenas su morfología en muchos miles de años, y que hoy seguimos utilizando para la misma función: la aguja. Las primeras pequeñas agujas de hueso datan aproximadamente de hace 20.000 o 18.000 años. Se recortaban de las diáfisis y se pulían contra una piedra hasta afinarlas y aguzarlas. El agujero u ojo de la aguja se perforaba cuidadosamente con ayuda de un punzón o pequeños perforadores. Una vez terminada, se usarían como hilos algunas fibras vegetales, crines y pelaje animal e incluso trozos de tendones y ligamentos animales. Quizá fuesen decoradas con colores y otros objetos colgantes prendidos o cosidos de ellas. En algunas sepulturas descubiertas se hallaron miles de cuentas sobre el esqueleto, que se han

interpretado como cosidas a los ropajes de este individuo. Tal es el caso de la magnífica sepultura de Sungir (Rusia), perteneciente a un adulto que portaba unas 3.500 cuentas de marfil prendidas probablemente del ropaje del difunto, y en la cabeza otras 500 cuentas y 25 dientes de zorro que adornarían un gorro.

Conocemos las costumbres funerarias de estas sociedades por muchas de sus sepulturas. Ya entre los neandertales se dieron este tipo de enterramientos intencionales, pero no con tanta riqueza de adornos. Es muy difícil reconstruir sus rituales o sus creencias en el Más Allá. Es indudable que el *Homo sapiens* y otras poblaciones anteriores, las del Pleistoceno medio, tuvieron el concepto de trascendencia más allá de la muerte. Esto nos lo revela la observación de sus formas de acondicionar a los muertos y el especial cuidado puesto en su enterramiento. En el registro arqueológico se comprueba que las sepulturas de esta época están repletas de adornos y ofrendas que acompañan a los difuntos. Algunas, como la ya mencionada de Sungir, son verdaderamente espectaculares. Los cuerpos se disponen en fosas, de manera individual (Arene Candide, Italia; La Madeleine, Francia), aunque existen bastantes tumbas dobles (Sungir 2, Rusia; Abri Pataud, Francia), triples (Dolni Vestonice, Chequia) o colectivas (Predmosti, Chequia; Cro-Magnon, Francia). Esta última ofreció cinco individuos (anciano, adultos y un niño) próximos a un amontonamiento de conchas perforadas del género *Littorina* procedentes del Atlántico. Los cuerpos allí depositados, sean niños, mujeres u hom-

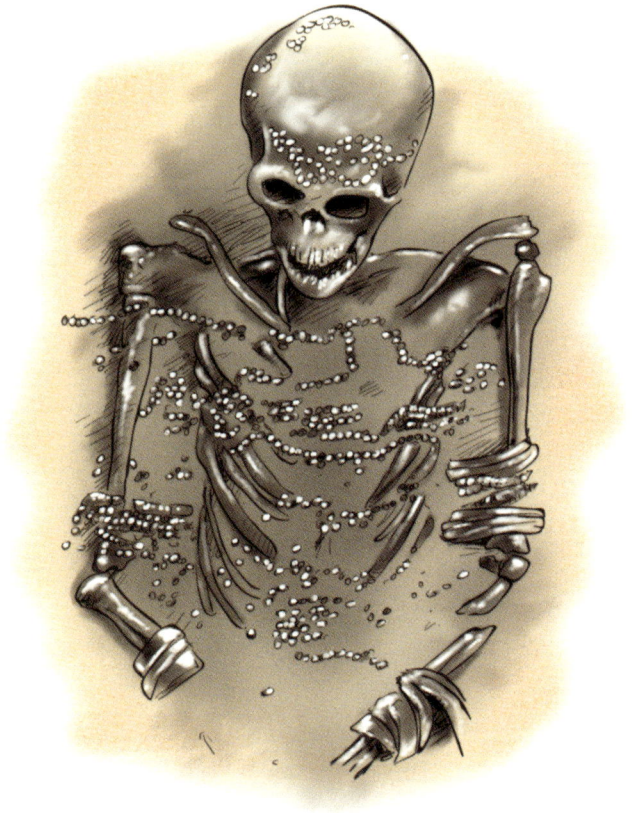

Sungir - 2

bres, se acompañan de objetos de adorno y otras ofrendas: conchas de gasterópodos y caninos de ciervo en La Madeleine (Dordoña, Francia), gorros con miles de cuentas y perlas de adorno, cráneos espolvoreados de ocre rojo (Dolni Vestonice II, Chequia), amontonamientos de huesos sobre los cuerpos (Kostienki 2, Rusia), con huesos de animales como las astas de gamo en Qafzeh (Israel) y las mandíbulas de jabalí en Skhul (Israel), e incluso al aire libre como el enterramiento de Lago Mungo en Australia.

Con esta idea de trascendencia sobre la muerte y el Más Allá, estas sociedades tendrían un pensamiento reflexivo y abstracto que les otorgaba la complejidad de su cerebro. Sus habilidades cognitivas y sociales también les permitían tener conciencia de sí mismos y conciencia de grupo al que pertenecían y al que le unirían una serie de símbolos compartidos. Poseían un lenguaje articulado y simbólico, lleno de significados que favorecería la cohesión social. El pensamiento simbólico es difícil de descifrar, al igual que el contenido ritual de muchos de sus comportamientos. Las acciones intencionales, creencias, mitos y tabúes se nos escapan de los restos arqueológicos, pero existirían. El origen del simbolismo entre las sociedades del pasado es un tema delicado y complejo. Las mentes no fosilizan, pero algunas de sus manifestaciones y expresiones sí lo hacen. ¿Cómo podemos recuperar algunos de estos comportamientos simbólicos en nuestros antepasados paleolíticos? o, como apuntan algunos investigadores, ¿tenemos posibilidad de encontrar restos de consciencia?, ¿podemos averiguar si aquellos seres humanos eran capaces de conocer sus actos y reflexiones y de juzgar sobre ese conocimiento?

Como veis, estas preguntas no tienen fácil respuesta, pero las tenemos a nuestro alcance en alguna de sus evidencias: sus prácticas funerarias y rituales, de las que ya hemos hablado, de su lenguaje, y de las expresiones de simbolismo como los adornos, objetos decorativos y sus códigos artísticos fundamentalmente. Descubrir por qué en torno a los 40-38.000 años hay una explosión de evidencias estéticas y artísticas sin

parangón alguno nos hace pensar de nuevo en las poblaciones que anteriormente habitaron Eurasia, en el Pleistoceno medio y en los primeros momentos del Pleistoceno superior. Tal vez esta explosión simbólica no fue tal, sino que podemos rastrearla en otros momentos de nuestra historia pasada.

Descubrimos en capítulos anteriores que la estética de muchos bifaces de piedra y sus contornos geométricos, al igual que la de muchos instrumentos cotidianos, pueden darnos motivos para comentar esas tempranas evidencias de estética entre las poblaciones del Pleistoceno medio. Los neandertales ya manifiestan comportamientos simbólicos en sus enterramientos y rituales funerarios, en el propósito intencional de asociar la imagen del animal (astas, cráneos y mandíbulas junto a las fosas) con los difuntos a modo de trofeos u ofrendas. También en la recogida de materiales y objetos raros, curiosos o exóticos (fósiles, minerales llamativos, dientes de animales...) que aparecen entre sus restos. Hay constancia de la recogida y uso de ocre en la cueva de Qafzeh (Israel) hace unos 92.000 años. Recordemos también las figurillas, asociadas al Modo 2, de Tan-Tan (Marruecos) y Berekhat Ram (Israel). Contamos además con evidencias de grabados en Bilzingsleben (Alemania) datados en 350.000 años, la presencia del bifaz rojo («Excalibur») en la Sima de los Huesos, alrededor de 400.000 años, algunas conchas, cáscaras de huevo de avestruz, huesos perforados en Border Cave (Sudáfrica) y Zhoura (Marruecos) en torno a los 100.000 años, los motivos geométricos de semicírculos concéntricos grabados en la Lámina de Quneitra (Altos

«Excalibur»

del Golán), fechada en torno a los 54.000 años, y muchas manifestaciones rupestres de Australia y África de 40-30.000 años.

Lo que no puede negarse es que en el Paleolítico superior, con *Homo sapiens*, llega un verdadero torrente de simbolismo y arte. Estos humanos tienen unos modos de expresión propios y sorprendentemente perfeccionados que nos trasladan a un mundo de símbolos desconocidos para nosotros. Los *sapiens* decoran las galerías y paredes de sus cuevas y abrigos, grabando o pintando las rocas (arte parietal o rupestre), otros materiales transportables más pequeños (arte mueble) como el hueso, el marfil, la piedra arenisca, caliza y pizarra, embellecen algunas armas y utensilios como las azagayas, varillas, arpones, propulsores... con ayuda de buriles y punzones. Realizan figurillas de arcilla cocida, marfil y hueso, y adornan su cuerpo y vestimentas con objetos colgantes que cosen a sus pieles o cuelgan de sus cuellos. Utilizan cuentas de piedra y madera, fósiles, conchas y dientes de oso, zorro o ciervo que perforan o abrasionan hasta conseguir hacerles un agujero. También se ha asociado a estas poblaciones el poseer instrumentos musicales como flautas, silbatos, bramaderas y tambores que aparecen representados también en las cuevas en la figura antropomorfa (con forma humana) del llamado «hechicero» de Les Trois Frères (Francia).

Todas estas manifestaciones artísticas se conocen en todo el continente europeo. El arte rupestre se distribuye geográficamente por el sur y el occidente (en

Hechicero de Trois Frères

el Cantábrico y los Pirineos en la Península Ibérica, en Aquitania y Ardeche en Francia y en el sur de Italia) y esporádicamente en el sur de los Urales (cuevas de Kapova e Igniatievska) con otras tradiciones diferentes a los grupos más occidentales. El arte mobiliar aparece en casi todo el territorio en formas muy variadas aunque con motivos muy particulares dependiendo de las zonas y áreas como si correspondieran a representaciones territoriales (¿mitos o iconografías locales?). El transfondo de este arte, de sus motivos y representaciones (iconografía) traduce quizá códigos simbólicos conocidos, compartidos y respetados por estas sociedades paleolíticas. Hoy nosotros sólo podemos intuir o pensar en sus significados desde muy lejos. Probablemente nunca logremos descifrar su lenguaje simbólico ni captar las intenciones y motivaciones de su arte.

Existen innumerables ejemplos de las representaciones artísticas del Paleolítico superior, todas ellas de una gran exquisitez y belleza. Entre los temas de estos grabados, pinturas, esculturas, contornos recortados, rodetes, plaquitas y cantos decorados (Parpalló, La Colombière), la mayoría representan figuras animales (bisontes, ciervos, ciervas, renos, caballos, mamuts...) que conocían bien y que formaban parte de sus ecosistemas y eran objeto de caza, pero también aparecen animales menos frecuentes como las focas, pingüinos, serpientes, aves, peces, insectos, etc. Existe todo un bestiario paleolítico reconocido. La figura humana (antropomorfos femeninos y masculinos) es escasa, pero cuando aparece lo hace en formas variadas, de cabezas, rostros (*phantoms*), «hechiceros» o «chamanes», danzantes... Figuras de manos humanas, en positivo y negativo (esto es, untando la mano y plasmándola coloreada, o soplando pintura alrededor para que se marque su contorno), escenas de caza, de animales en la naturaleza, bebiendo, en la berrea, heridos, atravesando un río, al galope...son además bastante frecuentes. Pero si hay algo tremendamente llamativo y misterioso son las representaciones de signos no figurativos, geométricos, cercanos a la abstracción (claviformes, tectiformes, fálicos, vulvares,

masculinos y femeninos...). Indudablemente estos motivos son códigos, un lenguaje perdido que muchos investigadores han tratado de descifrar creando asociaciones e incluso gramáticas.

Uno de estos investigadores, tal vez a quien debamos muchas de las propuestas de explicación teórica de este arte, fue el francés André Leroi-Gourhan.

Estableció toda una secuencia de organización y distribuciones espaciales de localización de muchos signos y representaciones que asoció a la dualidad femenino-masculino. Actualmente las líneas de investigación del arte no se paran tanto en la interpretación de sus significados como en el sentido y modos de sus grafismos. Pero ¿qué explicaciones se han dado a este arte y simbolismo? Han sido muy variadas, desde aspectos religiosos, mágicos, propiciatorios de la caza, totémicos y chamánicos, hasta mensajes codificados de ritos de iniciación y ceremonias religiosas. Algunos han querido ver en estos motivos símbolos territoriales, étnicos y marcadores sociales o tribales.

Se reconocen diferentes tradiciones de representar este arte que van cambiando con el tiempo, unas más realistas o naturalistas (figuras zoomorfas de Lourdes, Isturitz, Mas d'Azil en Francia) y otras cercanas al esquematismo (figuras femeninas de Mézine en Ucrania, Gönnersdorf y Andernach en Alemania). Podemos traer aquí los ejemplos de las llamadas «venus» paleolíticas, esculturas femeninas diminutas con rasgos sexuales exagerados como las de Willendorf (Alemania), Laussel (Francia), Kostienki (Rusia), Lespugue y Brassempouy (Francia), etc. y otras de aspecto masculino o híbridos de animal-humano como la cabeza de león de Hohlenstein-Stadel (Alemania), y las espléndidas esculturas zoomorfas de marfil de caballos, mamuts, leones... de Vogelherd (Alemania), Geissenklosterle (Alemania), Dolni-Vestonice (Chequia) datadas en los albores del Paleolítico superior (hace 38-28.000 años). Todos hemos oído hablar de las famosas cuevas de Altamira (España), Lascaux y Niaux (Francia). Hay repartidas por Europa occidental un sin fin de salas y galerías decoradas que conocemos y otras muchas que aún no han sido descubiertas. Entre las primeras podemos citar algunas de las muchas que forman parte de nuestro pasado, como las de Rouffignac, Chauvet, Cap Blanc, Les Combarelles... en Francia; Candamo, Tito Bustillo, Castillo, Monedas, Chimeneas, Pasiega, Altamira, Ekain, Santimamiñe, La Griega, Los Casares, La Pileta, Nerja, y las estaciones al aire libre de Siega Verde y Foz Coa, todas en la Península Ibérica. Lo que tenemos ante nuestros ojos son las formas de expresión y comunicación de estos grupos, más allá de su impresionante perfección y estética, que trasciende sus cualidades artísticas.

El Holoceno: nuevas formas de vida

La última glaciación había durado aproximadamente desde el 100.000 hasta casi el 10.000. Este momento marca el final del Pleistoceno, dando comienzo al Holoceno, y al periodo interglaciar en el que aún nos encontramos. El último deshielo se había iniciado hace 16.000 años instalando unas condiciones templadas y húmedas que se manifiestan hasta el 6000. El paisaje europeo cambió.

Esta fase de climas y entornos cambiantes al final del Pleistoceno no representa unos cambios bruscos en los modos de vida de las comunidades paleolíticas, sino que progresivamente habían ido modificando sus condiciones de vida. Se han exagerado los contrastes entre el Paleolítico final y el modo de vida instalado al inicio del Holoceno. Este momento se conoce como Epipaleolítico y Mesolítico entre los investigadores. Fue un mundo transicional con personalidad propia, desde los últimos cazadores-recolectores y las primeras poblaciones productoras, agrícolas y ganaderas, como explicaremos.

La retirada de glaciares y las nuevas y mejores condiciones climáticas dejaron un paisaje diferente del que conocimos anteriormente para los momentos fríos del Paleolítico. Ahora los entornos donde viven estos hombres y mujeres se hacen más templados y húmedos por la subida de temperaturas. La vegetación y las faunas respondieron lenta y progresivamente a estos nuevos tiempos. Aparecen y se extienden aún más los ambientes boscosos y forestales, y predominan las especies adaptadas a estos bosques como los ciervos, los corzos, los jabalíes, los uros y algunos caballos. Han desaparecido ya los renos, los mamuts, los rinocerontes lanudos, el bisonte y otras especies como el alce, la hiena y el león de las cavernas. Algunos animales ampliaron sus territorios, colonizando otras áreas, otros, redujeron sus zonas de distribución, e incluso, otros muchos se extinguieron.

Muchas formas de vida continúan presentes en estas épocas templadas desde el Paleolítico final. La dieta, la vida en otras zonas o algunos aspectos de su tecnología permanecen desde los últimos momentos del Pleistoceno. Existe, por tanto, una continuidad entre estas sociedades mesolíticas y las tardopaleolíticas (los últimos paleolíticos), aunque empiezan a aparecer unos incipientes estilos de vida algo modificados. Las poblaciones del Mesolítico continúan viviendo en los mismos territorios que sus precedentes paleolíticos, pero parece que los investigadores han advertido un poblamiento de zonas muy concretas en grupos reducidos, aunque no aislados, y con alguna evidencia de estabilidad en sus poblados. Debido a esto, muchos grupos europeos se caracterizarán por unas tradiciones culturales, técnicas y artísticas particulares que se distinguen claramente de sus vecinos más inmediatos. De ahí que existan muchas tradiciones epipaleolíticas con un fondo común. Este es el que vamos a conocer a partir de aquí y del que ya hemos apuntado que continúa con los modos de vida del Paleolítico.

Conocemos una imagen de los grupos epipaleolíticos gracias en parte a un singular tipo de yacimiento conservado: los concheros. ¿A qué nos referimos con este término? Pues a la acumulación de centenares y miles de restos de conchas y otros moluscos en algunos yacimientos de estas épocas, que han caracterizado de forma simple a estas sociedades. Estas cantidades ingentes de conchas son reflejo de una forma de vida y de subsistencia basada en el marisqueo, en la recolección selectiva e intensiva de recursos marinos (moluscos marinos y terrestres, gasterópodos, equinodermos...) como las lapas, ostras, mejillones y caracoles (*Patella, Ostrea, Mytilus, Monodonta, Cardium*...). Ya conocíamos esta forma de alimentación en las dietas de los grupos tardiglaciares, tal vez no de una forma tan intensa, pero ya estaba constatada. Recordad que la explotación de recursos acuáticos, tanto marinos como fluviales (recogida de moluscos y pesca), completaba y ampliaba la gama alimenticia de los pobladores del 16 000 en adelante. Estos concheros se atestiguan en yacimientos arqueológicos de muchas zonas litorales europeas: en las costas de la Península Ibérica (áreas cantábricas, mediterráneas y atlánticas), en Dinamarca, en Bretaña....

El consumo de moluscos y otras formas de alimentación complementarias a la caza y la recolección vegetal es una importante fuente de adquirir energía, que diversifica las dietas humanas al final del Pleistoceno y que se generaliza con la llegada del Holoceno. Los últimos cazadores y recolectores también se transformaron en «mariscadores». Es cierto que la bonanza climática del Holoceno y las facilidades de aprovisionamiento de recursos forestales y litorales favorecieron que estas sociedades se ligaran más a su territorio, haciéndose un poco más sedentarias. Sin duda las poblaciones crecieron. Aunque permanecieran menos móviles, estos grupos mantenían sus flujos de relaciones intergrupales y ampliaron sus redes de comercio. En las regiones más cálidas del sur de Europa se siguen utilizando abrigos y cuevas, y en otras más rigurosas del interior y del norte se han registrado fondos de cabañas circulares, trapezoidales, algunas con estructuras interiores o semiexcavadas en el suelo y poblados muy bien organizados y estructurados como los del Danubio (Lepenski-Vir, en Yugoslavia). Pero no sólo en Europa se desarrollaban estas formas de vida; en África, Asia y América, las poblaciones seguían otros ritmos, a menudo más avanzados, como en el caso del Próximo Oriente que comentaremos en seguida con ocasión del Neolítico.

La tecnología de esta época mantiene muchas de las técnicas paleolíticas. Continúa desarrollándose el utillaje lítico, de forma microlítica (de pequeñas dimensiones), que hace función de cortantes y afilados filos en los proyectiles (flechas, azagayas...) y arpones, así como en otras armaduras nuevas como las hoces (dientes de hoz) para la recolección de vegetales y maderas. Muchas de estas piezas líticas han conservado el lustre en sus filos producido por el contacto con los tallos de algunas plantas ricas en sílice. Los sistemas microlíticos empleaban la fabricación de láminas fragmentadas en partes que originaban piezas geométricas: triángulos, trapecios, segmentos de círculo, etc. Asímismo, se generalizaron nuevas tecnologías de enmangue y fijación de estas puntas y piezas y el uso del arco se documenta plenamente con la aparición de los primeros arcos, conservados en las turberas, y las representaciones rupestres de arqueros.

El arco más antiguo documentado arqueológicamente hasta la fecha es el de Stellmoor (Alemania). Está fechado hacia el 11 000, todavía en el Paleolítico superior final. Además del arco de pino en dos fragmentos, aparecieron más de 100 astiles compuestos de flechas. Como hemos visto, antes de ese momento contamos con puntas de flecha ligeras que se encuentran en el límite de peso para su utilización tanto como punta de flecha como de jabalina de propulsor. Por eso pensamos que el origen del arco es anterior a estos primeros hallazgos y quizá podamos situarlo en ese momento del Paleolítico superior que llamamos Solutrense o quizá antes. En cronologías

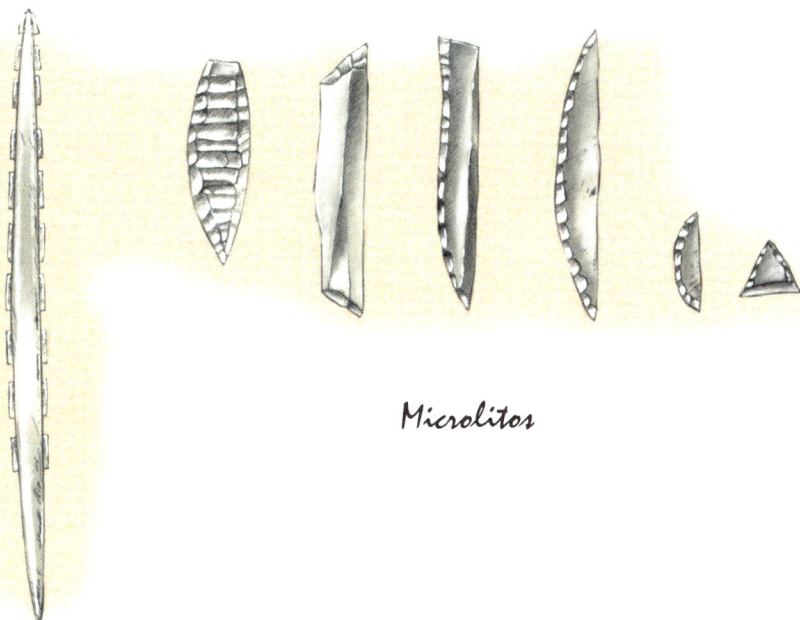

Microlitos

ya del Mesolítico se generaliza la aparición de restos de arcos, como los de Vis I (en Rusia), y de astiles de flechas para arco (Loshult en Suecia, Medvedia en Eslovaquia, etc.).

Con respecto a sus manifestaciones artísticas, la explosión del Paleolítico superior sufrió un retroceso en lo que a representaciones se refiere. El arte a comienzos del Holoceno aún tenía la impronta de la tradición magdaleniense más perfecta pero, en un primer momento, su geometría y esquematización fue una constante. De esta manera, tenemos los ejemplos del primitivo arte escultórico de las cabezas-pez del poblado de Lepenski-Vir (Yugoslavia) y muchas de las figuraciones humanas del posterior arte rupestre levantino en la Península Ibérica, con escenas de caza, danza, recolecciones y combates.

Arquero y figuras de
arqueros procedentes
de la Cueva de los Caballos

En el Próximo Oriente, en la zona que se ha denominado el Creciente Fértil (desde las zonas costeras de Siria y Palestina hasta los montes Zagros en Irán e Irak), hace casi 10.000 años, cuando arranca el Holoceno, los grupos epipaleolíticos establecidos en esta área inician unas nuevas formas de explotación del medio que supondrían toda una innovación económica y social: la agricultura y la ganadería. Fue un verdadero hito en la historia de la evolución humana. Aquello que Gordon Childe denominó como la «Revolución neolítica» probablemente sucedió de una manera paulatina y gradual, casi experimental e involuntaria, en una zona rica y fértil donde crecían espontáneamente los cereales en estado silvestre. Tal vez todo se iniciara con la forma en que el hombre obtuvo sus alimentos de las plantas y animales. Estos grupos comenzaron a recolectar de manera selectiva cebada y trigos silvestres, seleccionando algunos de ellos y guardando semillas para volver a plantar y producir. Pero mil años después, hacia el 9000-8000 a.C. se plantaba trigo y cereales en el norte de Siria, Irak y el valle del Jordán, hacia el 7000 a. C. en la India y el sureste asiático, en Europa (Balcanes) y en Mesoamérica, hacia el 6000 a.C. en China y en Sudamérica en torno al 4500 a.C. La importancia de estas nuevas formas de relación con el medio, hace que el hombre se libere de las exigencias del entorno, controlando de alguna forma la temporalidad de los recursos y transformando la naturaleza en su propio beneficio. La germinación accidental, la selección (artificial) de los mejores granos y su posterior cultivo tal vez se descubrió observando los ciclos naturales de ciertos vegetales y reproduciendo intuitivamente estos procesos para conseguir alimento.

Entre el 9000 y el 6000 a.C. las poblaciones pasaron de ser depredadoras con su medio a tener el control y predicción en la recolección de plantas y en la domesticación de animales. La relación con su territorio también cambió, lo hizo de una forma más estable favoreciendo el sedentarismo. Las poblaciones se concentraron en ciertos lugares y se crearon grupos más ligados en torno a unos recursos productivos y más estables. Los grupos sedentarios se organizaron en torno a unos poblados e incipientes aldeas que, poco a poco, se fueron adueñando de ciertos recursos, estableciendo unos lazos sociales basados en el poder y control de esos medios de subsistencia y territorios, de manera individual o familiar. Esto empezó a generar transformaciones en las relaciones sociales como respuesta a los desajustes entre recursos y población, generando algunas desigualdades. Como vemos, las estructuras sociales de los humanos han experimentado ciertos cambios desde los inicios del género *Homo*, con esas incipientes bandas de homínidos deambulando por las sabanas, hasta las sociedades «cavernarias» de tribus y clanes al final del Pleistoceno. En este momento crucial para la humanidad, el germen de la sociedad jerarquizada, con sus estructuras de poder y control sobre los bienes económicos, establecerá las bases sociales de las comunidades productoras desligadas de los requerimientos medioambientales. Andando el tiempo, los humanos hemos ido afianzando, para bien o para mal, esas estructuras de clases y poderes hasta las formas actuales socio-políticas que todos conocemos hoy.

Hemos hablado antes de cómo los grupos humanos, de manera fortuita, lograron recolectar semillas y frutos de los cereales que crecían en estado salvaje: trigo, cebada y escanda (*Triticum dicochoides*, *Hordeum spontaneum*), leguminosas (lentejas y guisantes) (*Pisum, Vicia, Lens*) y algunas bellotas (*Quercus*). Estos vegetales fueron sembrados y plantados en torno al 8000 a.C. Del mismo modo ocurrió con el ganado. Cuando se habla de la domesticación de animales es más complicado establecer el punto de arranque porque las relaciones de los humanos con los animales son muy variadas, y por tanto, existirán diferentes tipos de domesticación. El control ocasional de ciertos animales gregarios (que viven en grupos y manadas) como la cabra, la oveja, el jabalí y el ciervo, lleva a mantener una nueva forma de adquisición de los recursos animales que guardarán y que acompañarán a las poblaciones al lado de sus aldeas. Algunos animales ya fueron «domesticados» en fechas tempranas en Europa, en torno al 8500 a.C., como el perro-lobo que acompañaba a los humanos en algunos yacimientos. En Hayonim se han encontrado tumbas con cuerpos inhumados acompañados de esqueletos de cánidos. En Shanidar (Irak) ya aparece la cabra domesticada en fechas de 8500 a.C., el cerdo hacia el 7000 en Turquía y algunos ejemplares de buey lo hacen en Grecia en torno al 6500 a.C.

¿Cómo se demuestra a nivel arqueológico y paleontológico que existe domesticación? No existe demasiado acuerdo entre los investigadores, pero el control y selección de los animales se manifiesta con algunas diferencias entre los conjuntos faunísticos asociados a los homínidos cazadores y los asociados a los «ganaderos». Algunas especies de animales domésticos son de menor tamaño que las mismas especies en estado salvaje. Por otra parte, las distribuciones de animales fuera de su medio habitual y natural son indicios de intervención humana sobre los rebaños y manadas. Existen cambios en la morfología anatómica y en dimorfismo sexual (diferencias entre los machos y las hembras) debidas a la estabulación (animales que se guardan en recintos cercados o establos). Además, aparece un mayor número de hembras en los rebaños y mayor proporción de machos jóvenes. Todo es debido, en parte, a que la explotación de los animales también se ha modificado. Además de su carne y piel ahora se comienza a apreciar la utilización de productos extraídos como la leche y sus derivados, la lana, el estiércol (como combustible y abono), la fuerza ani-

mal para tracción y transporte, etc. Se documentan en este momento algunas manifestaciones simbólicas referentes a ciertas especies consideradas como animales sagrados o totems y tabúes que se reconocen en todos los tiempos pasados y en muchos del presente.

Junto a esta incipiente ganadería, la caza de animales salvajes se mantiene como forma complementaria de aprovisionamiento de recursos animales, al igual que la pesca y la recolección de frutos y otros vegetales no sembrados. Al principio, estos recursos salvajes y domésticos fueron complementarios, pero finalmente se impusieron estos últimos quizá por su seguridad y estabilidad. La tecnología y los logros humanos asociados a estos cambios económicos cambiaron los comportamientos sociales y territoriales. Las actividades ligadas a la agricultura y la ganadería, bastante más especializadas, requerían un instrumental acorde a ellas, más específico, que los grupos del Epipaleolítico ya habían desarrollado. Vamos a ver en qué consisten esos otros cambios.

Con esta naciente agricultura de cultivos seleccionados, la tierra había de ser preparada, abierta y acondicionada para plantar los granos y semillas. Una vez conseguida la germinación, había que segar y almacenar el grano sobrante. Todas estas actividades requerían una organización y un control por parte de los grupos neolíticos, de unas técnicas y utillaje apropiados y de recintos (graneros, establos...) específicos para estas tareas. Como vemos, estas sociedades necesitan de unas aldeas y hábitats casi permanentes para poder realizar sus tareas agropecuarias.

Los poblados se amplían, se distribuyen los espacios para vivir, para el ganado y los alimentos. Las cabañas circulares o semicirculares tienen unos cimientos de piedra que les dan mayor estabilidad. Las paredes todavía se construyen con materiales vegetales, ramajes, pieles o adobe. Todas las viviendas se reúnen en aldeas incipientes (como las conservadas del periodo Natufiense y Kebariense), aunque se continúan frecuentando las cuevas y abrigos naturales (como los yacimientos de Hayonim y Kebara en Israel o el de Shanidar en Irak). Otro indicio más de sedentarización son las sepulturas, que se asocian claramente al poblado, en una suerte de necrópolis o cementerios. Con el transcurso de los milenios y los siglos, nuestras viviendas, poblados y ciudades se han hecho verdaderamente complicados y caóticos.

¿Cuáles fueron las novedades en el utillaje neolítico? Muchas de las costumbres y técnicas paleolíticas y epipaleolíticas se conservan todavía. Toda la tecnología lítica para la caza y herramientas de uso común continúan como antaño (y se mantendrán prácticamente invariables hasta incluso la Edad del Bronce). Pero aparecen nuevos útiles para la recolección, siega y preparado de alimentos vegetales. Algunos como los dientes de hoz, ya existían desde el Mesolítico, otros como los molinos, las moletas y manos de mortero para machacar y triturar los granos se documentan por primera vez. Se hacen más frecuentes los anzuelos, espátulas y mangos de hueso para cuchillos y hoces. La piedra se pulimenta para conseguir hachas muy útiles en el trabajo de la madera y otras materias vegetales. Continúan los adornos en hueso, fósiles y conchas (*Dentalia*), así como figurillas humanas en arcilla cocida y hueso que nos hablan de sus cultos y rituales a las primeras divinidades (Madre Tierra). Otra de las imágenes que nos viene a la mente al imaginarnos estas sociedades agrícolas y ganaderas son sus cerámicas. Aunque existen anteriormente algunos ejemplares de cuencos primitivos en piedra y pieles, es en esta época cuando la vajilla se hace de uso cotidiano en la preparación y almacenaje de estos nuevos alimentos. Las primeras se fabrican en piedra (basalto), y se inician las técnicas de la cerámica en arcilla. Los primitivos vasos son muy toscos, aunque con el tiempo se perfeccionan en formas y maneras de tratar la arcilla e incluso decorarla y pintarla. Los avances técnicos y estéticos de las cerámicas acompañarán desde ahora toda la historia del hombre hasta nuestros días.

Capítulo 11
El futuro de *Homo sapiens*

A lo largo de las páginas de este libro hemos contado los cambios biológicos más importantes ocurridos en la evolución de los homínidos durante los últimos cinco millones de años. También hemos aprendido cómo la tecnología y la cultura se han hecho cada vez más importantes y se han convertido en protagonistas esenciales en la vida del ser humano. Hemos conocido a nuestros ancestros. Sabemos ya que el largo proceso de evolución de los homínidos ha seguido varios caminos. Algunas especies tuvieron éxito durante miles de años, pero terminaron por desaparecer sin dejar descendientes. Otras fueron sucediéndose en el tiempo, siguiendo un complejo sendero. El último tramo de ese largo recorrido llegó hasta el presente. Y aquí estamos ahora nosotros, los seres humanos, mirando hacia atrás para averiguar qué ha ocurrido en estos últimos millones de años, pero a la vez preocupados por nuestro futuro.

Una reflexión sensata de la lectura de este libro debería llevarnos a entender que nuestra especie, como todas las especies, ha de tener un final. En principio debe tranquilizarnos el hecho de que *Homo sapiens* apareció en el planeta hace tan sólo unos 200.000 años. La mayoría de especies de homínidos que hemos ido describiendo en los capítulos anteriores ha sobrevivido al menos durante un millón de años. Además, hemos aprendido que, aunque algunos linajes evolutivos, como los parántropos o los neandertales, desaparecieron por completo, otros han cambiado lo suficiente como para continuar su existencia en un «linaje hermano» muy próximo. La especie *Homo ergaster*, que dio lugar a *Homo antecessor*, es un buen ejemplo de este proceso.

Para los parántropos o los neandertales se produjo un extinción completa, mientras que en el caso de *Homo ergaster* sucedió lo que se conoce con el nombre de «extinción filética». Esta modalidad es menos traumática que la primera, puesto que la especie perdida ha dado pie, al menos, a una especie descendiente. Quizá nosotros también dejemos un legado para el futuro, si dentro de miles de años la Tierra (o tal vez otro planeta) es habitada por una especie descendiente de *Homo sapiens*.

Desde que la humanidad aceptó y entendió la teoría de la evolución biológica muchos hombres y mujeres se habrán hecho las mismas preguntas: ¿cómo seremos en el futuro?, ¿qué aspecto físico tendremos dentro de miles de años?, ¿seremos más inteligentes?, ¿tendremos capacidades físicas y mentales que ahora no desarrollamos? Ciertamente es muy difícil responder a estas preguntas. Quienes hayan entendido bien los principios básicos de la evolución biológica entenderán también la dificultad de contestar a esas cuestiones.

El origen fundamental del cambio es la mutación o modificación del ADN que transmitimos de generación en generación. Las mutaciones no son predecibles, ocurren al azar, por lo que no sabemos qué cambios ocurrirán en nuestro patrimonio genético en los próximos milenios. Por otra parte, ya sabemos que la selección natural actúa favoreciendo la transmisión a las siguientes generaciones de las variantes genéticas más adecuadas para un momento determinado. Los individuos portadores de esas variantes tendrán una mayor probabilidad de sobrevivir y tener descendientes, que es lo que realmente importa en evolución. En cambio, los individuos portadores de variantes deletéreas o simplemente menos favorables no dejarán descendientes y sus genes no pasarán ya a la siguiente generación. La selección natural no lo permitirá. Pero ¿sabemos cómo actuará la selección natural en el futuro? ¿Qué circunstancias habrá dentro de cientos o miles de años? Es evidente que no podemos saber. Si no somos capaces de predecir las mutaciones ni como actuará la selección natural, tampoco podremos saber cómo será nuestro aspecto en el futuro.

De todos modos, esa conclusión no es tan contundente. Los seres humanos hemos desarrollado una tecnología asombrosa. Con los avances de la ciencia y sin apenas darnos cuenta hemos ayudado a forjar una especie extraordinariamente variable y adaptada a casi cualquier ambiente terrestre del planeta. Además, la tecnología nos ha proporcionado adaptaciones artificiales (no biológicas), que nos permiten vivir incluso en el espacio exterior. Naturalmente, se trata de elementos tecnológicos como vestidos, edificios o vehículos, que no forman parte de nuestro cuerpo (exosomáticos), pero que tienen un origen biológico porque han sido concebidos por nuestra mente. Todo ello nos lleva a creer que nuestro aspecto físico no sufrirá cambios importantes en los próximos miles de años. La variabilidad genética actual es suficientemente grande como para afrontar cualquier cambio. Y a esto debemos añadir la inestimable ayuda de la tecnología.

Muchos miran con pesimismo hacia el futuro. Las condiciones de la Tierra se han deteriorado precisamente por el desarrollo tecnológico. Si ese deterioro fuera muy intenso e irreversible nuestra especie no tendría futuro y desaparecería sin dejar una especie descendiente. Nuestro nicho ecológico sería entonces ocupado por otros organismos y tal vez nunca volvería a surgir una especie terrestre tan inteligente como la nuestra. Nuestra posición, en cambio, es optimista. No sólo somos una especie muy variable y nos ayudamos de la ciencia y la tecnología, sino que confiamos en la capacidad de reacción de *Homo sapiens*. Nuestra conciencia de especie se acabará imponiendo a los intereses particulares de personas, grupos de poder o países determinados.

La humanidad aún debe atravesar crisis planetarias a gran escala, de las que nacerán nuevos órdenes sucesivos. Esos cambios, tal vez todavía muy lejanos, darán lugar a una especie diferente, capacitada con una tecnología que apenas podemos imaginar. Los avances en la medicina, el conocimiento cada vez más exhaustivo de nuestro patrimonio genético, el impresionante progreso de las comunicaciones y el transporte, la profundización de los conceptos de materia, tiempo y energía y su aplicación a la vida del futuro, el uso más racional de los recursos, etc. formarán parte del medio que modelará esa especie del futuro.

Debemos conocer cada vez mejor nuestros orígenes y aprender las lecciones del pasado. Así estaremos preparados para tomar conciencia de especie y afrontar con garantías el reto del futuro de la humanidad.

A. ramidus

A. anamensis

A. afarensis

A. afr

P. ae

Ardipithecus ramidus

Australopithecus anamensis

Australopithecus afarensis

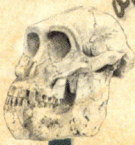

Paranthropus aethiopicus

Paranthropus boisei

Paranthropus robustus

Homo ergaster

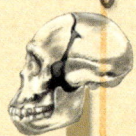

Homo

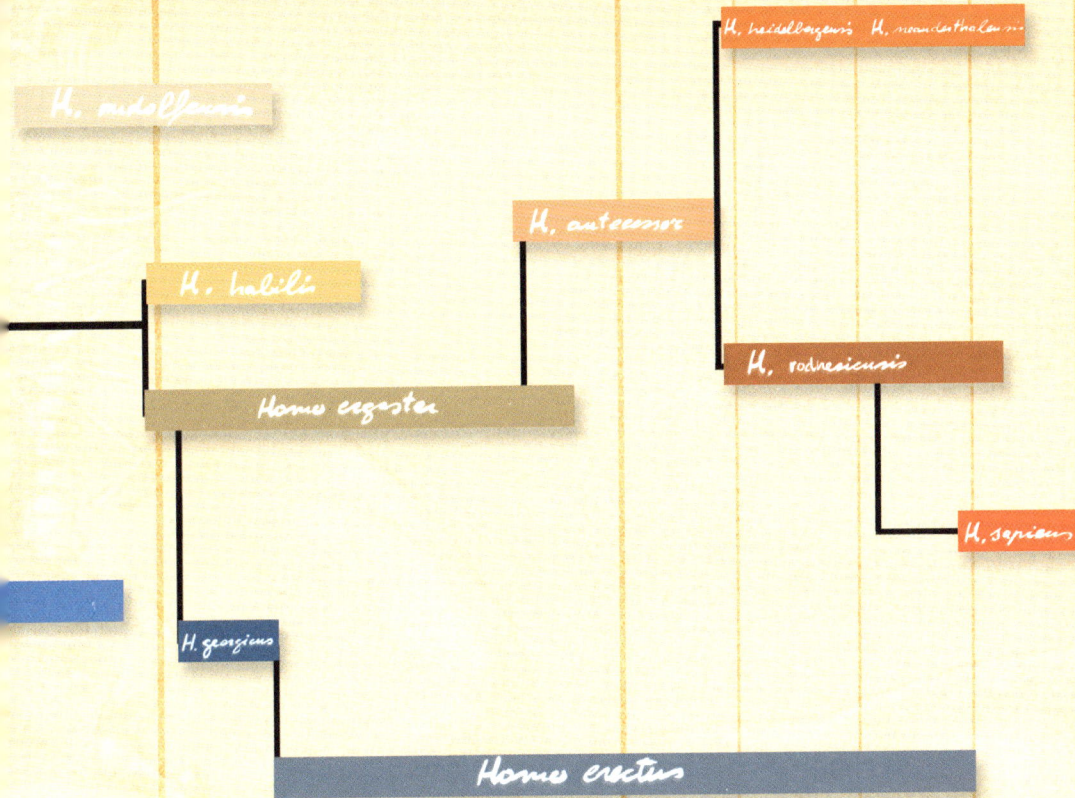

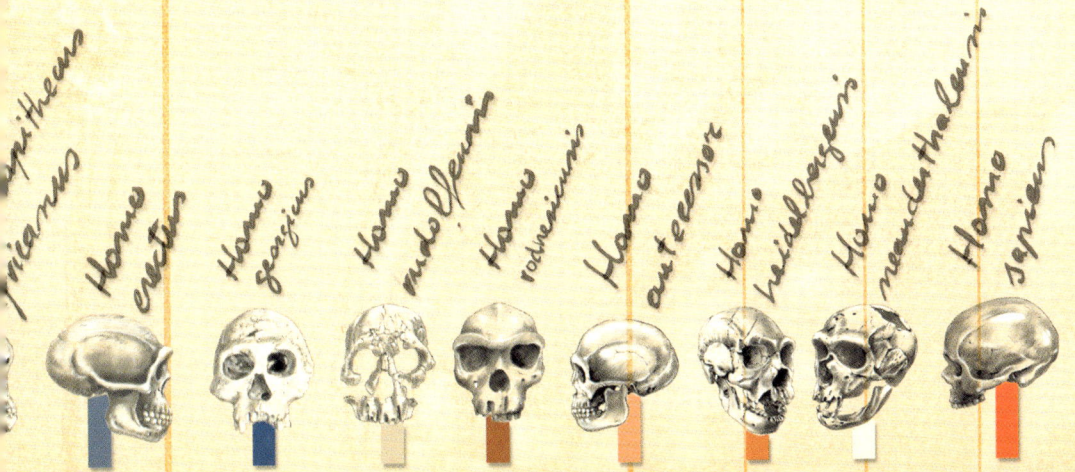

Glosario

Abducción

Movimiento por el cual un miembro u otro órgano se aleja del plano medio que divide imaginariamente el cuerpo en dos partes simétricas.

Adaptación

Cualquiera de los rasgos de los seres vivos fijado por la selección natural, cuando actúa sobre la variabilidad genética de una especie. Las adaptaciones permiten la viabilidad de la especie en un ambiente determinado.

Aducción

Movimiento por el cual un miembro u otro órgano se aproxima al plano medio que divide imaginariamente el cuerpo en dos partes simétricas.

Adolescencia

Periodo característico de *Homo sapiens*, que debió surgir en nuestra evolución durante el Pleistoceno inferior. Este periodo viene definido, sobre todo, por un cambio neuroendocrino y el estirón puberal.

Agujero de poste

Con el paso del tiempo, cuando un palo clavado en la tierra se pudre, el espacio que ocupaba presenta una coloración distinta a la del terreno circundante. El arqueólogo que lo encuentra sabe así que allí había un palo o estaca clavado y puede reconstruir la existencia de estructuras antiguas realizadas con materiales perecederos.

Altricial

Se dice del estado de desarrollo en el que nacemos los seres humanos, debido a nuestra escasa capacidad neuromotriz.

Aparato fonador

Conjunto anatómico formado por la laringe, la faringe, las cavidades nasal y oral, la lengua, el paladar, los dientes y los labios, que actúan como una caja de resonancia de la vibración producida por las cuerdas vocales.

Arco superciliar

Reborde óseo muy marcado y saliente del hueso frontal, situado encima de las órbitas de los ojos. El arco superciliar muy desarrollado fue, sobre todo, característico de la especie *Homo erectus*.

Atracción epigámica

Atracción ejercida por los individuos de una especie hacia los individuos del otro sexo.

Bifaz

Útil característico, aunque no exclusivo, de las industrias de Modo 2. Está tallado por las dos caras y muestra generalmente forma de «lágrima» apuntada.

Calota craneal

Parte del cráneo que comprende los huesos frontal, parietales, temporales y occipital, pero le falta la región basal de este hueso y los demás huesos de la base del cráneo.

Calvaria

Parte del cráneo que comprende todos los huesos del neurocráneo, incluidos los de la base del cráneo.

Canal del parto

Anillo óseo formado por los huesos ilion, isquion y pubis de la pelvis.

Canibalismo

Hábito o costumbre alimentaria de algunos animales y de los humanos consistente en alimentarse o consumir carne de la misma especie. Antropofagia. Existen varios tipos de canibalismo en función del fin perseguido: ritual, gastronómico o de supervivencia.

Caninos

Los dos dientes superiores (derecho e izquierdo) y los dos inferiores (derecho e izquierdo) situados en la región anterior de la cavidad bucal, que se utilizan para desgarrar los alimentos. En *Homo sapiens* los caninos superiores tienen corona alta, cilíndrica y puntiaguda. Los caninos inferiores tienen la corona alta y aplanada en sentido bucolingual y se asemejan a los incisivos.

Capacidad craneal

Volumen del neurocráneo, generalmente medido en centímetros cúbicos. La cifra resulta de medir la capacidad de la región craneal que incluye el cerebro, cerebelo y bulbo raquídeo.

Carcasa

Esqueleto.

Carroñero

Forma de aprovisionamiento alimenticio que aprovecha la carroña o carne muerta de los animales cazados por otros animales.

Chamán

Hechicero, brujo o curandero al que se le suponen poderes y habilidades sobrenaturales para sanar y comunicarse con los espíritus.

Cultura

Sistema de normas y comportamientos que ofrece a los seres humanos una forma de adaptación exosomática al entorno.

Diáfisis

Parte central, de forma generalmente cilíndrica, de los huesos de las extremidades, situada entre las epífisis proximal y distal.

Dientes deciduos

Se dice de los dientes de leche o de muda, que son sustituidos en los mamíferos por los dientes permanentes o definitivos.

Dientes permanentes

Se dice de los dientes que sustituyen a los dientes deciduos durante el periodo juvenil.

Dimorfismo sexual

Diferencia de peso y estatura entre los machos y las hembras de una especie.

Ecosistema

Comunidad de especies o poblaciones (biocenosis) de cualquiera de los tres dominios (*Archaea, Bacteria* y *Eucarya*) en los que se clasifica actualmente a los seres vivos, que conviven e interaccionan entre ellas y con el medio físico en un área determinada y bien delimitada (biotopo).

Epífisis

Regiones extremas de los huesos de los miembros anteriores (superiores) y posteriores (inferiores), que tienen una forma específica para su articulación con otros huesos. La epífisis más próxima al tronco se dice que es proximal y la más alejada distal.

Esplacnocráneo

Región esquelética del cráneo, que incluye los huesos de la cara, como el maxilar, mandíbula, cigomáticos, vómer, nasal, etmoides, palatino, etc.

Estirón puberal

Se dice del fenómeno que tiene lugar durante la adolescencia de *Homo sapiens*, caracterizado por una aceleración y un incremento de la velocidad del crecimiento corporal.

Extensión

Acción y efecto de desplegar una parte del cuerpo alejándola del eje corporal.

Extinción filética

Desaparición de una especie, cuya transformación produce la aparición de una o más especies hijas descendientes.

Flexión

Acción y efecto de doblar el cuerpo o algún miembro gracias a la acción muscular.

Fosa canina

Depresión característica del maxilar, que se localiza en la placa o plano infraorbital o zona ósea situada bajo las órbitas.

Fósiles

Restos y/o señales de seres vivos del pasado. Dependiendo del tiempo transcurrido, las moléculas orgánicas de los restos habrán sido parcial o totalmente sustituidas por moléculas orgánicas de la roca sedimentaria en la que quedaron incluidos dichos restos.

Glabela

Región del cráneo situada entre los arcos superciliares y que en los neandertales tenía un gran desarrollo.

Glaciación

Periodo climático caracterizado por un enfriamiento general en el planeta que se sucede a lo largo del Cuaternario alternándose con periodos interglaciares más cálidos.

Holoceno

Periodo que sucede al Pleistoceno, en el que aún permanecemos. Se inicia hace 10.000 años con una mejora de los climas, ascensos del nivel del mar y ambientes templados y húmedos.

Holotipo

Ejemplar fósil representante de una especie determinada.

Incisivos

Los cuatro dientes superiores (dos derechos y dos izquierdos) e inferiores (dos derechos y dos izquierdos), de corona aplanada en sentido bucolingual y situados en la región anterior de la cavidad bucal, que se utilizan para cortar los alimentos. Los mamíferos primitivos tenían seis incisivos superiores y seis inferiores (tres derechos y tres izquierdos).

Infancia

Periodo de duración variable en los mamíferos, que se caracteriza por la lactancia. Este término se aplica a los seres humanos y tiene una duración de unos dos años y medio a tres años.

Isótopo

Se dice de los núcleos atómicos con el mismo número de protones pero con distinto número de neutrones. Dos isótopos corresponden al mismo elemento químico, pero tienen un peso atómico distinto, que resulta de la suma de protones y neutrones del núcleo. El nombre viene del griego *isos*, mismo, y *topos*, lugar, ya que ocupan el mismo lugar en la tabla periódica de los elementos.

Lámina

Fragmento de piedra producido durante la talla, generalmente al presionar sobre el núcleo. La presión produce lascas más largas que la percusión. Una lámina se diferencia de una lasca en que la longitud es por lo menos el doble de su anchura.

Lasca

Fragmento de piedra producido durante la talla cuando se golpea un bloque con un percutor. Las lascas podían utilizarse tal como se producían, o ser retocadas para variar su forma y adaptarlas así para funciones concretas y mejorar su resistencia.

Limos

Sedimento de composición mineralógica similar a las arcillas producido por la erosión de diversos tipos de rocas, pero de grano algo más grueso.

Linaje evolutivo

Conjunto de especies relacionadas, que forman parte de la genealogía de una especie. Un linaje evolutivo puede ser tan largo en el tiempo como queramos, aunque este concepto no se suele extender más allá de unos pocos millones de años.

Menarquia

Momento del desarrollo de las adolescentes en el que se inicia el ciclo ovárico. Aunque la menarquia suele ocurrir hacia los doce o trece años, su aparición es muy variable y depende en gran medida de las condiciones ambientales.

Microlito

Útil lítico de pequeño tamaño (menor de 1 cm) que conforma las nuevas y sofisticadas herramientas del Paleolítico superior, como las armaduras de hoces, cuchillos y flechas.

Modo 1

Término con el que denominamos a la forma de tallar las herramientas más antiguas de la humanidad. El Modo 1, que apareció por primera vez en África en el Plioceno, se caracteriza por la simplicidad y la práctica ausencia de estandarización en las formas, y la versatilidad en el uso de las herramientas.

Modo 2

Engloba las técnicas de talla aparecidas en África en el Pleistoceno inferior y se caracteriza por la estandarización en las formas, simetría, mayor tamaño de las lascas y ampliación de los tipos de herramientas, que tienen una gran versatilidad.

Modo 3

Técnicas de talla caracterizadas por la estandarización en la fabricación de útiles. El tamaño de las piezas disminuye en comparación con las del Modo 2 y comienza el camino hacia la especialización de los útiles.

Modo 4

Técnica característica de nuestra especie, *Homo sapiens*, aunque también fue empleada por los últimos neandertales. Se fabrican útiles especializados que sirven para tareas muy concretas, como los perforadores, que sirven para hacer agujeros, y los raspadores, que se emplean para curtir la piel.

Molares

Los seis dientes inferiores (tres derechos y tres izquierdos) y seis superiores (tres derechos y tres izquierdos) situados en la región posterior de la cavidad bucal, que se utilizan para triturar los alimentos. En los homínidos, las coronas son amplias y están formadas por varias cúspides de aspecto cónico, separadas por surcos principales y secundarios de geometría más o menos compleja.

Neurocráneo

Región del cráneo donde se aloja toda la masa encefálica, constituida por el cerebro, cerebelo y bulbo raquídeo.

Niñez

Periodo específico del desarrollo de *Homo sapiens* que debió aparecer en nuestra evolución durante el Pleistoceno inferior. La niñez tiene características muy similares a las de la infancia, pero los niños ya no se alimentan de la leche de su madre. En ocasiones se usa la expresión «segunda infancia» para nombrar a este periodo de nuestro desarrollo.

Nivel fosilífero

Cuerpo de roca sedimentaria de grosor variable, formado por una o más capas o estratos que contiene fósiles.

Nómada

Bandas itinerantes de personas o pueblos que se desplazan con frecuencia sin asentarse de manera continuada en ningún lugar.

Núcleo

Bloque inicial de distintos tipos de roca que es golpeado con un percutor para obtener productos secundarios (lascas, etc.).

Patrón de desarrollo dental

Conjunto de particularidades del desarrollo de los dientes de una especie, como el tiempo de formación de las coronas y de las raíces, momentos inicial y final del desarrollo de cada diente, momento de la presentación de cada diente en la encía, etc.

Percutor

Se dice del «martillo» con el que se golpea el bloque de piedra, con la intención de fracturarlo y producir lascas.

Pinza de presión

Modo en el que algunas especies de primates, como los chimpancés, cogen objetos con la mano.

Pinza de precisión

Modo en el que los seres humanos (*Homo sapiens*) cogemos objetos entre los dedos índice y pulgar. Esta adaptación de la mano debió quedar definitivamente fijada en los primeros representantes del género *Homo*.

Pleistoceno

Periodo de tiempo geológico comprendido entre hace 1.800.000 años y 11.000 años. El Pleistoceno se divide en tres subperiodos:

inferior (1.800.000 – 780.000 años), medio (780.000 – 130.000 años) y superior (130.000 – 10.000 años).

Plioceno

Periodo de tiempo geológico comprendido entre hace cuatro millones de años y 1.800.000 años.

Población

Conjunto de individuos de una especie que vive en un hábitat bien delimitado. Una especie está constituida por una o más poblaciones.

Premolares

Los cuatro dientes superiores (dos derechos y dos izquierdos) y cuatro inferiores (dos derechos y dos izquierdos) situados en la región media de la cavidad bucal (entre el canino y los molares), que se utilizan para triturar los alimentos. Las coronas son amplias, aunque tienen una superficie menor que la de los molares. El número de cúspides suele ser de dos, una en posición bucal y otra en posición lingual. Los mamíferos primitivos tenían un total de dieciséis premolares (cuatro en cada lado de la mandíbula y el maxilar). Los homínidos sólo conservamos ocho de los dieciséis premolares.

Procesos posdeposicionales

Mecanismos y procesos de alteración que tienen lugar después del enterramiento. Estos mecanismos son de carácter biológico y geológico y afectan a los registros recuperados en los yacimientos.

Prognatismo

Proyección hacia adelante de ciertos huesos de la cara con respecto al neurocráneo.

Prognatismo mediofacial

Proyección de la región media de la cara con respecto al neurocráneo. En este tipo de prognatismo, la región ósea situada bajo las órbitas (placa infraorbital) presenta una orientación parasagital y forma un mismo plano con la región ósea del maxilar que define la abertura piriforme.

Registro arqueológico

Conjunto de restos de distinta naturaleza resultado de la actividad humana, que nos explican la cultura, tecnología y modos de vida de los homínidos. Esos restos deben haber sido recuperados y estar a nuestra disposición para su estudio.

Registro fósil

Conjunto de restos y/o señales de entidades biológicas pretéritas que han sido ya recuperados de todos los yacimientos paleontológicos y que están a nuestra disposición para su estudio.

Remontaje

Término utilizado en Arqueología para designar a aquellos útiles de piedra que pueden ser unidos otra vez tras la excavación arqueológica. Se trata de las lascas que pertenecen a la talla del mismo núcleo. También se pueden «remontar» las esquirlas de un hueso que ha sido fracturado.

Retoque

Llamamos así a los pequeños golpes que se dan con un percutor al filo de una lasca para hacerlo más resistente o variar su forma.

Selección natural

Suma de factores del medio: seres vivos, clima, hábitat, geografía física, etc., que sin objetivos ni direccionalidad suprime los individuos genéticamente inviables para un momento concreto de la historia de la vida.

Símbolo

Según la Real Academia de la Lengua, un símbolo es una representación de la realidad en función de los rasgos que se asocian a ella por convenciones sociales y que reconocemos con ayuda de los sentidos. Son códigos conocidos y compartidos por los integrantes de una sociedad.

Tasa de fertilidad

Promedio del número de hijos nacidos vivos por cada mujer durante su vida reproductora.

Tasa de mortalidad

Porcentaje de individuos fallecidos en cada grupo de edad de una población.

Tafonomía

Ciencia que trata de comprender las leyes y mecanismos del enterramiento sobre los restos orgánicos desde que mueren hasta que fosilizan y se recuperan en forma de registro fósil y arqueológico.

Técnica Levallois

Modo de fabricación de herramientas, característica de los neandertales, que consiste en la preparación del núcleo de una manera predeterminada para obtener productos, ya sean lascas o puntas, que mantienen siempre la misma forma.

Torus supraorbitario

Región ósea del hueso frontal situada encima de las órbitas que comprende los arcos superciliares y la glabela. Esta estructura está muy desarrollada en algunas especies de *Homo*, como *H. ergaster*, *H. erectus* y *H. antecessor*.

Traceología

Técnica aplicada a la Arqueología que busca conocer las acciones, las materias trabajadas y la forma de uso de las herramientas a través de las marcas micro y macroscópicas que se conservan en su superficie.

Tundra

Biotopos estépicos muy fríos con escasa o nula vegetación arbórea, suelos helados con musgos y líquenes y faunas adaptadas al frío.

Turbera

El Diccionario de la Real Academia de la Lengua define *turba* como *combustible fósil formado de residuos vegetales acumulados en sitios pantanosos, de color pardo oscuro, aspecto terroso y poco peso, y que al arder produce humo denso*. En las turberas, lugares formados por turba, los restos orgánicos se conservan de forma excepcional. Así, el interés de estas zonas para la Arqueología es evidente, ya que permiten recuperar de forma intacta todos aquellos útiles del pasado que de otra forma se hubieran deteriorado hasta desaparecer.

Zooarqueología

Estudio de los restos faunísticos de los yacimientos para reconstruir el paleoambiente y los modos de subsistencia y aprovechamiento que los grupos humanos hacen de ellos.

Bibliografía recomendada

Arsuaga J.L., *La especie elegida*, Temas de Hoy, Madrid, 1998.

Arsuaga J.L., *El collar del Neandertal*, Temas de Hoy, Madrid, 1999.

Bermúdez de Castro J.M., *El chico de la Gran Dolina*, Crítica, Barcelona, 2001.

Bertranpetit, J. y Junyent, C., *Viaje a los orígenes. Una historia biológica de la especie humana*, Península, Barcelona, 2000.

Boyd, R. y Silk, J.B., Cómo evolucionaron los humanos, Ariel, Barcelona, 2001.

Carbonell, E. y Sala, R., *Planeta humano*, Península, Barcelona, 2000.

Cela Conde, C.J. y Ayala, F.J., *Senderos de la evolución humana*, Alianza Editorial, Madrid, 2001.

Johanson, D. y Edgar, B., *From Lucy to language*, Simon & Schuster, Nueva York, 1996.

Leakey, R. y Lewin, R., *Nuestros orígenes*, Crítica, Barcelona, 1994.

Renfrew, C. y Bahn, P., *Arqueología. Teorías, métodos y práctica*, Akal, Madrid, 1993.

Stringer, C. y Gamble, C., *En busca de los neandertales*, Crítica, Barcelona, 1996.

Tattersall, I., *The Last Neandertal*, Mc Millan, Nueva York, 1995.

Tattersall, I., *Hacia el ser humano. La singularidad del hombre y la evolución*, Península, Barcelona, 1999.

V.V.A.A., *Los primeros europeos*, Tesoros de la Sierra de Atapuerca, Junta de Castilla y León, 2003.

Spy   Neandertal

Swanscombe   Bilzingsleben
Boxgrove   Ehringsdorf
Mauer   Dolní Věstonice
Steinheim

Le Moustier   La Chapelle-aux-Saints   Vértesszöllös
La Ferrassie
Cro-Magnon   Francia   Alemania
Laugerie   Montmaurin   Krapina
El Sidrón   Arago   Hortus
Atapuerca   Copiano   Rep. de Georgia   Teshik-Tash
Pinilla del Valle   Italia   Mar Negro   Dmanisi
Zafarraya   Cova Negra   Monte Circeo   Petralona
Caleso Gordo   Altamura   Mar Caspio
Capisa   Grecia

Gibraltar   Tighenif   Irak

Mar Mediterráneo   Shanidar

Rabat   ISRAEL   Amud
Salé   Marruecos   Kebara   Tabún
Thomas   Qafzeh
Sidi Abderrahman

Mar Negro

Océano Atlántico

Hadar

Etiopía
Konso-Gardula
Omo   Koobi Fora
Nariokotome   Allia Bay
Kanapoi   Lago Turkana
Baringo   Kenya
Lago Natrón   Olorgesailie
Garganta de Olduvai
Laetoli

Tanzania

Zambia
Kabwe

Taung   Makapansgat
Sterkfontein
Swartkrans

Sudáfrica
Saldanha

Algunos de ...